LA PANCARTE NOIRE

DE

SAINT-MARTIN DE TOURS

LA PANCARTE NOIRE

DE

SAINT-MARTIN DE TOURS

BRULÉE EN 1793

Restituée d'après les textes imprimés
et manuscrits

Par ÉMILE MABILLE

Membre de la Société Impériale de l'école des Chartes et Membre correspondant
de la Société Archéologique de Touraine.

PARIS

Librairie de HENAUX, quai Voltaire, 19

TOURS

IMPRIMERIE LADEVÈZE

1866

INTRODUCTION.

I

Les Archives de la célèbre collégiale de Saint-Martin de Tours étaient à juste titre comptées parmi les plus anciennes et les plus riches de la France. Plus heureuses en 1562 que les précieux reliquaires de l'église, fondus par le prince de Condé (1), elles avaient échappé au pillage des protestants (2), et lorsqu'en 1793, une exécution aussi barbare qu'inintelligente

---

(1) Voyez dans dom Housseau, t. XIII, p. 166 et suiv., les détails de cet évènement. Le procès-verbal du pillage par les protestants des reliques et joyaux de St-Martin de Tours en mai et juin 1562, a été imprimé pour la première fois en 1863, par M. Grandmaison, un volume in-4°, Tours, Mame.

(2) Néanmoins il s'en est fallu de bien peu qu'elles n'aient eu alors le sort réservé à tant d'autres archives. Voici ce que nous lisons dans les registres capitulaires de saint Martin. « Le dimanche 5 avril 1562, le grand autel de Saint-Saturnin et un trépassement de Notre-Dame, fait à grans personnages d'or et azur fin, qui avait coûté il y a soixante ans, ainsi que l'on a trouvé par écrit, 10,000 ducats et plus, et qui étoit une des plus belles choses du monde,

des décrets de la Convention les réduisit en cendres, elles étaient encore presque intactes. De tous ces diplômes vénérables, dont plusieurs au IX° siècle avaient bravé la fureur dévastatrice des Normands, de ces admirables séries de chartes, de bulles, d'exemptions épiscopales, de priviléges impériaux et royaux, cotés et classés par layettes, c'est à peine s'il nous reste aujourd'hui trois ou quatre pièces. Leur vue nous fait encore plus regretter la perte irréparable causée par la main des hommes, car rien ne peut remplacer les documents originaux, ni les copies exécutées à des époques anciennes, ni les

ensemble toutes les autres églises de Tours et hors ville et depuis celles de Marmoutier, Beaumont, Saint-Cosme et aultres ont esté toutes rompues et démolies, et les religieuses de Beaumont allées au lieu de la Marchère, appartenant au comte de Sancerre et les trésors et tiltres du dit Marmoutier apportés en cette église de Saint-Martin et mis en l'une des tours de la dite église par les gens de la justice et les gens du Roi et pour raison de ce que dessus la plus grande part des chanoines et autres bénéficiers de la dite église se sont absentés et laissé leurs maisons, dedans lesquelles depuis le dit jour de dimanche ont toujours demeuré hommes d'armes et gens de pied qui ont vécu ce pendant qu'ils y ont trouvé de quoi......... — Le mercredi 10° jour du dit mois de juin a été sonné à son de trompe et cry public par la ville de Tours que tous gens d'église eussent à vider hors la ville de Tours sur peine de prison dedans vingt-quatre heures. — Le jeudi 11° jour du dit mois de juin après n'avoir peu donner ordre de serrer et mettre en lieu sur les lettres et tiltres de l'église, les clefs du trésor ont esté baillées à Jehan Simon, apoticaire demeurant à Tours et l'un des plus grans huguenots qui se trouvassent, pour les mettre en lieu seur, ensemble les cassettes des chapelles et les registres capitulaires avec les Pancartes, promettant au dit Jehan Simon, au cas qu'il conserve bien les tiltres de le reconnaitre envers lui et sur ce que dessus lui depêcher acte. » — Les protestants après un mois de séjour sortirent de la ville le vendredi 10 juillet et dès le lundi 13, plusieurs chanoines rentrèrent à Tours.

Une allarme aussi chaude eut encore lieu en 1567. — « Le 7 février 1567, le chapitre de Saint-Martin permet à l'abbesse et aux religieuses de Beaumont-lès-Tours de chercher un lieu de sûreté. On craignoit que les huguenots qui venoient de prendre Blois ne s'emparassent de Tours. Le chapitre statua qu'on transporteroit les titres et chartes à Angers et qu'on distribueroit aux chanoines l'argent du trésor. » — Collect., dom Housseau, t. xv, p. 295.

textes imprimés. La critique change de caractère et de point de vue selon les temps ; hier elle exigeait qu'un texte, pour être correct, fût exactement conforme au manuscrit; elle veut aujourd'hui que l'éditeur ne soit plus un copiste servile, mais qu'il observe les règles imposées par la philologie, par la géographie, la numismatique ou telle autre science plus récente. De là pour chaque question, pour chaque édition nouvelle, la nécessité de recourir aux originaux. Néanmoins, lorsque ceux-ci n'existent plus, force est bien de se contenter des copies que nous ont laissées nos prédécesseurs. Heureusement, avant la révolution, les archives de Saint-Martin avaient été visitées par de nombreux savants tels que Besly, Duchesne, Baluze et les bénédictins dom Lesueur, dom Anselme Lemichel, dom Martenne et dom Housseau. Leurs travaux forment des volumes entiers, c'est à nous d'en tirer toutes les lumières que nous étions en droit d'attendre des documents eux-mêmes, du moins toutes les données historiques que les copies d'un même texte peuvent nous fournir.

Indépendamment des diplômes et des chartes originales composant les layettes, les archives de Saint-Martin renfermaient trois principaux cartulaires souvent cités depuis plus de deux cent cinquante ans par les savants et par les avocats chargés de défendre les droits du chapitre contre les prétentions de l'archevêché.

Ces trois cartulaires étaient :

La *Pancarte Noire*, qui renfermait les titres antérieurs à l'année 1132;

La *Pancarte Rouge*, qui renfermait des titres des XIe, XIIe et XIIIe siècles ;

Et la *Pancarte Blanche*, qui, commençant où finissait la *Pancarte Noire*, s'étendait jusqu'aux dernières années du XIIIe siècle (1).

(1) C'est Besly qui le premier nous fait connaître l'existence de ces trois cartulaires « Notitia, dit-il, quam deprompsi ex *Pancarta nigra* monasterii

II

PANCARTE ROUGE.

La *Pancarte Rouge, Pancarta Rubea,* ainsi nommée par Besly, a été analysée par lui. Ses extraits se trouvent dans le volume 828 de la collection Dupuy, au dos d'un certain nombre de feuillets, sur le recto desquels ont été copiés ou analysés les titres de la *Pancarte Noire* (1). Ce cartulaire, écrit sur parchemin, avait 145 feuillets, il renfermait la copie d'un très-grand nombre d'actes des xie xiie et xiiie siècles, relatifs pour la plupart aux prévôtés de Saint-Martin, situées en dehors de la Touraine, telles que Blaslay, Suèvre, Dame-Marie en Montois et Leré.

Quelques-uns de ces titres étaient déjà dans la *Pancarte Noire*. Ainsi la charte de Robert, comte de Flandre, de l'an 1096, inscrite au f° 3 de la *Pancarte Rouge* (collect. Dupuy, vol. 828. f° 103), se trouvait au f° 136 de la *Pancarte Noire*, et celle par laquelle Gislebert, archevêque de Tours, renonce en 1119, moyennant compensation, au droit de vicariat sur sept églises situées dans son diocèse, inscrite au f° 31, v° de la *Pancarte Rouge* (Dupuy, vol. 828, 56, v°), était également au f° 131 de la *Pancarte Noire*. D'autres, en bien plus grand

---

Sancti Martini Augustæ Turonum, sic vulgo vocant unum e tribus tabulariis ejusdem monasterii. » Lettres de Besly. collect. Bouhier, t. 163e. p. 79,

A Saint-Florent de Saumur, il y avait également trois cartulaires désignés par les mêmes noms : le cartulaire noir, le cartulaire rouge, et le cartulaire blanc ou d'argent. Le cartulaire noir, que l'on croyait perdu, a été restitué en 1846, par M. Marchegay. Depuis lors M. Marchegay a eu la bonne fortune de retrouver ce cartulaire en Angleterre dans la collection de sir Thomas Philips et de s'assurer que sa restitution était parfaitement conforme à l'original.

(1) Voici l'ordre où ces feuillets doivent être lus : F^{os} 103 r° et v°, 96 v°, 101 v°, 99 v°, 84 v°, 92 v°, 97 v°, 90 v°, 87 v°, 82 v° et 89 v°, En tête du premier on lit : Pancarta Rubea, et des trois suivants, les initiales P. R. seulement.

nombre se retrouvaient dans la *Pancarte Blanche*, comme on peut s'en assurer par les exemples suivants :

Au f° 1, v° était une transaction de Josbert, seigneur de Sainte-Maure, avec le chapitre de Saint-Martin, au sujet des droits qu'il prétendait sur les hommes de Saint-Epain, janvier 1229 (Dupuy, vol. 828, f° 103), inscrite au f° 40 de la *Pancarte Blanche* (D. Housseeau, n. 2596).

Le f° 18, v° était occupé par une charte de Robert des Loges, sénéchal de Poitou, déclarant bonne et valable la saisie des biens de l'abbaye de Cormery, faite par le chapitre de Saint-Martin, en février 1217 (Dupuy, vol. 828, f° 103), insérée au f° 88, v° de la *Pancarte Blanche* (D. Houss., n. 2444).

Au f° 32, v° se trouvait l'acte de vente fait, en 1262, aux chanoines de Saint-Martin, par Eschivard de Preuilly, de la prébende dite du Défenseur (Dupuy, vol. 828, f° 96, v°), insérée au f° 35, v° de la *Pancarte Blanche* (D. H., n. 3152 et 3154).

Au f° 33, r° était la confirmation par Mathilde, comtesse de Chartres et dame d'Amboise, d'une donation de rente faite en 1249, à Saint-Martin, par Jean de Berrie (vol. 828, f° 96, v°), aussi transcrite au f° 37, v° de la *Pancarte Blanche* (D. Houss., n. 2990).

Enfin au f° 87, v° était une charte de Robert de *Crisperiis*, insérée au f° 172 de la *Pancarte Blanche* (D. Houss., n. 2377).

La *Pancarte Rouge* néanmoins renfermait plus d'un acte qu'on ne retrouvait point dans la *Pancarte Blanche*. On en pourrait citer de nombreux exemples, surtout si on les choisissait parmi les titres relatifs aux prévôtés de Saint-Martin, situées en dehors de la Touraine. L'anonyme qui au XVIe siècle a copié le *Rituel* de Péan Gatineau et dont la copie, passée entre les mains de Baluze, est aujourd'hui conservée dans la collection dite des *Armoires* dont elle forme le volume 84, a connu la *Pancarte Rouge*. A la fin de sa copie du *Rituel*, l'auteur a transcrit, d'après les originaux, un certain nombre de chartes, il a eu soin de porter en marge le numéro des feuillets de la *Pancarte Blanche*, sur lesquels ces pièces se trouvaient transcrites. Or après avoir copié la charte d'Eschivart de Preuilly, ci-dessus mentionnée, il a écrit en marge : « *Est registrata f° 35, v° initio, Pancartæ albæ et ejus quam penes me habeo, f° 31, v°.* » Cette citation indique bien exactement qu'il s'agit ici de la *Pancarte Rouge*.

En 1711 Baluze a vu ce cartulaire et en a copié environ cent vingt pièces ; il ne le désigne jamais cependant sous le nom indiqué par Besly, ce qui tendrait à faire penser que de son temps cette pancarte avait reçu une nouvelle reliure ou que la peau qui la recouvrait avait tellement changé de couleur qu'elle ne pouvait plus servir à la faire distinguer des autres. Il l'intitule, tantôt *Cartularium ou Vetus Cartularium Sancti Martini*, tantôt « Un ancien registre en parchemin qui est au trésor de Saint-Martin » et qui commence par ces mots : « *Quod licet capitulo acquirere in censiva ecclesiæ, seu thesauri, nec hoc debeat thesaurarius impedire* » (Armoires, tom. 77, p. 196).

Il ajoute que c'est une ancienne copie de la *Pancarte Blanche*, ce en quoi il se trompe, car il est certain que la *Pancarte Rouge*, renfermait plusieurs titres qu'on ne retrouvait point dans la *Pancarte Blanche*. Quant à ceux transcrits dans les deux *Pancartes*, leur nombre était considérable, mais l'ordre dans lequel ils étaient disposés n'était pas le même dans l'un et dans l'autre cartulaire. Ainsi au f° 1 de la *Pancarte Rouge*, se trouvait une pièce transcrite au f° 40 de la *Pancarte Blanche*, au f° 18, v° une pièce transcrite au f° 88, au f° 28, v° une charte transcrite au f° 35, v°. Il serait d'ailleurs difficile d'établir que la *Pancarte Rouge* ait été écrite après la *Pancarte Blanche*. Cette dernière n'a été vraisemblablement rédigée que dans les premières années du xiv° siècle, et la série chronologique des actes de la *Pancarte Rouge* s'arrête un peu avant la fin du xiii° siècle.

Ce point éclairci, mettons en évidence, par une série

d'exemples, l'identité de cet ancien Registre en parchemin, copié par Baluze, avec la *Pancarte Rouge*.

D'après Besly (Dupuy, vol. 828, f° 96, v°), la charte par laquelle Richard de Beaumont, seigneur d'Amboise, notifie la donation d'une place appelée *Burdigale*, située dans le cloître de Saint-Martin, faite par Mathilde, dame d'Amboise, était au f° 28 de ce qu'il appelle la *copie* de la *Pancarte Blanche*.

La donation précédente, faite par Mathilde, venait à la suite dans la *Pancarte Rouge*, f° 28, v° (vol. 828, f° 96). Elle a été copiée par Baluze, au f° 28 de sa *copie* de la *Pancarte Blanche* (arm. t. 77, f° 225).

Au f° 64 de la *Pancarte Rouge*, se trouvait la charte de Gérard, évêque d'Angoulême, au sujet des dîmes de Doucé, 1128 (vol. 828, f° 99, v°), elle a été copiée par Baluze, au f° 64 de sa *copie* de la *Pancarte Blanche* (arm. t. 77, f° 231).

Au f° 66 était une charte de Louis IX, concernant les droits du chapitre à Leré (vol. 828, f° 99, v°), copiée par Baluze au f° 66 de sa *copie* (t. 77, f° 289).

Au f° 70 de la *Pancarte Rouge*, était une transaction du chapitre avec Louis comte de Sancerre, copiée par Baluze au f° 70 de la copie (t. 77, f° 283).

Au f° 67 se trouvait une autre transaction avec Louis comte de Sancerre, au sujet des biens de Leré, en 1255. Elle a été copiée par Baluze au f° 67 de sa *copie* de la *Pancarte Blanche* (t. 77, f° 206).

Il serait facile d'établir la même concordance pour des actes inscrits aux feuillets 41 v°, 54 v°, 90 v°, 128, 129, 130, 132, etc., mais il nous semble inutile d'insister davantage sur ce point. Passons au cartulaire désigné par Baluze sous le nom de *Cartularium* ou *us Cartularium Sancti Martini*. Le même procédé nous démontrera que ce cartulaire est le même que « l'ancien registre en parchemin » copié par Baluze et que par conséquent il est identique à la *Pancarte Rouge*.

Une charte copiée par Baluze (t. 76, f° 252), au f° 91 de ce cartulaire, était au f° 91 de la *Pancarte Rouge* (Dupuy, t. 882, f° 90, v°).

Deux actes de Louis comte de Blois, dont un de 1201, également copiés par Baluze (t. 76, f° 245), au f° 129 du cartulaire, étaient, d'après Besly, au f° 129 de la *Pancarte Rouge* (vol. 828, f° 82, v°).

Après avoir transcrit deux pièces où figure Lancelin de Beaugency (t. 76, f° 247, v°), Baluze ajoute : « *De Lancelino de Balgentiaco, vide Cartularium*, f°ˢ 128 et 129. On peut s'assurer dans Besly (vol. 828, f° 82, v°), qu'il était effectivement question de ce personnage dans la *Pancarte Rouge*, aux feuillets indiqués.

La charte de Robert de Flandre, de 1096, déjà citée comme étant au f° 3 de la *Pancarte Rouge*, est désignée par Baluze comme se trouvant au f° 3 du cartulaire (t. 77, f° 261).

Il est donc évident que ce que Baluze appelle vieux cartulaire de Saint-Martin, ou copie de la *Pancarte Blanche*, n'était autre chose que la *Pancarte Rouge*, analysée par Besly. Il ne semble pas que les bénédictins, chargés, au XVIII° siècle, de travailler à l'histoire de Touraine, aient consulté la *Pancarte Rouge*, du moins il n'en est fait aucune mention dans les papiers de dom Housseau, ce qui s'explique facilement si l'on considère que ceux des actes de la *Pancarte Rouge* relatifs à la Touraine étaient tous reproduits dans la *Pancarte Blanche*.

Nous n'avons aucun renseignement sur le sort éprouvé par la *Pancarte Rouge*; mais, comme on ne possède pas les procès-verbaux de tous les titres brûlés en 1793, il est à présumer que ce cartulaire a péri en même temps que la *Pancarte Noire*. (1)

(1) La Pancarte rouge existait encore au XVIII° siècle, elle est citée dans les inventaires du chapitre rédigés vers 1753. — Archives du département d'Indre-et-Loire.

III

PANCARTE BLANCHE.

La *Pancarte Blanche* contenait un très-grand nombre d'actes du xiiie siècle et de la seconde moitié du xiie. Elle en renfermait même quelques-uns du commencement du xive siècle. Par exception, on y trouvait une pièce du xie siècle, l'acte d'association des chanoines de St-Martin avec les religieux de Plein-Pied en Berry (D. Houss. n. 8712.) et deux ou trois actes de la première moitié du xiie siècle. Mais, en thèse générale, on peut dire que ce cartulaire faisait immédiatement suite à la *Pancarte Noire*, celle-ci finissant à l'année 1131 et celle-là commençant à l'année 1143, pour ne s'arrêter qu'en 1299 ou 1300.

C'était un petit in-folio en parchemin; il avait trois cent-trois feuillets couverts d'une écriture assez fine, plusieurs d'entre eux contenaient deux, trois et même quatre chartes. Son format, cependant, était de plus petite dimension que celui de la *Pancarte Noire*, puisque celle-ci, par rapport aux autres, était appelée la *Grande Pancarte, Pancarta Magna*.

Il faut reporter aux premières années du xive siècle l'époque de sa rédaction; ce cartulaire renfermait, en effet, des pièces de 1290, 1292, 1295 et 1296; au f° 14 était un acte de 1288, un de 1297 se trouvait au f° 293 r°, un de 1299 au f° 292 v°, deux de 1302, aux f° 44 r° et 296 v°, enfin, au f° 138, était une charte de 1309. Admettons, ce qui n'est pas impossible que ces trois derniers actes aient été transcrits, après coup, sur quelques pages restées blanches, il n'en demeure pas moins certain qu'il faut placer en 1300 ou 1301 environ, la transcription de cette *Pancarte*. Longtemps après cette époque, les chanoines inscrivirent un acte sur le *verso* du dernier feuillet resté blanc. Cet acte dont Baluze nous a conservé la copie (arm. vol. 177, f° 158) portait la date de 1413.

Nous sommes loin d'avoir tous les actes de la *Pancarte Blanche*, car, on peut évaluer à environ six cents le nombre de ceux qui y étaient transcrits; néanmoins, les plus importants nous ont été conservés. Les Bénédictins dom Augustin Cassard, dom Leger Deschamps et dom Housseau en ont copié environ cent vingt-cinq. Baluze a choisi dans ce cartulaire, une vingtaine de chartes parmi celles qui ne faisaient pas double emploi avec ses copies de la *Pancarte Rouge*, et l'auteur de la copie du *Rituel*, conservée par Baluze dans ses armoires (tom. 84.), a noté, en marge d'une vingtaine de chartes copiées sur les originaux, les feuillets de la *Pancarte Blanche* sur lesquels elles avaient été transcrites. Enfin, dom Housseau, dans l'intention de dresser une liste des principaux fonctionnaires du chapitre a extrait, feuillet par feuillet, les principaux titres de la *Pancarte Blanche* (n°s 8665-8696 et 8699-8722.) Quant à Besly, quoiqu'il cite ce cartulaire et qu'il l'ait vu, il ne parait pas en avoir fait usage.

IV

PANCARTE NOIRE.

La *Pancarte Noire*, *Pancarta Nigra*, était le plus ancien cartulaire de Saint-Martin. C'était un in-folio d'assez grande dimension, aussi l'appelait-on quelquefois la *Grande Pancarte*, *Pancarta Magna*. Elle avait 157 feuillets de parchemin et était reliée avec deux ais de bois recouverts d'un cuir ou peau noire qui lui avait fait donner son nom. Dans l'origine, elle était enchaînée avec une chaîne de fer dans le trésor de la collégiale, on ne la consultait qu'aux grandes occasions et sur place. En 1576, un fragment de cette chaîne composée de 22 chaînons, adhérait encore au volume (1), il est probable

---

(1) « Extrait d'un grand livre escript en parchemin, en lettres anciennes, couvert d'une peau de cuyr noir, et relié en ays de bois contenant selon sa cote

qu'elle avait été brisée en 1562, quatorze ans auparavant, lorsque les chanoines, obligés de quitter précipitamment la ville occupée par les protestants, confièrent la *Pancarte Noire* avec d'autres objets précieux à l'apothicaire Jehan Simon, un des Huguenots les plus exaltés de Tours, à la probité duquel, cependant, les chanoines ne craignirent point de se fier; moins heureuse à la Révolution Française, la *Pancarte Noire* fut brûlée sur la Place-d'Aumont le 17 novembre 1793(1). Elle avait été analysée ou copiée par Courtin, Besly, Duchesne, Carreau, Baluze, dom Housseau et par un religieux anonyme qui nous a laissé sept copies de chartes faites avec un soin tout particulier. C'est d'après les travaux et les indications de ces savants que nous avons pu reconstruire ce précieux car-

CLVII roolles de parchemyn escript, auquel pend une chesne de fer, contenant vingt-deux chesnons, commençant par ces mots au premier roolle d'icelluy escripts : *Leo servus servorum Dei dilectissimis fratribus universis episcopis in Galliæ partibus*.......... Finissant par ces mots au dernier roolle du dit livre escripts : *Quod ne in posterum possit aliqua oblivione deleri presens scriptum sigillorum nostrorum fecimus munimine roborari. Actum anno Domini millesimo ducentesimo undecimo, mense Novembris*, et aux rolles du dit livre cotez LXIIII, seconde page, et LXV, première page, est escript ce qui s'en suit : *In nomine sanctæ et individuæ Trinitatis Karolus gratia Dei Rex. Si petitionibus servorum Dei*, etc. Collation a este faite de l'extrait ci-dessus au dit livre représenté par nous, Michel Argois, sergent ordinaire du roy nostre sire en Touraine, commissaire en ceste partye, par compulsoire et commission donnée à Paris le xxvII° jour de janvier dernier signée par le conseil, Lambert, et scellé en queue simple de cire jaulne pour la partye des vénérables, doyen, trésorier, chanoines et chapitre de l'église Monsieur saint Martin, de Tours, et pour leur servir et valloir à l'encontre de Monsieur l'archevêque du dit Tours et clergé du diocèse du dit sieur archevesque, ès procès et instance qu'ils ont pendans, tant en la court de parlement à Paris que ailleurs, ainsi que de raison et ce en présence des dits vénérables du chapitre et sieur archevesque comparant comme appert par nostre procès-verbal sur ce fait. Deffaut et absence du dit clergé ad ce par nous duement intimé le xxvii jour de mars, 1576, signé M. Argois. — copie authentique. Armoires de Bal., t. 282, p. 21-24.

(1) Voyez ci-après chapitre VII, l'extrait du procès-verbal dressé à cette époque.

tulaire et réunir les renseignements que nous donnerons ici.

Rédigée avant l'année 1137, la *Pancarte Noire* renfermait cent quarante-huit pièces (1). La première commençait au *recto* du premier feuillet par ces mots : « *Leo servus servorum Dei....* » et la dernière, transcrite longtemps après la rédaction de la *Pancarte*, sur le *verso* du dernier feuillet resté blanc, finissait par ceux-ci : « *Actum anno domini millesimo ducentesimo undecimo, mense novembri.* » Les pages étaient écrites sur deux colonnes. Les colonnes se cotaient par feuillet de I à IV; la première et la seconde étaient au *recto*, la troisième et la quatrième au *verso* de chaque feuillet. C'est du moins un usage que Besly suit constamment.

---

(1) La Pancarte noire fut rédigée environ quarante ans avant le cartulaire de Saint Aubin d'Angers qui existe encore. Comme elle devait avoir avec lui plus d'une analogie par son écriture, ses ornements et son mode de confection nous emprunterons à M. Marchegay le passage suivant où il décrit ce cartulaire. « Le cartulaire de Saint Aubin forme un volume grand in-f°, relié en carton et couvert en parchemin, il contient 129 feuillets de vélin magnifique, l'écriture est disposée sur deux colonnes contenant en général trente-huit lignes chacune. C'est une belle minuscule appartenant à la fin du XIe et au XIIe s. Chaque pièce commence par une capitale enluminée et à la fin de plusieurs on voit des fac-simile de signatures, monogrammes et légendes de Sceaux, les chartes sont très-nombreuses... la plus ancienne remonte au mois de mai 769 et la plus moderne est datée de l'an 1174. »

Saint Maurice d'Angers avait un cartulaire qui, pour l'importance, l'ancienneté et le mode de composition pouvait être placé à côté de la Pancarte noire, il s'appelait le *livre noir*. Voici ce qu'en dit M. Marchegay dans son excellent travail sur les cartulaires d'Anjou. « Aucun des cartulaires que possédaient avant la révolution française les communautés religieuses du diocèse d'Angers n'était aussi précieux que celui du chapitre de Saint Maurice, il était intitulé le *Livre noir*, contenait 130 feuillets et remontait aux XIe et XIIe siècles, le nombre de ses chartes était de 238 parmi lesquels se trouvaient une quinzaine de diplômes carlovingiens; le plus ancien portait la date du mois de mars 770.... » (Marchegay, cartul. d'Anjou. p. 7-8). Ce cartulaire a subi le même sort que la *Pancarte noire*, il a été brûlé à Angers devant le temple de la Raison, le 30 novembre 1793, avec 337 autres liasses ou registres provenant des chartreux, de l'évêché, du chapitre et de plusieurs communautés situées dans la ville.

Nous n'avons trouvé aucun renseignement sur le genre d'écriture employé dans la *Pancarte Noire* : ce devait être une belle minuscule, d'un caractère assez fort toutefois ; à cet égard, nous en sommes réduit à des conjectures (1). Les pièces étaient transcrites sans ordre apparent. Les Bulles étaient mêlées aux diplômes impériaux et royaux, ainsi que les actes qui offraient un caractère privé, donations, précaires, main-fermes ou testaments. Cependant, lorsqu'un acte avait été renouvelé plusieurs fois, assez généralement le plus récent précédait le plus ancien. Ainsi, la bulle du pape Adéodat, inscrite sous le n° cxxxii, venait après celle du pape Léon III, qui en renouvelait les dispositions et occupait le n° 4. Le diplôme de Charlemagne, instituant la manse des chanoines, portait le n° xxix, tandis que celui de Louis-le-Débonnaire, qui confirmait celui-ci, était inscrit sous

---

(1) Les plus anciens cartulaires de l'Anjou, tels que ceux de Saint-Aubin, de Saint-Maurice d'Angers, de Saint-Florent de Saumur, de Saint-Maur-sur-Loire ont tous été rédigés à peu près vers la même époque, dans la dernière moitié du xiie siècle (un peu après, pour celui de saint Maurice) ; il y a grande apparence qu'ils avaient entre eux plus d'un caractère commun, nous en avons déjà constaté quelques-uns dans la description du cartulaire de saint Aubin. Nous emprunterons encore à M. Marchegay les détails suivants relatifs au cartulaire de Saint-Maur-sur-Loire, conservé aux archives de Maine-et-Loire, on y remarquera plus d'une analogie avec la Pancarte noire : « Les xxiii premiers feuillets se rapportent à l'année 1130, les suivants vont jusqu'à 1140. Si les pièces comprises dans ces xxiii premiers feuillets n'avaient pas une date certaine, on devrait en faire remonter l'écriture à une époque plus reculée. En effet, pour le texte des chartes on a employé une minuscule arrondie, mais dont les hastes sont assez hautes et dans laquelle se rencontrent beaucoup de lettres appartenant à l'écriture allongée. Cette dernière a même servi presque constamment pour les initiales des phrases et des noms propres, pour les titres ou sommaires des chartes, pour la première ligne des notes et pour les annonces de sceaux, notes chronologiques et souscriptions diverses. On a poussé l'imitation des pièces originales jusqu'à reproduire les monogrammes des diplômes de Charles-le-Chauve, et à dessiner les sceaux plaqués ou suspendus que les chartes avaient encore lorsqu'elles ont été transcrites dans ce cartulaire. La plupart des pièces sont précédées d'un titre ou sommaire contemporain de l'écriture du texte... (*Les cartulaires de l'Anjou par Marchegay*).

— 14 —

le nº xx. Nous devons faire remarquer encore que les bulles avaient été plus particulièrement rejetées vers la fin de la *Pancarte*, où elles occupaient le nº cxxiv à cxl.

Voici les raisons qui peuvent avoir guidé le rédacteur de la *Pancarte Noire*, dans l'ordre qu'il a suivi pour la transcription des titres. Lorsqu'il voulut commencer son travail, il choisit, parmi les pièces originales, celles qu'il jugea convenable d'inscrire dans la *Pancarte;* car ce serait une erreur de croire que celle-ci renfermât la copie de toutes les pièces antérieures à l'année 1131. Les chartes choisies furent numérotées au dos depuis la première jusqu'à la 147e, et on inscrivit à la suite le titre abrégé de l'acte, marqué, la plupart du temps, en notes tyroniennes. On procéda à ce numérotage en commençant par les pièces les plus importantes, ou du moins, par celles qui, au point de vue des droits du chapitre, pouvaient offrir le plus d'intérêt, et celles-ci étaient ordinairement les actes les plus modernes et les rénovations. On mit à la suite les diplômes les plus anciens et ceux dont on faisait un usage moins fréquent. Ces pièces furent transcrites dans la *Pancarte*, suivant l'ordre indiqué par la série des cotes portées au dos ces originaux; on inscrivit, en tête de chaque transcription, le titre abrégé qui se trouvait au dos, et on porta en marge le numéro que l'original avait reçu : de cette façon, l'acte et la transcription de la *Pancarte* furent désignés par la même cote. Cela était fort commode pour se reporter de l'un à l'autre, c'est là ce qu'indique dom Lesueur, lorsque, d'après Courtin, il dit que telle charte, inscrite à tel feuillet de la *Pancarte* portait tel numéro *in dorso*, numéro qui était le même que celui porté par la transcription de la *Pancarte Noire*.

Nous avons dit que le titre abrégé, inscrit au dos de chaque acte se trouvait placé dans la pancarte en tête de chaque transcription. Ce titre était écrit le plus souvent en notes tyroniennes (1), comme on le voit dans les copies de la col-

Dom Housseau (tom. xiii, n. 8574), dit que la *Pancarte noire* de St-Martin est pleine de notes tyroniennes tant pour les titres des chartes et diplômes,

lection de dom Housseau, qui portent les n. 55, 79, 89, 123, 143 et 147.

Après ce titre, venait toujours en tête de la pièce, mais placé dans un retrait ménagé dans les premières lignes du texte, quelquefois un simple chrisma accompagné d'une ou deux notes tyroniennes, mais le plus souvent une invocation abrégée, composée d'un I majuscule et ornementé, dans les entrelacs et vrilles duquel se mêlaient des sigles et des notes tyroniennes. Cette sorte d'ornement a été reproduite dans les sept copies de la collection de Dom Housseau, que nous venons de mentionner, avec une grande exactitude.

Duchêne avait commencé la copie de la *Pancarte Noire*, en imitant également ces invocations figurées; nous ne possédons de sa copie qu'un cahier contenant six diplômes, les n° II à VII (Collect. Dupuy, vol. 657). Mais Jean Bouhier, qui a eu communication de la copie de Duchêne, a également figuré les sigles initiaux de trente-cinq titres de la *Pancarte Noire*, qu'il a insérés dans sa collection (Collect. Bouhier, t. XXVI).

Les monogrammes, les grilles, les dates et toutes les formules finales qui se trouvaient dans les pièces originales, avaient été également reproduites dans les transcriptions de la *Pancarte Noire*, et ces reproductions, autant qu'on en peut juger par les imitations qui nous en sont restées, étaient exécutées avec beaucoup d'art, dans les signatures, le nom seul du signataire était écrit en toutes lettres; ses qualités ou ses fonctions étaient toujours exprimées en notes tyroniennes. Ce système, employé dans le plus grand nombre des pièces, prouve que l'emploi des notes tyroniennes était fort commun dans les chartes de Touraine du Xe et du XIe siècle, et qu'au XIIe, il était encore fort répandu.

Plusieurs circonstances s'accordent pour nous faire placer

que pour les souscriptions et signatures. Elles sont aussi quelquefois employées pour les noms de ville, dans les souscriptions d'Évêques, etc.

entre 1132 et 1137, l'époque où fut rédigée la *Pancarte Noire*; l'acte le plus récent qui y soit inscrit est de 1131. Les archives en renfermaient cependant, plusieurs qui, par leur date, doivent se placer entre 1133 et 1140 : quelques-uns même ont été transcrits dans la *Pancarte Rouge*. De plus, en 1140 et en 1143, le chapitre avait obtenu deux diplômes importants du roi Louis VII; ils sont au nombre des actes les plus anciens insérés dans la *Pancarte Blanche*, aucun de ces actes n'a trouvé place dans la *Pancarte Noire*, d'où l'on doit conclure que celle-ci était terminée lors de l'obtention de ces diplômes assez importants pour mériter d'y figurer.

Une question moins facile à résoudre est celle de savoir à qui doit être attribuée la rédaction de la *Pancarte Noire*.

Remarquons, d'abord, qu'à Saint-Martin la rédaction des actes et leur conservation semble avoir toujours été une des attributions des écolâtres et des sous-écolâtres du chapitre. Amalric, en 849, et Odulric, en 894, tous deux maîtres-école, signent comme rédacteurs des actes importants. Depuis 895 jusqu'en 930, c'est Archanaldus, d'abord sous-écolâtre, *secundicerius scolœ*, puis écolâtre de Saint-Martin, qui rédige et écrit les nombreuses chartes du chapitre. Il rédigea pareillement celles de Marmoutier tant que le chapitre de cette abbaye n'eut pas repris une existence bien séparée. C'est le même Archanaldus que la chronique de Saint Aubin d'Angers appelle *scriptor* et désigne comme un des deux rédacteurs de la légende de saint Maurille (1). Après 930, son extrême vieillesse l'oblige à ne plus écrire les chartes lui-même; mais tant qu'il exerce ses fonctions d'écolâtre, elles sont écrites en son nom et signées par un des maîtres placés sous sa direction. En 937, c'est Leodramnus, *provisor scolœ*, qui rédige les actes. De 954 à 965, c'est Adalmarus, *minister scolœ*. En 1101, c'est Adelbaldus, *secundicerius scolœ*, plus tard au XVIe et XVIIe

---

(1) Vitæ B. Maurilii inventio (anno 905), vel potius augmentatio per Rainonem episcopum et Archanaldum scriptorem facta est (*Chronicon Andegavense*) Labbe, *Bibliotheca nova*, t. 1, p. 276.

siècles, c'est au sous-écolâtre qu'est confiée la garde des archives. Courtin, qui pour faciliter les recherches, rédigea en 1541 un répertoire alphabétique des chartes et des diplômes de Saint Martin, était sous-écolâtre du chapitre. Ces faits, et bien d'autres que nous pourrions citer, nous portent à rechercher le rédacteur de la *Pancarte Noire* parmi les hommes placés, de 1130 à 1140, à la tête des écoles de Saint-Martin.

Or, en 1136 ou 1137, Joubert remplaça comme écolâtre Geoffroi Berlaicus. Depuis longtemps déjà il devait faire partie du personnel enseignant de l'école. Avant d'occuper ces importantes fonctions, Joubert s'était rendu célèbre. Dès sa plus tendre jeunesse, livré à l'étude avec ardeur, il s'était fait remarquer par l'étendue de ses connaissances, *adolescens litterarum scientia eruditus*, dit la grande chronique de Tours (1). En 1092, il faisait partie des six ou sept chanoines que Béranger avait attirés avec lui dans l'île Saint-Cosme; ce fut vraisemblablement moins le désir de vivre dans la solitude, que celui de recevoir les derniers enseignements de cet homme célèbre, qui lui fit choisir cette retraite. Il n'y était plus, du reste, en 1101 (2), rentré à Saint-Martin; il y continua ses études jusqu'à ce qu'il fût appelé, en 1137, à diriger l'école. En 1140, il figure comme écolâtre à côté de Pierre Béchin, auteur d'une chronique de saint Martin. Il apparaît encore avec Henri, trésorier, fils du roi Louis VII, dans une charte sans date, mais qui fut écrite en 1141 ou 1142; il était mort en 1143. Selon toute apparence, c'est Joubert qui rédigea la *Pancarte Noire*. Eudes, qui était doyen depuis 1101, avait vu son décanat agité par les plus violentes discordes. En 1132, lors des graves querelles survenues entre les chanoines et les bourgeois, qui voulaient se constituer en commune, le feu avait pris à l'église qui avait été brûlée, ainsi qu'une partie du cloître. Cet événement fut peut-être la cause déterminante de la rédaction

---

(1) *Mag. chron. Turonense.* Recueil Salmon p. 128.
(2) Voyez le répertoire chronologique et la charte de 1101.

de la *Pancarte Noire*, et Joubert, que son expérience et son érudition désignaient comme le plus apte à ce travail, fut chargé de son exécution, lorsqu'il n'était encore que *secundicerius scolæ*, c'est-à-dire avant l'année 1137. Ainsi s'explique l'absence, dans la *Pancarte Noire*, des actes que nous avons mentionnés plus haut, et de la charte importante de 1140, où figure Joubert, l'auteur même de la *Pancarte*.

V.

Ce cartulaire était loin de renfermer toutes les pièces qui se trouvaient à l'époque de sa rédaction dans les archives de Saint-Martin; c'est ce dont on peut s'assurer, en jetant les yeux sur le répertoire chronologique qui termine notre travail, il comprend un certain nombre d'actes qui n'y ont jamais figuré. Il en existait bien d'autres, mais c'est surtout les originaux dont la perte est regrettable; les *Pancartes* ont toutes été plus ou moins copiées, tandis que ceux-là, communiqués à peu de personnes, ont péri en entier. Nous avons dit que la *Pancarte Noire* renfermait cent quarante-huit chartes et diplômes. Dans le principe, elle n'en contenait que cent quarante-un, et se terminait par le diplôme de Louis IV, d'outre-mer. Mais comme cela est arrivé à beaucoup de Cartulaires, à une époque peu éloignée de sa rédaction primitive, on a transcrit sur les feuillets restés blancs à la fin, les six chartes cotées CXLII à CXLVII. Quant à la dernière, désignée communément par les chanoines, sous le nom de *Lex Diocesana*, et portant la date de 1211, elle fut copiée encore plus tard, au XIII° siècle. Cette transcription plus récente des six avant derniers titres de la *Pancarte Noire* nous est révélée par dom Housseau, qui, en indiquant l'origine de ces dernières pièces, les désigne sous le nom d'*additions* à la *Pancarte Noire*. Il est probable qu'écrites à une époque assez rapprochée de la transcription primitive, elles ne s'en distinguaient que par l'écriture.

Plusieurs diplômes et quelques chartes ont été copiés deux et même trois fois dans la *Pancarte*. Ces doubles copies d'un même texte n'offrent aucunes variantes notables entre elles, et on ne peut s'expliquer le fait que par la présence dans les archives de plusieurs expéditions originales d'un même diplôme. Ces différents exemplaires ont été transcrits sans qu'on se soit aperçu qu'ils faisaient double emploi. C'est ainsi que deux diplômes de Louis le Bègue ont été reproduits jusqu'à trois fois. Ces répétitions réduisent à cent trente-trois ou cent trente-quatre le nombre des titres inscrits dans la *Pancarte Noire*. Nous avons retrouvé tous ces actes moins un, le n. XLII, qui a échappé à toutes nos recherches; peut-être le silence gardé à son égard par les copistes tient-il à ce qu'il ne faisait que reproduire un des actes qui nous ont été conservés.

Le plus ancien des cent trente-trois titres que nous avons retrouvés porte la date de l'année 674 ; le plus récent celle de l'année 1131.

Voici comment ils se répartissent sous le rapport de leur date :

VIIe siècle, un acte,
VIIIe siècle, neuf actes,
IXe siècle, soixante-douze actes,
Xe siècle, trente-sept actes,
XIe siècle, huit actes,
XIIe siècle, six actes.

En les classant selon leur nature ils peuvent être ainsi répartis :

Diplômes Impériaux et Royaux, cinquante-six,
Bulles, priviléges Pontificaux et Épiscopaux, vingt-deux,
Contrats, plaits et actes privés, cinquante-cinq.

Des cinquante-six diplômes il y en a :

Quatre de Charlemagne, n°s XXIX et XCIX, XVIII et LXXIX, LXXXIX, LXXXVIII.

Neuf de Louis-le-Débonnaire, IV, XIX, XX, XVI, XXVII, XXXIV, LXI, LXV, CXIII.

Un de Pépin, roi d'Aquitaine, XV.

Vingt de Charles-le-Chauve, VIII, XII, XIII, XIV, XXI, XXXIII, XLI, XLIII, XLVI, XLVII, XLVIII, XLIX, L, LII, LVIII, LXVI, LXXIII, LXXX, C, CXIV.

Trois de Louis-le-Bègue, LI et LIX et LXXII, LIII, XI et XLIV et LXXV.

Un de Carloman, LXXI.

Quatre de Charles-le-Gros, LXXIV, XXXII, XXXI et LVI, LXVII.

Deux du roi Eudes, XXX, XXXIX.

Un de Béranger, roi d'Italie, CXV.

Cinq de Charles-le-Simple, III, V, VII, XL, XLV.

Un (une lettre) d'Alphonse, roi d'Espagne, XC.

Un de Raoul, roi de France, VI.

Un de Louis IV, d'Outre-mer, CXLI.

Un de Hugues-Capet, IX.

Un d'Othon, III, empereur et roi d'Italie, XXIV et XXVI.

Et un de Louis-le-Gros, CXXII.

Les actes émanés de l'autorité ecclésiastique se subdivisent en :

Bulles, au nombre de quinze,
Lettres des Papes, deux,
Un privilége épiscopal,
Et quatre priviléges ou actes de confirmation rendus par des conciles.

Les quinze bulles se classent ainsi :

Une d'Adéodat, CXXXII.
Une d'Adrien I, CXXXIV.
Une de Léon III, I.
Une de Sergius III, CXXXVII.
Une de Grégoire V, CXXX.
Quatre d'Urbain II, CXXVI, CXXVII, CXXIX, CXXXI.

Deux de Calixte II, cxxiv, cxxv.

Une d'Honorius II, cxxxix.

Une d'Innocent II, cxl.

Les deux lettres sont du pape Nicolas, cxxxv, et de Léon VII, cxxxviii.

Les quatre priviléges émanés des conciles ont été donnés, deux au concile de Tusey, un à celui de Pistres et un en Italie, lxxxiii, lxxxi, civ, cxxxvi.

Nous classerons ainsi les contrats et les actes d'un intérêt privé :

Deux testaments, xxxvi, xxxvii.

Trois donations faites en vertu d'exécution testamentaire, lxxxv, lxxxxiii, cxlv.

Neuf donations, xxxviii, liv, lxix, lxviii et xcv, lxxxiv, lxxxxii, ci, cxii.

Seize précaires, x, xvii, xxv et lxxvii, xxii, lxii, lviii, lxiii, lxxxvi, lxxxxvi, lxxxii, xcvii, ciii. cix, cviii, cxx, cxlii.

Un acte de vente, cxxi.

Trois actes d'échange, lx, lxvii, cii.

Deux main-fermes, cvi, cvii.

Cinq restitutions, lv, xxiii et lxxviii, lxxvi, lxxxi, cxi.

Trois renonciations, xxix, cxliii, cxlvii.

Quatre plaits, cx, cxix, cxliii, cxvi.

Trois transactions, lxiv, cxxiii, cxlvi.

Trois actes de fondations, lxxxxviii, cv, xxxv et cxvii.

Une notice et un statut, cxxviii, cxliv.

VI.

Pancarta Alia.

Dans le but de rendre les communications de la *Pancarte Noire* moins fréquentes, il en fut fait au xiiie siècle une copie.

C'était un volume in-4° de 119 feuillets en parchemin, exécuté sans aucun luxe. Dom Anselme Le Michel et dom Lesueur l'appellent simplement *Cartularium* ou *Vetus Cartularium Sancti Martini*. Ce dernier, qui l'a copié presque en entier, en donne la description suivante : « C'est un cartulaire que je nomme petit à cause de sa forme, encore qu'il contienne les bulles, chartes, priviléges et autres instruments faits ou donnés par les papes, évêques, abbés et autres prélats, par les empereurs, rois, princes, etc., depuis Charlemagne jusqu'à Louis-le-Gros, comme aussi ceux du pape Adeodat et de l'archevêque Ibbon, qui sont plus anciens que les précédents. »

Baluze a consulté ce Cartulaire, il le désigne sous le titre de copie de la *Pancarte Noire* et de *Pancarta Alia*. Nous lui conserverons ce dernier nom ; il renfermait exactement les mêmes actes que la *Pancarte Noire* ; seulement les textes étaient souvent tronqués ou altérés. Il paraît qu'au XIII° siècle l'usage des notes tyronniennes et des sigles était tombé en désuétude ; on ne savait plus les interpréter ; aussi ne fit-on que transcrire le corps des actes en supprimant les invocations initiales, les signatures, les formules finales, et même quelquefois les dates. Les copies que Duchesne et dom Martenne ont livrées à l'impression proviennent presque toutes de la *Pancarta Alia*. Voilà pourquoi les textes imprimés des diplômes de Saint-Martin laissent tant à désirer. Baluze a eu soin de porter en marge de ses copies le feuillet de la *Pancarta Alia*, où chaque acte était registré. Grâce à ses indications, et à celles de dom Anselme Le Michel et de dom Lesueur, nous avons pu reconstruire la *Pancarta Alia* comme nous l'avons fait pour la *Pancarta Nigra*. Ce travail nous a été très-utile comme moyen de contrôle, pour nous assurer que nous ne commettions pas d'erreur dans notre restitution. Afin que le lecteur puisse user facilement de ce moyen de contrôle, nous avons autant que possible marqué en tête des actes, les feuillets de la *Pancarta Alia* à côté de ceux de la *Pancarta Nigra*.

Le dernier acte inscrit dans la *Pancarte Noire*, portant la date de 1214 et connu sous le nom de *Lex diocesana*, n'avait pas été copié dans la *Pancarta Alia*, il était remplacé par une petite chronique, intitulée : *Chronicon Sancti Martini*, et imprimée par A. Salmon, dans son recueil, p. 218-219. C'est à tort que notre regretté confrère l'indique comme tirée de la *Pancarte Noire*. Elle ne se trouvait qu'à la fin de la *Pancarta Alia*, ainsi que le catalogue des archevêques de Tours imprimé dans le recueil des chroniques de Touraine, p. 201-217 (1). La petite chronique de saint Martin a été copiée par Baluze, (Arm., t. 76, f° 327), par dom Lesueur (S. Germ. lat. n° 969), et par dom Housseau (n° 8724-8735). Elle était immédiatement suivie dans la *Pancarta alia*, par le catalogue des archevêques de Tours, c'est-à-dire par la seconde partie de la chronique imprimée sous ce nom par André Salmon, contenant la liste des évêques de Tours depuis Palladius, en 593, jusqu'à Jean de Faye, en 1208. Cette date nous donne approximativement l'époque où fut exécutée la copie de la *Pancarte Noire*; elle fut faite sous l'épiscopat de Jean de Faye, entre 1208 et 1228, et ici nous ferons cette remarque. La chronique de Pierre Bechin fut terminée en 1137, puisque le dernier évènement qui y est relaté est de cette époque. Cette date, comme nous l'avons vu, est aussi celle de la rédaction de la *Pancarte Noire*. Un peu moins de cent ans après de 1208 à 1228, un fait tout semblable se produit; en même temps que l'on procède à la transcription d'une

---

(1) Voici ce que dit Lesueur (f° 147), en parlant de la copie de la *Pancarte Noire* : « Huc usque cartularium quoad chartas scilicet, addit vero in fine quædam notabilia seu et chronicon breve Turonensium pontificum, maxime a divo Gregorio Turonensi usque ad Gaufridum de La Lande, qui obiit anno 1208. » Plus loin (page 307), Lesueur donnant une copie faite sur l'original de cette chronique et du catalogue des archevêques, dit que l'une et l'autre se trouvaient à la fin de la copie de la *Pancarte noire*, f° 118 et 119. Enfin dom Housseau vient corroborer ces témoignages. « A la fin d'une copie de la *Pancarte Noire*, qui paraît être du XIII° siècle, dit-il, se trouve une petite chronique, » n. 8725 et 8739.

copie de la *Pancarte Noire;* un chanoine de Saint-Martin met en 1227, la dernière main à la rédaction de la grande chronique de Tours, la plus importante des chroniques tourangelles après celle de Pierre Bechin.

Mentionnons encore, mais simplement pour mémoire, un cartulaire de 98 feuillets dont il nous reste quelques extraits faits par dom Anselme Le Michel (Saint-Germain, lat. n° 1066, f. 289). Ce devait être une autre copie de la *Pancarte Noire.* Autant qu'on en peut juger, il ne renfermait aucun acte qu'on ne retrouvât dans les deux autres pancartes.

VII

L'idée de reconstruire la *Pancarte Noire* nous est venue le jour où nous lûmes dans la Notice Historique sur les archives du département d'Indre-et-Loire, de notre confrère M. Grandmaison, le procès-verbal, dressé en 1793, de l'acte qui livra aux flammes ce vieux cartulaire (1). Il nous tardait de constater

(1) « Le 27 brumaire (17 novembre), l'an II de la République Française, une et indivisible, en vertu de l'arrêté du conseil du district du 23 brumaire, les titres des priviléges et des droits ci-devant seigneuriaux ont été mis en deux tombereaux et conduits, en présence du Conseil du district de Tours, sur la place Nationale et se sont réunis aux trois voitures de titres destinés par la municipalité à être brûlés. Les autorités constituées, le représentant du peuple Guimberteau, les tribunaux judiciaires, les corps militaires et la société populaire invités par le district étaient rassemblés dans la salle de la maison commune, et se sont rendus en cortége par les rues de la Loi, de la Scellerie et de la Guierche à la place ci-devant d'Aumont, où était préparé un bûcher. Les titres ont été jetés dans le dit bûcher et le feu y a été mis par le représentant du peuple, les présidents des autorités constituées et les chefs des corps militaires, en présence du public qui a témoigné la plus grande satisfaction de cet acte de justice, par les cris répétés de : « Vive la République ! » et par des danses réitérées autour du feu de joie public qui a été allumé à l'heure de quatre après-midi et a duré jusqu'à dix, à la garde d'un piquet de vingt-cinq grenadiers, qui... se sont donné tous les soins pour qu'il ne restât aucun vestige de ces titres injurieux aux droits de l'homme et ont entretenu le feu avec une activité nécessaire, vu la pluie continuelle; en présence et

l'étendue des pertes que cet autodafé avait causées à la science et à l'histoire. Nous sommes heureux de pouvoir dire aujourd'hui que ces pertes ne sont pas aussi grandes qu'on pourrait le croire. Nous avons encore la *Pancarte Noire* presque intacte; plusieurs pièces, il est vrai, sont inédites, ou incomplètes mais enfin nous les possédons. La destruction des originaux a laissé des lacunes plus considérables; un grand nombre de chartes qui n'avaient point trouvé place dans la *Pancarte Noire*, et dont on ignore même les titres, sont perdues sans retour.

Dans l'appendice qui termine son savant catalogue des actes de Philippe-Auguste, M. Léopold Delisle a donné une nomenclature des cartulaires de Saint-Martin; il signale, pour la restitution de la *Pancarte Noire*, toute l'importance des travaux de dom Lesueur. Ses excellentes indications ont singulièrement facilité notre tâche et nous ont donné pleine confiance en notre œuvre.

Pour atteindre notre but, nous avons d'abord cherché à rétablir les pièces dans l'ordre qu'elles occupaient primitivement. Cette partie matérielle de notre travail nous a arrêté longtemps, car les indications fournies par les différents auteurs ne s'accordent pas toujours. On rencontre çà et là quelques erreurs. Baluze, si exact d'ordinaire, a quelquefois confondu les feuillets des *Pancartes Noire* et *Alia*, Dom Housseau a plus d'une fois cité la *Pancarte Blanche* pour la

---

sous la surveillance des citoyens Rougeot, archiviste du district, et Collineau, son collègue... qui ont dressé le dit procès-verbal. Signé Rougeot et Collineau. — Dans l'inventaire sommaire des titres brûlés qui vient à la suite, on lit : « un Registre en parchemin intitulé: *Pean Gastineau*, contenant les statuts, priviléges et droits du ci-devant chapitre de St-Martin, un autre registre intitulé *Pancarte Noire*, contenant les priviléges et droits du dit ci-devant chapitre. Une liasse de chartes en latin qui sont des priviléges accordés par Charlemagne. — Autre, des priviléges accordés par Charles-le-Chauve. Autre, des priviléges accordés par les rois Louis, Charles et Philippe, des IX, X, XI et XIIe siècles. » — Notice historique sur les archives du département d'Indre-et-Loire, par M. Grandmaison. — Mémoires de la Société archéologique de Touraine, t. VII, p. 445.

Noire. Les indications de Besly, bien que les plus anciennes, sont encore les plus exactes; mais il n'a pas cité toutes les pièces. Nous avons dû nous livrer à de longues études, pour nous convaincre que certains diplômes avaient été copiés jusqu'à trois fois dans la *Pancarte*. Longtemps nous nous sommes obstiné à la recherche de diplômes imaginaires; il a bien fallu nous rendre à l'évidence qu'une comparaison plus attentive des différents textes a fait naître.

Un fait, qui ne peut s'expliquer que par un remaniement opéré dans la pagination de la *Pancarte*, après l'année 1628, a été pour nous une autre source de difficultés, à partir du n° xciv et du f° 103, les indications de pages données par Besly et par Courtin d'une part, ne s'accordent plus avec celles fournies par Baluze et par dom Housseau de l'autre. Il y a pour chaque pièce, entre les indications des uns et celles des autres, une différence constante de deux feuillets et cette différence se maintient jusqu'au n° cxli. C'est Baluze et dom Housseau, c'est-à-dire les derniers venus, qui sont en retard. Ainsi le n° xciv, porté par Baluze et dom Housseau au f° 103, est, selon Courtin et Besly, au f° 105, le n° xcv, au f° 104, selon Baluze et dom Housseau, est au f° 106; selon Courtin et Besly; le n° xcvi, au f° 106 au lieu du 108; le n° xcviii, au f° 108, au lieu du 110; les numéros cvi et cvii, au f° 116 au lieu du 118; le n. cxxi, au f° 131, au lieu du 133, etc.

Entre ces deux séries d'indications nous avons dû suivre à partir du n° xciv, celles fournies par Besly et Courtin, parce qu'elles s'accordent mieux avec l'ordre des numéros inscrits en tête des pièces et qu'elles ne laissent aucune lacune avant le n° cxli; l'autre série d'indications occasionne des enjambements dont on ne peut se rendre compte. Le retard apporté dans la pagination par Baluze et dom Housseau doit s'expliquer par la suppression d'une ou deux feuilles restées blanches, et qui néanmoins avaient été cotées lors de la pagination primitive.

Après nous être assuré du rang que chaque pièce occupait dans le cartulaire, nous avons donné tous nos soins à rédiger l'analyse de chaque acte. Peut-être trouvera-t-on que nos analyses sont trop étendues. Nous répondrons que l'analyse sommaire que l'on fait d'ordinaire des diplômes carlovingiens a le tort de laisser ignorés pour un grand nombre de personnes une foule de renseignements sur les institutions, les mœurs et les choses, enfouis dans ces vieux documents, qu'il faut mettre en évidence. Un acte confirmatif de priviléges donné par Louis-le-Débonnaire ou Charles-le-Chauve ne dit rien, si l'on ne sait quels sont ces priviléges, et ceux-ci sont loin d'être les mêmes dans tous les actes et pour tous les établissements.

En tête de chaque pièce nous avons placé en chiffres romains le numéro d'ordre qu'elle occupait dans la *Pancarte*, puis l'indication du feuillet où elle était registrée, ainsi que celui de la *Pancarta Alia*, qui lui correspondait. Afin d'éviter toute confusion, nous avons placé cette dernière indication entre parenthèses. A la suite de chaque analyse, nous avons donné autant que possible les différentes formules qui servent à fixer la date, pour que chacun puisse contrôler celle que nous avons assignée à chaque acte et aussi parce que ces formules ne se trouvent pas toujours dans les textes imprimés, ni dans toutes les copies. Enfin nous terminons par la Bibliographie de chaque pièce, c'est-à-dire par l'indication de toutes les collections et des ouvrages où elles se trouvent, soit en extrait, soit *in extenso*. Nous donnons d'abord les sources manuscrites, puis à la suite, quand il y a lieu, les sources imprimées.

On trouvera, après la restitution de la *Pancarte Noire*, un répertoire ou index général dans lequel nous avons inséré par ordre chronologique outre les pièces de la *Pancarte*, toutes les chartes que nous avons pu trouver antérieures à l'année 1431, qui n'avaient point été transcrites. Nous avons pu dresser ainsi la liste de deux cent vingt chartes et diplômes relatifs à Saint-Martin, liste qui forme, pour cette collégiale, les annales les plus étendues et les plus dignes de confiance et dans laquelle le futur historien de la Touraine puisera tous les éléments nécessaires pour tracer l'histoire du IXe, du Xe et du XIe siècle.

Nous avons enfin terminé notre travail par deux index, l'un des noms des personnes, l'autre des noms de lieu Nous n'y avons pas seulement compris les noms qui se rencontrent dans nos analyses, mais tous ceux qui se trouvent cités dans les textes. Voilà pourquoi nos renvois indiquent les actes par le numéro d'ordre qui leur est assigné dans le répertoire chronologique. A l'aide de celui-ci, il sera toujours facile de se reporter aux textes mêmes. Nous nous sommes efforcé de rendre l'index des noms de lieu aussi complet que possible, et nous espérons que, jusqu'à nouvel ordre, il pourra tenir lieu d'un travail plus étendu sur la géographie des diplômes de Saint-Martin. C'est un devoir pour nous de confesser que, pour cette partie de notre œuvre, nous avons les plus grandes obligations à M. A. Houzé, dont l'aide et les conseils ne nous ont jamais fait défaut, trop heureux de pouvoir témoigner ainsi publiquement notre reconnaissance à l'éminent philologue, restaurateur des études celtiques en France, que nous considèrerons toujours comme un maître.

VIII

Nous avons dû, en rédigeant nos analyses, nous préoccuper tout particulièrement de la chronologie; ça été là un des points épineux de notre tâche. La table des diplômes est, en ce qui concerne les IXe, X^e et XIe siècles, des plus défectueuses; elle ne pouvait nous être d'aucun secours. Pour les actes qui renfermaient des éléments suffisants de détermination, nous avons eu recours à la Paléographie de M. de Wailly. A l'aide de cet excellent guide, nous avons pu trancher bien des questions d'une manière décisive; mais quand il nous a fallu classer les nombreuses chartes sans date que les Bénédictins, faute d'éléments suffisants de comparaison, avaient daté fort arbitrairement, nous avons dû dresser une liste chronologique des principaux dignitaires du chapitre, et nous servir des données qu'elle nous a fournies, pour rectifier de graves erreurs, et obtenir, pour nos résultats, toute la rigueur nécessaire. Nous croyons y être parvenus, et comme nous avons depuis complété, par de nouvelles recherches, ces listes de fonctionnaires d'abord dressées pour notre usage particulier, nous croyons devoir les insérer ici, disposées en un même tableau. Elles sont importantes pour l'histoire de la collégiale. La liste des trésoriers, celle des écolâtres n'existent nulle part que nous sachions ; quant à celle des doyens, on la trouve dans la nouvelle édition du *Gallia Christiana;* mais la nôtre dressée sur les documents les plus authentiques la rectifie en plusieurs points.

Du reste, toutes les fois qu'il s'est rencontré une date litigieuse, nous avons donné en note les raisons qui nous ont guidé dans notre détermination. Nous indiquerons, néanmoins, dès maintenant, un principe général que nous avons suivi dans la chronologie des chartes du règne de Charles-le-Simple ; il faut distinguer les diplômes accordés par ce prince ou en son nom, des actes donnés par des particuliers, sous son règne. Pour les premiers, les années commencent en 893, parce que Charles-le-Simple ne reconnut jamais le règne du roi Eudes, mais pour les autres, les années du règne ne doivent être comptées qu'à partir de la mort d'Eudes, parce qu'à Tours, ce prince fut toujours reconnu pour roi.

IX

Voici disposées, dans un même tableau, les listes des doyens, des trésoriers et des écolâtres de Saint Martin. Nous avons continué ces listes jusqu'au commencement du xive siècle, c'est-à-dire jusqu'à l'époque où se termine la série chronologique des actes inscrits dans les trois pancartes :

841. Siwaldus, decanus.
   Amalricus, magister scolarum (1).
849 et 856. Milo, magister scolarum.
857 et 878. Guichardus, magister scolarum.
878 et 879. Guichardus, decanus.
  Aubertus, archiclavis.
  Ermengarius, magister scolarum (2).
884. Galterus, thesaurarius.
  Ermengarius, magister scolarum.
886. Hildifridus, decanus.
  Garardus, archiclavis.
889 et 890. Fulradus, decanus.
  Bernon, archiclavis.
891 et 894. Gauzuinus, decanus.
  Bernon, archiclavis.
  Odulricus, magister scolarum.
895. Gauzuinus, decanus.
 Berno, archiclavis.
 Odulricus, magister scolarum.
900 et 904. Gauzuinus, decanus.
  Archanaldus, primus scolæ (3).
907. Gauzuinus, decanus.
 Robertus, archiclavis.
 Archanaldus, primus scolæ.
909. Gauzuinus, mortuus erat.
 Archanaldus, primus scolæ.
914 et 915. Thetolo, decanus.
  Robertus, archiclavis.
  Archanaldus, primus scolæ.

(1) Amalricus fut fait archevêque de Tours, en 849.
(2) Ermengarius, cité comme ayant succédé à Guichard dans une charte de 895.
(3) En 895, 897 et 898, Archanaldus signe comme *secundicerius scolæ*.

920. Thetolo, decanus.
    Gualterius, archiclavis.
    Archanaldus, primus scolæ.

923 et 926. Thetolo, decanus.
    Gualterius, Walterius ou Gauterius, archiclavis.

927. Thetolo, decanus (1).
    Archanaldus, primus scolæ.

930 et 932. Bernerius, decanus.
    Farmannus, archiclavis.
    Archanaldus, magister scolarum (2).

937. Bernerius, decanus.
    Farmannus, archiclavis.
    Leodramnus, provisor scolæ.

940. Nefingus, decanus.
    Farmannus, archiclavis.

941, 943 et 947. Nefingus, decanus.
    Guntelmus, archiclavis.

954. Ardoinus ou Hardoinus, decanus.
    Richardus, archiclavis.
    Adalmarus, scolæ minister.

957. Ardoinus, decanus.
    Johannes, archiclavis.
    Adalmarus, scolæ minister.

965. Rotgarius, decanus.
    Herveus I, archiclavis.

966. Rainaldus, decanus.
    Herveus I, archiclavis.
    Adalmarus, scolæ minister.

(1) Théotolon était encore doyen en 927 (charte relative à l'église de St-Vincent). Flodoart rapporte que Vincent, archevêque de Tours, périt assassiné par des voleurs, en revenant de Rome, en 929. Théotolon lui succéda donc comme archevêque, en 929. En effet, nous voyons en 930, Bernier doyen de St-Martin.

(2) En 931, Ebroinus signe pour Archanaldus; en 932, c'est Adalmarus, un de ses successeurs, qui signe les chartes.

974-980. Herveus I, archiclavis.
983. Hugo decanus.
987. Archambaldus. decanus.
 Rainaldus, archiclavis.
996. Otho ou Odo I, decanus.
 Gualterius, thesaurarius.
1001 et 1003. Odo I, decanus.
 Herveus II, archiclavis.
1007. Ulgerius de Bresis, decanus (1).
 Herveus, archiclavis.
 Guibertus, magister scolarum.
1021 ou 1022. Ulgerius, decanus.
 Herveus, archiclavis.
1023. Ulgerius decanus.
 Sulpicius de Ambazia, thesaurarius.
 Adam, magister scolæ.
1024-1029. Bovo, decanus.
 Sulpicius, thesaurarius.
1029-1047. Josbertus, decanus.
1031-1044. Wanilo ou Guanilo ou Buanilo de Montiniaco,
 thesaurarius (2).
1047, 1052 et 1055 (3). Geoffridus, Decanus.
1061. Gausfridus de Pruliaco, thesaurarius.
1063. Radulfus, decanus.
 Gausfredus de Pruliaco, thesaurarius (4).
1066. Radulfus, decanus.
 Gausfredus de Pruliaco, thesaurarius (5).

(1) En 1001, Ulgerius ou Odulgerius n'était encore que simple chanoine ; il avait une maison dans le cloître, (V. dom Housseau, n° 330).
(2) Wanilo ou Buanilo de Montiniaco, était mort bien avant 1066, il avait épousé Agnes qui lui survécut, (V. dom Houss. n. 692).
(3) Charte de Marmoutier, (dom Housseau, n. 550).
(4) Charte de Marmoutier, 17 décembre 1063, (dom Houss., n. 686).
(5) En 1066, Geoffroy de Preuilly, trésorier de St-Martin, (dom Houss. n° 695).

1067 à 1070. Radulfus, decanus.
Raginaldus, thesaurarius (1).
Beringarius, magister scolarum.

1078, 1080 et 1081. Goffridus de Lingaias, decanus (2).
Raginaldus, thesaurarius.
Beringarius, magister scolarum (3).

1081 - 1083. Goffridus, decanus.
Raginaldus, thesaurarius.
Beringarius, magister scolarum.

1086. Gauffridus, decanus.
Hardoinus, thesaurarius.
Robertus, scolasticus.

1087. Gauffridus, decanus.
Gualterius, thesaurarius.

1087. Petrus, decanus.
Gualterius, thesaurarius.

1090 et 1091. Petrus, decanus.
Gauterius ou Gualterius, thesaurarius,
Robertus, scolasticus.

1092, 1096 et 1098. Petrus, decanus.
Gualterius, thesaurarius.

1101. Petrus, decanus.
Gualterius, thesaurarius.
Fulcherius, magister scolarum.

1111, 1112, 1113 et 1114. Odo, decanus.
Galterius, thesaurarius.
Sicardus ou Sichardus, magister scolarum.

1118 et 1119. Odo, decanus.
Gauterius ou Galterius, thesaurarius.

(1) Raginaldus filius Berall, (dom Houss. n. 735).
(2) Gaufridus fuit decanus ab anno 1070 usque ad annum 1086 (Note de dom Rousseau, n. 746).
(3) Geoffroi I, évêque d'Angers, qui succéda à Eusèbe Bruno, en 1081-1082, était auparavant préchantre de St-Martin, et possédait, même étant évêque, une maison à Tours, Voy. une charte de 1093, du Cartul. de St-Nicolas d'Angers, (dom. Houss. n. 9559).

Sichardus, magister scolarum.
1126, 1127, 1128 et 1130. Odo, decanus.
Gauterius, thesaurarius.
Gaufredus Berlaicus, magister scolarum.
1133, 1136. Odo, decanus.
Gauterius, thesaurarius.
1140. Odo, decanus.
Josbertus, magister scolarum et Scriptor Pancartæ Nigræ.
1141, 1142. Odo, decanus.
Henricus, thesaurarius (1).
Josbertus, magister scolarum.
1143. Odo, decanus.
Henricus, thesaurarius.
Petrus, magister scolarum.
1149 et 1153. Giraudus, thesaurarius (2).
Petrus, magister scolarum.
1155 et 1160. Philippus, decanus (3).
Giraudus, thesaurarius.
Petrus, magister scolarum.
1163. *Decanatus vacat.*
Giraudus, thesaurarius.
Scola vacat.
1163. Bartholomeus, decanus et magister scolarum.
Giraudus, thesaurarius.
Absalon, scolæ ministrator.
1169. Bartholomeus, decanus.
Giraudus, thesaurarius.
Hamelinus, magister scolarum.
1175. *Decanatus vacat* (mense martio).
Gaufridus, thesaurarius.

(1) En 1149, Henri, frère du roi Louis VII, fut fait évêque de Beauvais.
(2) Le nom de ce doyen manque dans le gallia christiana.
(3) Fils de Louis-le-Gros et frère de Louis VII.

1176. Philippus II, decanus.
Gaufridus, thesaurarius.
Hamelinus, magister scolarum.

1185. Philippus II, decanus.
Raginaldus, thesaurarius.
Hamelinus, magister scolarum.

1185 et 1186. Philippus II, decanus.
Rotrodus, thesaurarius.
Hamelinus, magister scolarum.

1191. Philippus II, decanus.
Petrus, thesaurarius.
Gaufredus, magister scolarum.

1192 et 1193. Ansellus, decanus.
Petrus, thesaurarius.
Gaufredus, magister scolarum.

1197 et 1198. Theobaldus de Pertico, decanus.
Petrus, thesaurarius.
Gaufredus, magister scolarum.

1200, 1203 et 1205. Theobaldus de Pertico, decanus.
Petrus, thesaurarius.
Gaufredus, magister scolarum.

1206, 1207 et 1208. Theobaldus, decanus.
Petrus, thesaurarius.
Willelmus, magister scolarum.

1209 et 1210. Theobaldus, decanus.
Robertus de Magduno, thesaurarius.
Willelmus ou Guillelmus, magister scolarum.

1211, 1212 et 1213. Odo Clementis, decanus.
Robertus de Magduno, thesaurarius.
Willelmus, magister scolarum.

1214 et 1215. Odo Clementis, decanus.

1216. Odo Clementis, decanus.
Thesauraria vacat (mense augusto).

1217. Nicholaus I, de Roya decanus.
Thesauraria vacat (mense novembri).
Baldus ou Balduinus ou Baldoinus, magister scolarum.
1217 et 1219. Nicholaus, decanus.
Petrus, thesaurarius (1).
Baldoinus, magister scolarum.
1224, 1226 et 1227. Nicholaus, decanus.
Petrus, thesaurarius.
Stephanus, magister scolarum.
1229, 1231, 1232 et 1234. Albertus, decanus.
Petrus, thesaurarius
1236. Joannes I, de Curia decanus.
Petrus, thesaurarius.
Simon, magister scolarum.
1238 et 1239. Joannes, decanus.
Petrus, thesaurarius.
1241 et 1242. Johannes, decanus.
Archambaldus, thesaurarius.
Nicholaus, magister scolarum.
1244. Guido, decanus.
1249, 1252 et 1256. Guido, decanus.
Philippus, thesaurarius.
1258 et 1259. Guido, decanus.
Rodulphus, thesaurarius.
1260, 1262, 1265 et 1267. Guido, decanus.
Simon de Brione, thesaurarius.
1269. Guido de Nealpha *resignat et in Jerusalem proficiscitur.*
1269, 1273, 1276, 1278 et 1280. Petrus II, Cabilonensis, decanus.
Simon de Brione, thesaurarius.
1281 et 1287. Petrus, decanus.
Simon de Nigella, thesaurarius.

(1) Pierre Trésorier, était fils bâtard du roi Philippe-Auguste.

1289. Petrus, decanus.
Simon de Nigella, thesaurarius.
Johannes, scolasticus.
1290. 1293 et 1295. Egidius Lambert, decanus.
Simon de Nigella.
1297, 1299, 1306, 1309, 1311, 1313. Egidius Lambert, decanus.
Philippus de Majoricas, thesaurarius.
1318 et 1321. Stephanus de Mornaio, decanus.
Philippus, thesaurarius.
1328. Philippus, thesaurarius.

X

Nous avons mentionné dans le cours de cette introduction, les principaux savants qui ont visité les archives de Saint Martin, nous réunissons ici dans un chapitre spécial tous les renseignements bibliographiques ou historiques que nous avons pu réunir sur chacun d'eux, en tant qu'ils se rapportent à notre sujet. Nous espérons qu'on nous saura gré d'avoir résumé ici en quelques pages, des indications jusqu'ici inconnues ou éparses dans un grand nombre de volumes.

1. Dom François Courtin, chanoine et sous-écolâtre de Saint-Martin de Tours, avait rédigé en 1541 et 1542, un répertoire, par ordre alphabétique, des priviléges accordés au chapitre par les papes, les empereurs et les rois. Il y avait joint des notes étendues, puisées dans les nombreux documents que lui fournissaient les archives; ce répertoire, consciencieusement élaboré, facilitait les recherches. En marge de chaque titre, se trouvait l'indication des feuillets de la *Pancarte Noire*, sur lesquels ces titres avaient été transcrits, ainsi que les numéros d'ordre inscrits au dos des originaux renfermés dans les layettes. Dom Lesueur (*Rés. Saint Germ.*, vol. 969, f° 147, v° — 201) nous a conservé quelques extraits

ce repertoire, et c'est d'après lui qu'il a donné l'indication d'un grand nombre de feuillets de la *Pancarte Noire*.

II. Au commencement du XVIIe siècle, un autre chanoine de Saint Martin, Mesmin, comprenant l'importance que pouvait avoir pour l'histoire la multitude de faits renfermés dans les registres capitulaires, entreprit d'en faire un résumé année par année. De cet immense travail il ne nous reste rien, non plus que des registres capitulaires. Dom Housseau a tenu entre les mains la compilation de Mesmin et nous en a laissé quelques fragments (tome XV, p. 287, et suivantes). Quant aux registres capitulaires originaux, dont la magnifique série remontait à la seconde moitié du XIVe siècle, dom Leger Deschamps et dom Housseau en ont pris quelques extraits (tome XV, p. 274), Baluze les avait également consultés, et ses extraits se trouvent à la fin du volume 77 des *Armoires*.

III. Besly, qui venait de se distinguer aux Etats de 1614, par son opposition à la réception du Concile de Trente, se rendit à Tours l'année suivante. Logé dans le cloître de saint Martin, dans la maison d'un chanoine, Hermant, sieur de Tassigni, il put consulter les archives tout à loisir. C'est à lui que revient le mérite d'avoir le premier enseigné tout le parti que l'histoire et la chronologie pouvaient retirer de ces magnifiques archives, il parcourut les trois pancartes, et son attention se porta plus particulièrement sur la *Pancarte Rouge* et sur la *Pancarte Noire*, il analysa l'une et prit de nombreux extraits de la seconde ; plus d'un titre même fut par lui copié *in extenso*. On sait comment il les utilisa pour son histoire des comtes de Poitou. Ses notes et copies, d'une écriture cursive, abrégée et fort difficile à lire, sont exactes et d'une grande utilité ; en marge sont toujours portées avec le plus grand soin, l'indication des feuillets de la pancarte où se trouvent les titres et même la colonne et le numéro d'ordre inscrit, tout à la fois, en tête des chartes dans la pancarte et au dos des originaux. Besly, comme il le dit lui-même, avait terminé ses transcriptions le 29 août 1618 (coll. Dupuy, v. 841, f° 15 v°). Ses notes se trouvent aujourd'hui dans la collection Dupuy, vol. 828 et 841.

IV. Duchesne, en sa qualité de Tourangeau, ne pouvait manquer de consulter les archives de Saint-Martin. Contemporain de Besly, il ne l'a fait cependant qu'après lui, ayant d'abord profité de ses communications pour ses premiers travaux. Ce fut la copie de la *Pancarte Noire* ou *Pancarta Alia* qui lui fut communiquée la première. Il l'appelle *Vetus Cartularium Sancti Martini*. Il en fit de sa main la copie entière, mais sans indiquer en marge ni les feuillets, ni les numéros d'ordre dans lequel les pièces se suivaient. Cette copie est aujourd'hui conservée une moitié dans le volume 47 des *Armoires* de Baluze, f. 140, et l'autre moitié dans le vol. 46 des *Mélanges Colbert*, f° 52. Quelques chartes ont été distraites ou égarées; ainsi le volume 49 de la collection Duchesne contient la copie de sept pièces, faite par Duchesne, les unes d'après la *Pancarte Noire*, les autres d'après la *Pancarta Alia*.

Quant à la *Pancarte Noire*, ce n'est que plus tard qu'il en eut connaissance. Frappé vraisemblablement de la supériorité que ses textes offraient sur ceux de la copie, des dates entières, des formules finales et des signatures qui avaient été omises ou tronquées dans cette dernière, il se détermina à copier ces chartes de nouveau. Cette copie fut exécutée avec le plus grand soin ; nous ne pouvons savoir jusqu'où elle fut poussée, puisque nous ne possédons de cette œuvre que les six pièces cotées II à VII (collect. Dupuy, vol. 657), et que le reste a disparu. Il est certain cependant qu'elle allait au moins jusqu'au n° L environ, puisque, comme on le verra plus loin, c'est bien sur cette copie de la *Pancarte Noire*, exécutée par Duchesne, que Jean Bouhier, grand père du président, a copié les diplômes et chartes renfermées dans le tome XXVI du fonds qui porte son nom.

V. Dom Anselme Le Michel, originaire de Bernai, en Normandie, fit profession en 1621, il résida longtemps à Marmoutier, où l'on conservait dans la bibliothèque du monastère, l'histoire de l'Abbaye, en trois volumes in-f°, composée par ce religieux. Le premier volume renfermait l'histoire des abbés, depuis saint Martin, jusqu'au cardinal de Joyeuse, qui posséda Marmoutier en 1584; l'histoire de la fondation des prieurés remplissait les deux suivants; de nombreuses chartes abrégées ou résumées, tirées des archives, servaient de preuves à cette histoire. (1) Dom LeMichel avait ensuite parcouru les archives de plusieurs monastères, dans le but de publier les pièces qui pouvaient servir à leur histoire et à celle des anciennes familles; c'est ce qui lui fit donner par le père général, en 1641, la mission d'explorer les différents établissements religieux de France, pour rassembler les matériaux nécessaires à l'histoire de l'ordre de Saint-Benoît; mais il mourut en 1644, avant d'avoir terminé sa tâche. Il avait pu néanmoins visiter les archives de Saint-Martin, et voir la copie de la *Pancarte Noire*, dont il nous a laissé des analyses assez nombreuses, avec l'indication des feuillets de cette copie occupés par les pièces analysées. Les travaux de dom A. Le Michel sont conservés dans le fond St-Germ. latin, n° 1,067 et suivants.

VI. Dom François Lesueur visita les archives de Saint-Martin presque en même temps que dom Le Michel. Né à Rouen en 1606, ce bénédictin fit profession en 1625, dans l'abbaye de Jumiéges; il s'occupa d'abord à rechercher dans les manuscrits plusieurs vies de saints bénédictins, qu'il accompagna de notes et d'observations. Lorsque Mabillon écrivit les actes des saints de l'ordre de Saint-Benoît, il profita utilement de ces travaux. Ayant longtemps résidé à Saint-Julien de Tours, il obtint en 1643, l'entrée des archives de Saint-Martin. Les trésors considérables qu'il y trouva entassés lui inspirèrent l'idée d'écrire l'histoire de cette collégiale: il nous

---

(1) La bibliothèque impériale possède la minute de cette histoire en un vol. in-f° F. lat. n° 12,875.

reste plusieurs copies de la notice historique qu'il a laissée. On regrette qu'elle ne soit pas plus étendue et mieux nourrie de faits. En commençant son œuvre, Lesueur éprouve le besoin de s'excuser, lui qui faisait partie d'un ordre régulier, d'écrire l'histoire d'une congrégation irrégulière ; on voit par ce simple détail à combien peu il a tenu que nous ne soyons privés des travaux d'un homme qui nous a laissé les renseignements les plus précieux et les plus authentiques sur les archives de Saint-Martin. Quant aux documents qu'il a eus entre les mains, voici comment il s'exprime lui-même à cet égard : « Pour ce qui est des auteurs que je cite et dont je me suis servi en la compilation de cet abrégé, il y a premièrement un cartulaire de cette église de Saint-Martin que je nomme petit, à cause de sa forme, encore qu'il contienne les bulles, chartes, priviléges et autres instruments faits ou donnés par les papes, évêques, abbés et autres prélats ; par les empereurs, rois, princes, etc., depuis Charlemagne jusqu'à Louis-le-Gros, comme aussi ceux du pape Adéodat et de l'archevêque de Tours, Ibbon, qui sont plus anciens que les précédents. Il y a aussi un répertoire ou abrégé des mêmes choses et de plusieurs autres ensuite, dressé l'an 1541, selon l'ordre alphabétique par François Courtin, sous-maître école et chanoine de Saint-Martin ; j'en ai eu la communication par la courtoisie et bienveillance d'un très-digne chanoine du même Saint-Martin, lequel m'a pareillement aidé de certains mémoires fidèlement extraits d'une chronique de Tours manuscrite, qu'il avait autrefois eue de feu M. Duchesne. » Cette citation prouve que dom Lesueur n'a eu entre les mains que la copie de la *Pancarte Noire* et le répertoire de Courtin ; il a copié d'après cette copie environ 120 bulles et diplômes, qu'il a rangés par ordre chronologique. A la fin de chaque pièce, il a indiqué le feuillet du cartulaire où elle était enregistrée ; puis à l'aide du répertoire de Courtin, il a donné dans un index à part, avec la date, l'indication du feuillet que cette pièce occupait dans la *Pancarte Noire* et le numéro d'ordre qu'elle portait en tête, numéro répété au dos des chartes originales. Ces travaux de dom Lesueur existent à la bibliothèque impériale dans le résidu St-Germain, n° 969. Le même volume contient aussi son *Abrégé de l'histoire du monastère de Saint-Martin de Tours*, recueilli particulièrement des anciennes chartes et monuments de la dite abbaye. Il existe encore à la bibliothèque impériale deux autres copies de cet *Abrégé historique*, l'une dans le vol. 1067, du fonds latin de St-Germain, l'autre dans le vol. 26 du *Monasticon Benedictinum*. Dom Lesueur mourut à St-Wandrille

VII. Dom Martenne et dom Durand. — Dom Martenne résida longtemps à Marmoutier, ainsi que son modeste confrère dom Ursin Durand. Disciples de Dachery, leur œuvre, comme on le sait, ne tarda pas à égaler, puis à surpasser celle du maître. Un des premiers travaux de dom Martenne fut d'écrire l'histoire de Marmoutier; il y travaillait en 1696. Cette histoire n'a point été terminée; elle est conservée en manuscrit à la Bibliothèque Impériale (Fonds. lat. n°s 12876-12880). Nous devons peu regretter qu'elle n'ait pas été publiée, car la partie rédigée n'est plus à la hauteur de la critique moderne. Son plus grand mérite consiste dans le nombre considérable de chartes qui y sont jointes comme pièces justificatives et dont plusieurs ne se retrouvent que là. Passé à Saint-Ouen de Rouen, dom Martenne publia sa *Collectio Nova*. Revenu à Marmoutier en 1708, il fut chargé de visiter les archives des églises cathédrales et des abbayes de France, afin d'y recueillir tous les monuments qui pouvaient contribuer à perfectionner le nouveau *Gallia Christiana*. Ce fut alors qu'il dépouilla les archives de Saint-Martin et exécuta la copie de tous les diplômes et des chartes qu'il inséra dans ses collections imprimées. Notamment dans l'*Amplissima Collectio*, publiée en 1718. Un examen attentif des textes qu'il a publiés prouve cependant qu'il n'a pris ses pièces que dans la copie de la *Pancarte Noire*. Les dates sont souvent supprimées ou transposées, ainsi que la plupart des signatures et des formules finales. On remarque les mêmes suppressions dans les copies de Duchesne, indiquées ci-dessus (Bal., t. 47, mel. colb. t. 40), comme ayant été faites sur la *Pancarta Alia*. Il n'en eut pas été ainsi si dom Martenne eût eu à sa disposition la *Pancarte Noire*, ou vu les originaux. C'est d'après les textes de dom Martenne que dom Bouquet et ses collaborateurs ont réimprimé les diplômes concernant Saint-Martin de Tours que l'on trouve dans les *Historiens de France*.

VIII. Pierre Carreau, sieur de La Perrée, né en Touraine, exerçait, sous Louis XIV, les fonctions de procureur du roi dans l'élection de Tours. Pour répondre aux vœux de Colbert, il entreprit d'écrire l'histoire de sa province et y travailla fort longtemps. Cette histoire fut achevée, mais elle n'a jamais vu le jour, du moins sous sa forme primitive. Elle devait former deux volumes in-folio et était divisée en six livres, subdivisés chacun en deux parties; l'une concernait l'état civil, l'autre l'état ecclésiastique. Après la mort de Carreau, arrivée en 1708, plusieurs copies de son histoire furent exécutées et passèrent en différentes mains. Baluze et les bénédictins dom Housseau, dom Augustin Cassard et dom Leger des Champs en ont eu connaissance. M. Luzarche a réimprimé dans les mémoires de la Société archéologique de Touraine (t. IV, 1855), le prospectus ou dessein de l'*Histoire de Touraine*, publié par Carreau vers 1705. On trouve dans la collection Dangeau un fragment de son histoire civile, et dans le volume 25e de dom Housseau un autre fragment assez considérable se rapportant à l'histoire ecclésiastique de la province. On y trouve aussi plusieurs dissertations faites par Carreau, sur quelques points importants de l'histoire de Touraine, imprimées par Chalmel, sous son propre nom, à la suite de ses *Tablettes chronologiques*, Tours, 1818, in-8°). Carreau avait consulté les archives de Saint-Martin et en avait largement profité pour son histoire. On lui avait communiqué la *Pancarte Noire* et il la cité plusieurs fois, notamment dans sa dissertation sur les bulles d'or des archives de Saint-Martin de Tours.

IX. Etienne Baluze, cet infatigable travailleur, qui, de petit abbé d'abord copiste de M. de Marca, parvint par son seul mérite et par l'universalité de ses connaissances à dominer toute l'érudition française à la fin du xvii° siècle, était tombé dans une disgrâce profonde, à la suite du procès de de Bar. Privé de sa pension et exilé à Tours, il employa cet exil à copier la majeure partie des archives de Saint-Martin, de Saint-Julien et de Marmoutier. Il était arrivé à Tours le 19 octobre 1710, après avoir inutilement cherché un refuge à Blois et à Nevers. Accablé par l'âge, il avait quatre-vingt ans passés, par le chagrin et la maladie, il n'en avait pas moins, dès le mois de décembre suivant, extrait le cartulaire *de Servis* de Marmoutier. En janvier 1711, il obtenait l'accès des archives de Saint-Martin et de Saint-Julien. Enthousiasmé à la vue des richesses que renfermaient ces établissements, il passait les jours entiers à déchiffrer et à copier les diplômes, les bulles et les nombreuses chartes dont il nous a conservé les copies. Les titres qu'il copiait dans les pancartes, il les collationnait sur les originaux et en marge de ceux qu'il copiait sur les originaux, il notait les feuillets des pancartes où ils étaient transcrits. Ses copies sont souvent enrichies de notes excellentes relatives tantôt à un évènement important, tantôt à une discussion de date. Un tel labeur épuisa bientôt les forces du savant octogénaire. En 1712, il fut attaqué d'une maladie dangereuse et se trouva à deux doigts de la mort. Il dut momentanément abandonner tout travail intellectuel. Sa santé s'étant un peu raffermie, on le retrouve en 1713, parcourant les cartulaires de Marmoutier, dressant des tables pour son usage et copiant toutes les pièces qui lui paraissaient valoir la peine d'être conservées (1).

(1) Nous avons puisé ces renseignements dans les lettres suivantes, que nous donnons ici parce qu'elles ne sont pas connues et qu'elles montrent comment le Roi protecteur des sciences et des lettres, savait parfois récompenser les vieux savants. Elles sont adressées à Monsieur de Pontchartrain.

Les copies de Baluze, prises dans les archives de Saint-Martin, se trouvent dans les vol. 76 et 77 de ses *Armoires*. Elles nous ont été de la plus grande utilité pour la restitution de la *Pancarte Noire*. Il est regrettable que leur auteur ait cru devoir trop souvent supprimer les signatures dans un grand nombre d'actes et les remplacer par la mention suivante : « Suit un grand nombre de signatures, inutiles quant à présent »

X. Gaignières. — Vers 1699 et 1700, Gaignières fit un voyage à Tours, et obtint communication de quelques-unes des pièces

Blois 13 août 1710. — Monseigneur, mon premier devoir en arrivant icy est d'avoir l'honneur de vous le faire scavoir, j'y suis venu de Rouen par les voitures publiques ce qui m'a beaucoup fatigué je vais y vivre dans la retraite et dans une grande douleur d'avoir desplu au Roy. On m'a mandé Monseigneur que l'assemblée du clergé m'a retranché une pension dont je jouissais depuis longtemps en considération des ouvrages que j'ay fait imprimer touchant les pères de l'Église et des conciles. Cette perte néantmoins ni celle des appointemens de professeur Royal ny enfin celle du logement que j'avois au collège Royal qui seront apparemment suivies du retranchement de la pension de 1200 livres que le Roy me donnoit aussy depuis longtemps, quoique ces appointemens et pensions fissent ma subsistance et fussent le fruit d'un travail continuel pendant plus de cinquante-huit ans que j'ay employé au service de Dieu et de son église avec l'approbation du public. Ces pertes néantmoins toutes grandes qu'elles sont pour un homme d'une aussy petite fortune que la mienne me sont infiniment moins sensibles que le chagrin de m'estre trouvé dans une chose qui déplait au Roy j'en ay ung véritable repentir et je ne cesserai de prier Dieu pour la conservation et prospérité de sa majesté ! Je suis Monseigneur, etc. Baluze. (Note au crayon dictée par le Roy. — faire souvenir dans le temps).

Nevers, 28 sept. 1710. — Monseigneur sur le point de mon départ de cette ville pour aller à Lyon, j'ay reçu la lettre que vous m'avez fait l'honneur de m'écrire pour me faire savoir que le Roy ne trouve pas bon que j'y aille, ny en Bourgogne ny en aucun autre endroit où M. le cardinal de Bouillon ait des bénéfices et comme il n'en a aucun icy où je me trouve par hazard tout porté je serois très-obligé à sa Majesté s'il luy plaisoit de me permettre d'y rester, mon age de 80 ans requerrant un peu de repos, après les fatigues de mes voyages qui ont été fréquents et pénibles dans un age si avancé ! je vous supplie Monseigneur de demander cette grâce à sa Majesté pour moy, etc. (Note au crayon. — Lu au Roy, S. M. ne veut pas qu'il y demeure; trop près, m'en parler).

conservées dans les archives de Saint-Martin, le volume 639 de sa collection renferme environ 35 pièces copiées sur les originaux. Il ne semble pas avoir connu les *Pancartes*, et il est à croire que dans ce voyage il négligea un peu les archives pour s'occuper davantage des trésors artistiques que renfermaient en si grande abondance les établissements religieux de la Touraine.

XI. Dom Housseau. — Dom Housseau avait été chargé par sa congrégation, de continuer le recueil de documents relatifs à l'histoire de Touraine, d'Anjou et du Maine, commencé par deux de ses prédécesseurs, dom Augustin Cassard et dom Leger des Champs. L'un de ces deux derniers bénédictins, avait

Nevers 8 octobre 1710. — Monseigneur après vous avoir supplié de remercier pour moy le Roy de la grâce qu'il m'a faite de me permettre de me retirer à Tours, j'aurai l'honneur de vous dire que je partiray incessamment pour m'y rendre. J'espère de partir dans cinq ou six jours c'est-à-dire dès que la rivière de Loire qui est présentement fort basse commencera à se fortifier et à être naviguable n'y ayant icy d'autre voye que celle là pour aller à Tours; mesme ce petit retardement me servira pour restablir un peu ma santé altérée par trois accès de fièvre que j'ay eu icy assez violents, etc. (Note au crayon. — Bon, savoir s'il est party, écrire à l'évêque de Nevers, écrire à l'archevêque de Tours. Veiller).

Tours 20 octobre 1710. — Monseigneur je partis de Nevers, mercredi dernier pour me rendre à Tours et j'y arrival hier au soir, je tascheray de m'y comporter de telle sorte que Sa Majesté n'aura aucun mécontentement de ma conduite. Je me suis incontinent informé si Mgr l'archevesque et M. l'intendant étaient icy afin de les aller saluer dès mon arrivée, mais j'ay appris que Mgr l'archevesque est à la campagne jusqu'à la Toussaint et que M. l'intendant est allé faire sa tournée, je ne manqueray pas de les voir tous deux incontinent qu'ils seront de retour. (Bon, savoir, écrire à l'archevêque).

Note. — M. Chauvelin (intendant de Tours) écrit le 16 août dernier (1712) que le sieur Baluze âgé de 82 ans avoit été attaqué d'une fièvre violente dont il avait alors déjà eu sept accès, qu'une descente dont il étoit depuis longtemps incommodé avoit été sur le point de se renouveler et que si cela fût arrivé on auroit eu beaucoup de peine à le sauver n'y ayant point à Tours de chirurgien capable de donner les secours nécessaires en pareille occasion. — On luy fit responce le 24 du dit mois que le Roy ne jugeoit pas à propos que le sieur Baluze changeat de lieu et que cependant S. M. souhaitoit de savoir les suites de sa maladie. — M. Chauvelin marque aujourd'hui que la maladie du dit sieur Baluze se renouvelle de temps en temps de manière à faire craindre.

consulté les archives de Saint-Martin et en avait commencé le dépouillement. Il avait même copié plusieurs chartes de la *Pancarte Noire*, et pris de nombreux extraits des registres capitulaires. Ses copies sont reconnaissables par leur écriture ronde, d'une régularité vraiment remarquable. Dom Housseau les a classées parmi les siennes, ainsi que celles d'un anonyme qui a copié sept titres de la *Pancarte Noire* (n° 65, 79, 89, 123, 126, 143 et 147 de la collect. Housseau), en figurant les sigles, les notes tyroniennes et autres abréviations qui se trouvaient dans les originaux. Dom Housseau a vu lui-même la *Pancarte Noire*, il l'a analysée ainsi que la *Pancarte Blanche* et en a copié plusieurs titres. Ses copies sont à la Bibliothèque impériale, dans la collection qui porte son nom.

XII. Jean Bouhier. — On trouve dans le volume XXVI de la collection Bouhier, les copies de 35 chartes et diplômes qui proviennent de la *Pancarte Noire*. Ces copies sont de la main de Jean Bouhier, le grand père du président. Les monogrammes, les sigles, les grilles et les dessins qui accompagnaient les originaux ont été reproduits avec un certain soin. Ces circonstances et l'ordre dans lequel les pièces sont disposées, indiquent quelles ont été copiées sur la *Pancarte Noire* ou plutôt sur une copie de celle-ci. Il est difficile d'admettre, que Jean Bouhier ait eu connaissance de la *Pancarte Noire*, rien ne prouve qu'il soit venu à Tours, et les chanoines ne se désaisissaient point facilement de leur cartulaire. Mais on voit par la correspondance de Bouhier avec son fils, alors étudiant à Paris, qu'il a eu entre les mains à titre de prêt, plusieurs volumes de la collection Dupuy, déposée chez Joly de Fleury, procureur général au parlement de Paris, et qu'il en a pris des copies et de nombreux extraits. C'est ainsi qu'on trouve dans la collection Bouhier, la copie des lettres de Besly, dont les originaux sont dans celle de Dupuy. Or dans cette dernière se trouvait également la copie que Duchesne avait faite de la *Pancarte Noire* (voyez Duchesne) ou tout au moins de ce qu'il en avait copié. C'est d'après cette copie que Jean Bouhier fit la sienne, mais ce qui ne s'explique pas, c'est qu'aujourd'hui la copie de Duchesne ne se retrouve pas dans les manuscrits de Dupuy.

XIII. Il existe dans la collection Baluze plusieurs copies anciennes faites dans les archives de Saint-Martin. Quelques-unes sont authentiques et ont pu servir de pièces à l'appui, lors des anciens procès du chapitre au parlement. D'autres ont été copiées dans un intérêt plus particulier, plusieurs doivent provenir de Raoul Monsnyer, dont Baluze a eu quelques manuscrits entre les mains. Elles forment les volumes 282 et 283 des *Armoires*.

L'auteur anonyme qui a copié le *Rituel* de Pean Gastineau a transcrit à la fin environ vingt-cinq chartes qu'il a copiées sur les originaux (vol. 84 des *Armoires*). Dans le volume 76, on trouve aussi, mêlées aux chartes copiées par Baluze, quelques transcriptions provenant vraisemblablement de du Bouchet.

XIV. Les chanoines de Saint-Martin eurent, en 1601, un procès au parlement contre l'archevêque de Tours, au sujet de la juridiction du chapitre sur l'abbaye de Beaumont, et, dès cette époque, ils durent produire en justice plusieurs bulles et priviléges. A la suite d'une assez longue procédure, les parties furent renvoyées jusqu'à plus ample informé et le droit de juridiction laissé dans les mêmes termes. Cette contestation devint bientôt la matière d'un second procès beaucoup plus long que le premier, et qui se compliqua d'un nouvel incident. Nous voulons parler du différend qui s'éleva entre le chapitre de Saint-Martin et l'archevêque de Tours, au sujet du droit d'exemption de la juridiction de l'ordinaire, que prétendaient les chanoines, disant que leur église relevait immédiatement du Saint-Siège, et sans moyen. — Les chanoines furent encore obligés de produire au parlement des copies authentiques de leurs titres et priviléges. C'est là l'origine des copies aujourd'hui conservées aux archives de l'Empire.

Le célèbre Jean de Launoy, qui avait successivement attaqué les exemptions et priviléges de Saint-Médard de Soissons (1657), de la Trinité de Vendôme (1661), de Saint-Germain-des-Prés (1662), entreprit également l'examen des *Priviléges et autres pièces produites pour servir au jugement du procès qui était pendant au Parlement de Paris, entre l'archevêque de Tours et les chanoines de Saint-Martin* (1), il déclara que la plupart de ces priviléges étaient faux, et se prononça en faveur des prétentions de l'archevêque. Les chanoines confièrent le soin de leur défense à Raoul Monsnyer, l'un d'entre eux, docteur de Sorbonne, très-versé dans l'histoire de la Collégiale. Monsnyer répondit aux attaques dirigées contre son église par l'ouvrage suivant, qui renferme quelques pièces : *Celeberrimæ Sancti Martini Turonensis ecclesiæ jura propugnata contra Launoium, auctore Radulpho Monsnyer, doctore theologo sacr. Fac. Paris., et ejusdem ecclesiæ canonico et ecclesiaste*, Parisiis, Pepingué, 1663, in-8. »

La publication de ce mémoire n'empêcha point Raoul Monsnyer de donner un commencement d'exécution à un monument plus durable qu'il voulait élever à la gloire de l'église à laquelle il appartenait; il avait déjà réuni les matériaux nécessaires pour écrire l'histoire de Saint-Martin. Cet ouvrage devait avoir plusieurs volumes in-f° et avait pour titre. « *Historia celeberrimæ ecclesiæ Sancti Martini Turonensis, auctore Radulpho Monsnyer, doctore theologo sorbonico et canonico ejusdem ecclesiæ.* » Le premier volume seul fut livré à l'impression, il n'a pas de frontispice, et s'arrête à la page 206. Il porte pour sous-titre : *De statu Sancti Martini Turonensis ecclesiæ*, in-f°, 1663. On y trouve un grand nombre de pièces importantes pour l'histoire du monastère.

Il existait plusieurs copies de l'ouvrage de Raoul Monsnier, une était entre les mains de ses héritiers. Elle passa dans la

(1) Paris, Martin 1676, in-4°.

bibliothèque de Lancelot. Baluze, qui en avait eu communication, l'avait enrichie de variantes et de notes marginales. On ignore la destinée de ce manuscrit. Une autre copie est conservée à la bibliothèque municipale de Tours ; elle renferme des pièces importantes, tirées des archives de la collégiale. — Raoul Monsnyer mourut en 1676, et fut enterré dans l'église de Saint-Martin.

Mais de tout ce que les chanoines ont fait imprimer, rien n'est comparable, pour l'importance et le nombre des actes anciens, aux *Factums* qu'ils ont publiés en 1708 et 1709, comme moyens de défense contre M. Isoré d'Hervault, archevêque de Tours, qui avait repris le procès contre le droit d'exemption du chapitre.

Ces *Factums* ont été réunis sous le titre général de « *Défense des priviléges de la noble et insigne église de Saint-Martin de Tours* etc. » — Le premier, qui parut en 1708, est intitulé : *Réponses à causes et moyens d'appel comme d'abus contre messire Mathieu-Isoré d'Hervault*, etc., avec les titres et pièces justificatives produits au procès. — Les documents cités sont dans une partie paginée séparément et intitulée : *Pièces justificatives*. Cette partie n'a été imprimée qu'en 1709.

Viennent à la suite :

Addition de réponses à causes et moyens d'appel comme d'abus ;

Seconde addition de réponses à causes et moyens d'appel comme d'abus, servant aussi de contredits, de productions et de réponses à salvations, etc ;

Suite de la seconde addition à causes et moyens d'appel comme d'abus, servant aussi de contredits.

Réponse à la seconde partie de la requête de Mgr. l'archevêque, signifiée le 5 février 1707 ;

Abrégé de la défense des priviléges de la noble et insigne église de Saint-Martin de Tours, 1709 ;

Supplément au mémoire abrégé pour servir de réponse aux salvations imprimées, signifiées le 4 février 1709.

Nous terminerons enfin cette bibliographie des documents relatifs à l'histoire du chapitre de Saint-Martin, par l'indication des deux ouvrages suivants, qui contiennent également quelques pièces :

Histoire de la fondation de l'église de St-Martin de Tours, et de ce qui s'y est passé de plus considérable jusqu'à présent, par Nicolas Gervaise, prévôt de Suèvre (imprimée dans la vie de Saint-Martin, de Tours, 1699, in-4°.

Histoire de l'église royale de Saint-Martin de Tours (pour servir de réponse au livre précédent) par un religieux bénédictin de la congrégation de St-Maur (Etienne Badier). Tours, Barthe, 1700, in-12.

PANCARTE NOIRE

N° 1, f° 1. (*Panc. alia*, f° 1.) 9 avril 806.

Le pape Léon III, à la prière de Gulfard, *Gulfardus*, abbé du monastère où repose en paix le corps vénéré de saint Martin, confirme par un acte de son autorité spéciale, adressé aux évêques des Gaules, les priviléges accordés aux religieux de ce monastère, tant par ses prédécesseurs Adéodat et Grégoire, que par les évêques des différentes provinces où sont situés ces biens. — Nulle taxe, charge ou redevance laïque ne peut être mise, sous prétexte d'impôt, sur les terres de l'abbaye. Aucun évêque ne peut donner ou vendre les revenus des églises appartenant à Saint-Martin et situées dans son diocèse, ni en disposer. Aucun juge séculier, à quelque juridiction qu'il appartienne, ne peut exercer son office, ou s'entremettre d'une cause sur les terres de la juridiction du monastère, ni forcer les hommes de Saint-Martin, libres ou serfs, à servir de fidéjusseurs contre leur gré. Aucun droit de tonlieu ou de naulage ne peut être levé sur les dites terres. Enfin, l'hôpital des riches et celui des pauvres, appartenant aux religieux, doivent percevoir intégralement et indistinctement la dîme et la none de tous les revenus de l'abbaye, sans contradiction aucune.

Scriptum per manum Bonifacii archiscrinii sanctæ Romanæ ecclesiæ, in mense Aprili, indictione VII. — Data V idus aprilis, anno XII (*lege* XI) pontificatus domini Leonis papæ III; Anno VI Karolo regnante imperatore magno.

D. Lesueur, n°ˢ 11 et 138. — D. ... Le Michel, *St Germ. lat.*, n° 1067, f° 242 (Analyse). — Coll. Duch., t. 49, f° 120.

D. Monsnyer, *de Statu Sancti Martini Turonensis*, p. 136.

N° II, f° 2. (*Panc. alia*, f° 2).　　　　　　Vers l'an 800.

Charlemagne confirme de nouveau les priviléges, immunités et exemptions du monastère de Saint-Martin. — Cette confirmation, renouvelée à la demande de l'abbé Alcuin, successeur d'Itier, ne fait que reproduire les termes et les dispositions du diplome donné en 782 et porté ci-dessous n° LXXXIX.

Actum Castro Lauduno (s. d.)

Armoires de Baluze (copie de Duchesne), tom. 47, f° 161. — Coll. Bouhier, tom. 26, f° 31, n° 36. — D. Lesueur, n°s 10 et 123 — *Saint-Germ. lat.*, n° 1067, f° 242, (anal.) — Collect. Dupuy, vol. 657, f° 2.

Martenne, *Thesaurus anecdotorum*, t. 1, page 13 (vers 795). — *Ann. eccles.* de Lecointe, tom. VI, page 590 (à l'an 796). — *Recueil des Historiens de France*, t. VI, p. 763. — *Gallia Christiana*, 2e édition, tome XIV, instr. n° 10 (vers l'an 800).

N° III, f° 3.　　　　　　1er décembre 918.

Charles-le-Simple, à la demande de l'abbé Robert, exempte de toute juridiction autre que celle de l'abbé ou des religieux, les habitants du nouveau château ou enceinte, que le dit Robert, en vertu d'une permission spéciale, avait construit autour de l'église et du cloitre de Saint-Martin (1).

Datum kal. decem.. indict. VII (VIII, D. Houss.), anno XXVII, regnante Karolo rege gloriosissimo, redintegrante XXI, largiore vero hereditate indepta VI.

Actum Castro Lauduno.

Coll. Dupuy, vol. 657, f° 2, et 3. — Lesueur, n° 87. — Bouhier, t. 26, p. 33, n° 37. — *Arch. de l'Empire*, K. 186, n° 11. — Dom. Houss., n° 149. — *Saint-Germain lat.*, n° 1067, f° 242 (anal.), Marten., *Ampl. collect.*, t. 1, col. 272. — *Rec. des Historiens de France*, t. IX, p. 540.

(1) Ce diplome avait pour titre dans la *Pancarte Noire* : « Privilegium Caroli Stulti super immunitate Castri Novi Turonensis. »

N° IV, f° 4. (*Panc. alia*, f° 4).　　　　30 août 816.

Louis-le-Débonnaire, à la demande de l'abbé Fridegise, qui lui représente les diplômes des anciens rois ses prédécesseurs et ceux de Pepin et de Charlemagne, ses ancêtres, confirme les possessions du monastère de Saint-Martin, situées en Austrasie, Neustrie, Bourgogne, Aquitaine, Provence, Italie et autres parties de ses états, tant celles données par des princes que celles provenant de simples particuliers. Il prend toutes ces possessions sous sa protection spéciale, ainsi que les hommes qui les habitent, exempte le monastère et ses dépendances de toute charge publique, défend à tout juge ou fonctionnaire de quelque puissance ou dignité qu'il soit revêtu, de tenir ses audiences sur les terres du monastère, d'exiger des impôts, et droits de past, de gîte ou de tonlieu, d'obliger les manants des dites terres, libres ou serfs, à servir de fidéjusseurs ou à supporter les charges publiques, remet au monastère, pour être employé au luminaire de l'église, ou au soulagement des pauvres et des clercs, tout ce qui avait été jusques là exigé au nom du fisc ; à peine par les contrevenants de 600 sols d'or pur d'amende, dont les deux tiers appartiendront aux recteurs du monastère et le reste au fisc ; veut que ce qui a été enlevé aux religieux par la négligence des abbés ou par une téméraire usurpation des juges laïques soit restitué ; il désire enfin que l'abbé et les chanoines soient tenus de prier Dieu pour la prospérité de la famille royale (1).

Data III kal. septembris, anno Christo propitio tertio imperii domni Hludovici piissimi Augusti, indict. decima.

Actum Aquisgrani palatio regio.

Collect. Dupuy, vol. 657, f. 3 et 4. — Bouhier, t. 26, p. 34, n° 28. — Lesueur, n° 13.

(1) Ce diplôme avait pour titre : Confirmatio Ludovici pii imperatoris super rebus Austriæ, Neustriæ, Burgundiæ, Aquitaniæ, Provinciæ et Italiæ.

Arm. de Bal., t. 47, f° 163 et t. 76, f° 27 - 29 (ex autographo).
— *Archiv. imper.*, K. 186, n° 9. — *Saint-Germ., lat.* n° 1067, f° 242 (anal.)

Mart., *Ampliss. collect.*, t. 1, col. 63. — Dom Carpentier, *Alphab. tiron.*, p. 33, carta XIII.

Recueil des Hist. de France, t. VI, p. 506 (ad ann. 817). — Baluze, *Capitul. des Rois de Fr.* t. II, appendice, colon. 1412. — *Gallia Chist.*, 2ᵉ édit. t. XIV, instr., n. 13.

N° V, f° 5 (*Panc. alia*, f° 5).   30 avril 903.

Charles-le-Simple confirme les exemptions et les immunités accordées au chapitre de Saint-Martin par ses prédécesseurs. Il déclare qu'à la demande de l'abbé Robert, frère du roi Eudes, son prédécesseur, il confirme aux chanoines la possession des terres et des propriétés énumérées au dit acte, et affectées aux besoins de la communauté, qu'elles sont exemptes de toute exaction et de toute juridiction étrangère. Il confirme l'abandon fait par l'abbé Robert du droit de provision que les nouveaux prébendés devaient à l'abbé, et déclare que si les chanoines veulent construire des monastères dans quelques-unes de leurs possessions, pour leur servir de refuge contre les Normands et autres barbares, ils sont libres de le faire, sans être contraints de payer aucun droit. Il ordonne enfin, conformément aux diplômes et contrats obtenus par les dits chanoines, que les cens, rentes ou redevances dus au chapitre, par les *Celles* et *villæ*, dépendant de Saint-Martin, soient régulièrement acquittées (1).

(1) Dans le vol. 657 de Dupuy, en tête de la copie de ce diplôme se trouve le titre suivant, qui vraisemblablement a été tiré de la *Pancarte Noire*. — Confirmatio Caroli stulti de Ligolio, Burgogalo, Sancto Spano, Primiciis, Porta, Præpositura, Bladalaico, Dociaco, Antogniaco, Cursiaco, Pseudofori, Sodoorio, Medonna, Corsayo, Vobridio, Tauriaco, Odato, Canutio, Vovreio, Restiqiaco, Noviento, Magito, Genestolio, Prisciniaco, Monte, Domna Maria, Saldoa, Nocento, Merlao, Arcis civitatis, et ecclesia Sancti Martini de Basilica et decimis et nonis dominicalium rerum.

Data II kal. maii . indict. v , anno XI regnante Karolo piissimo rege.

Dupuy, vol. 657, f: 5. — Bouhier, vol. 26, p. 36, n° 39. — Lesueur, n° 80. — *Archiv. imp.*, K. 186, n. 23. — Saint-Germ., lat., n° 1067, f° 242, v° (anal.).

Mart., *Ampl. collect.*, t. 1, col. 238. — *Rec. des Hist. de Fr.*, t. IX, p. 496.

N° VI, f° 7 (*Panc. alia,* f° 7.)   21 mars 931.

Le roi Raoul confirme les biens, possessions et priviléges de Saint-Martin. — Ce prince, à la demande de Hugues, abbé de la basilique où repose le corps de saint Martin, imitant la conduite de Louis-le-Pieux, de Charles-le-Chauve et de Eudes, ses prédécesseurs, confirme les donations faites à ce monastère, tant par eux que par les autres fidèles, en quelque endroit de ses états, Austrasie, Neustrie, Bourgogne et Aquitaine, que ces biens soient situés. Il déclare ensuite que la juridiction du château nouvellement construit par l'abbé Robert, père de l'abbé Hugues, autour du cloître, pour le mettre à couvert des invasions des Normands et celle des faubourgs situés entre le dit château et la Loire, appartiennent à l'abbé, au doyen et aux chanoines de cette église; que nul sujet du roi n'a le droit de loger chez les clercs demeurant soit dans l'enceinte du monastère, soit au dehors. Il confirme aux dits chanoines le droit de battre monnaie, avec exemption de toute redevance fiscale, ainsi que l'abandon du service, que, suivant une ancienne coutume, les abbés exigeaient des prébendes, mais dont l'abbé Robert s'était relâché en faveur des chanoines; il fait restituer à ceux-ci les trois petits monastères de Saint-Pierre *ad cœmeterium*, de Saint-Vincent et de Saint-Benoît, et reconnait l'échange des arènes qu'ils avaient fait avec l'abbé Hugues pour une pièce de terre, située dans la cité de Tours, du côté de la Loire. Il énumère ensuite les différentes propriétés de Saint-Martin, dont il confirme au chapitre la possession, ainsi que celle des différentes immunités exemptions et priviléges accordés ci-devant (1).

Data ix kal. aprilis, anno domini Rodulphi serenissimi regis VIII.

Actum Turonis, in ipso Beati Martini Castro.

Arm. de Bal. t. 76, f° 67 et t. 47, f° 165. — Bouhier, vol. 26, f° 40, n° 40. — Lesueur, n. 98 — *Coll. Dupuy*, vol. 828, f° 96 (extrait), et vol. 844, f° 141 (extrait) et vol. 657, f° 8. — Dom. Houss. n° 162. — *Archiv. impér.* K., 186, n° 45. — Saint-Germain, lat. 1067, f° 242, v° (anal.)

Marten., *Thesaurus Anecd.*, tom. 1, col. 63. — Labbe, *Alliance chron.* tom, II, p. 526, — *Rec. des Hist. de Fr.*, tom. IX, p. 573.

N° VII, f° 8-9 (*Panc. alia*, f° 9).   27 juin 919.

Charles-le-Simple confirme les possessions et les exemptions du chapitre de Saint-Martin. Ce prince déclare que Robert, abbé de Saint-Martin, frère de son prédécesseur, le roi Eudes, lui a demandé qu'à l'exemple de ses prédécesseurs, il voulût bien confirmer le chapitre de Saint-Martin, dans la possession de ses biens et de ses priviléges. Considérant que du temps de l'abbé Vivien, les chanoines avaient été maintenus dans la libre possession des biens affectés à la communauté, sans que l'abbé pût s'immiscer dans leur administration, il les confirme de nouveau dans la possession des *villæ* reservées à la mause

(1) Dans la *Pancarte Noire*, en tête de ce diplôme, se lisait le titre suivant : — Confirmatio Rodulphi regis super immunitate Castri novi et moneta ejusdem Castri, collatione prebendarum beati Martini et ecclesia Sancti Venantii, ecclesia Sancti Benedicti, areis civitatis, Ligolio, Portu et Varennis, Burgolio, et Sancto Spano, Curciaco, Tauriaco, Casteneto, Odato, Medonna, Bladalaico, Dociaco, Restiniaco, Canutio, Vobridio super Ligerim, Magitto, Genestolio, Sodobrio, Prisciniaco, Patriciaco Cenomanense, Martiniaco, Lirado, Monte et Domna Maria, Chablela, Comis, Miliciaco, Curcellis, Saldoa, Noviento, Merlao, et Vultone in Biturigo, Verruica in Pictavis, villa Rivaria, Caderniaco in Andegavo, Belciaco, Antoniaco, Anciaco, et decimis et nonis dominicalium rerum.

commune et dont il fait l'énumération. Il ratifie l'échange conclu entre le chapitre de Saint-Martin et le comte Hugues, de 96 perches de terre, situées dans la ville de Tours, entre la porte d'Orléans et les Arènes, contre 96 autres perches de terre, situées aussi dans la ville de Tours, près des murs et du côté de la Loire ; confirme l'abandon fait par l'abbé Robert, du droit de provision, que les nouveaux prébendés payaient à l'abbé, déclare que si les chanoines veulent élever des monastères dans quelques-unes de leurs possessions, pour leur servir de refuge contre les Normands, ils pourront le faire sans payer aucun droit ; nul de ses fidèles ne pourra exiger de droit de gîte ni dans l'intérieur du cloître, ni dans les maisons des chanoines, situées à l'extérieur. Il confirme l'exemption, déjà accordée au bourg compris dans l'enceinte fortifiée nouvellement construite autour du cloître de Saint-Martin, de toute juridiction étrangère, maintient le chapitre dans le droit de battre monnaie, sans être astreint de payer finance au fisc, et déclare que nul ne pourra exiger des gens habitant les terres de Saint-Martin, dans quelque partie de ses états qu'elles soient situées, ni droit de tonlieu ou de passage, ni amende ou exaction judiciaire, ni forcer les dits hommes à servir de caution (1).

Datum v kal. julii, indictione vii^a, anno vicesimo septimo regnante Karolo rege glorioso, redintegrante vicesimo secundo, largiore vero hereditate indepta vii.

Actum Heristallo regio palatio.

Collect. Dupuy, vol. 657, f° 40 v. — Bouhier, tom. 26, f° 43, n° 41. — Lesueur, n°ˢ 91 et 149. — *Arm. de Bal.*, tom. 47, f° 167-170, tom. 282, f° 56 à 75, f° 53-55, (imprimé), f° 76 à 81, (*Vidimus* donné en 1311, par Philippe), f° 49 à 51 et 119 et 120 (autre copie incomplète du même *Vidimus*) et f° 152-172 (autre copie du même *Vidimus*).

(1) En tête de ce diplôme on lisait dans la *Pancarte Noire*, le titre suivant : — Confirmatio Caroli stulti super Ligolio, Baina, Martiniaco, collatione prebendarum, immunitate claustri, castri, moneta et aliis rebus.

Archiv. imper., K. 186, n. 44 — *Saint-Germ., lat.*, n° 1067, extr.

Marten., *Ampl. coll.*, tom. I, col. 273. — Dom Bouquet, tom. IX, p. 542. — *Gallia Christ.*, 2ᵉ édit., tom. XIV, instr. n° 39 (ad ann. 920).

N° VIII, f° 11 (*Panc. alia*, f° 11).   17 novembre 857.

Charles-le-Chauve prend sous sa protection spéciale le monastère de Saint-Martin et renouvelle la confirmation des possessions et priviléges qu'il avait précédemment accordés à ce monastère (1).

Data xv kal. decemb., anno xviii regnante Karolo glorioso rege.

Lesueur, n. 35. — *Dissertation de Carreau*, imprimée par Chalmel (*Tablettes chronol.*), sur les bulles d'or de Saint-Martin de Tours (mention). — *Arm. de Bal.*, tom. 282, f° 98-102. — Bouhier, t. 26, f. 48, n. 42. — Lemichel, *Saint-Germ. lat.*, 1067, extr.

---

(1) Ce diplôme n'est qu'une répétition exacte de celui porté ci-après au f° 64, sous le n° LVII, la date seule était différente. Dans la *Pancarte noire* la copie portée sous ce n° VIII n'était point datée ; ni Bouhier, ni Baluze, ni Duchesne, qui nous ont conservé ce diplôme, d'après la pancarte, ne le datent. Mais Carreau, qui avait tenu le diplôme original entre ses mains, et qui nous parle de la bulle d'or qui y était encore attachée de son temps, le date comme ci-dessus. Quant au diplôme donné le 22 août 854, et dont ce n° VIII n'était qu'une rénovation, il était porté au f° 64 de la *Pancarte noire* sous le n° LVII. — C'est ce que confirme encore D. Ans. Le Michel, lorsque donnant (*St-Germ. lat.*, n° 1067, f° 243) l'analyse de ce diplôme coté VIII, il ajoute : « Caret data, sed Bartholomeus notarius ad vicem Ludovici dicitur recognovisse. — Iterum habetur idem instrumentum, f° 52 (de la copie de la *Pancarte noire*). Data ann. xv regni Karoli regis. »

Bouhier, qui nous a conservé le titre placé en tête de ce diplôme dans la *Pancarte noire*, induit en erreur par ce titre, l'attribue à tort à Charles-le-Simple. On lisait en effet dans la *Pancarte* : « Alia confirmatio Karoli stulti super rebus et possessionibus sancti Martini Turonensis. »

N° IX, f° 12-13. (*Panc. alta*, f° 12).   987.

Hugues Capet, roi de France, sur la demande d'Archambaud, doyen, et de Rainaud, trésorier, confirme les priviléges et immunités accordés au monastère de Saint-Martin, par les rois ses prédécesseurs. — A l'exemple de Charles-le-Chauve et du roi Eudes, il prend sous sa protection spéciale le dit monastère et tous ses biens situés en Austrasie, Neustrie, Bourgogne, Aquitaine ou autres parties de ses états, les déclare exempts de toute charge publique, de tout impôt et de toute juridiction laïque ou étrangère; confirme au doyen et au chapitre, le droit de justice du Châteauneuf et de ses faubourgs jusqu'à la Loire, déclare le dit Châteauneuf exempt de tout droit de gîte de la part des laïques ou des gens de guerre allant à sa suite; confirme l'exemption du droit de provision que les chanoines payaient jadis à l'abbé; veut que les réfections dues aux chanoines, par les *Celles* construites autour du monastère, soient exactement acquittées, confirme les chanoines dans le droit de frapper monnaie sans payer finance, ainsi que leur juridiction sur les trois abbayes de Saint-Pierre *ad Cimeterium*, qui est hors des murs du Châteauneuf, de Saint-Vincent, qui est placé devant la porte du dit Châteauneuf, et de Saint-Benoît, qui se trouve à l'intérieur, renouvelle la confirmation de l'échange fait dans l'intérieur de la ville de Tours, entre les chanoines et le comte Hugues, confirme nominativement toutes les possessions affectées à la manse des chanoines, fait remise à ceux-ci de tout ce que le fisc pouvait y prétendre à la charge de prier Dieu pour lui, pour sa femme et pour la prospérité de son royaume, exempte généralement tous les biens de Saint-Martin, hommes et choses, de toute exaction, droit de justice, tonlieu, péage, amende ou droit quelconque; veut que nul ne puisse forcer les hommes de Saint-Martin, libres ou serfs, à servir de caution et statue que les dîmes et les nones de tous les revenus du monastère, tant des biens donnés en bénéfice, que de ceux réservés à la manse des chanoines, soient exactement payés aux hôpitaux des pauvres et des riches. (s. d).

Arm. de Bal., tom. 76, f° 74. — *Melang. Colbert.*, tom. 46, f° 70-71. — Dupuy, vol. 828 (Besly), f° 96, extrait. — Bouhier, tom. 26, f° 49, n° 43. — Lesueur, n° 109. — *Arch. imp.*, K. 186, n. 47 (ad ann. 990). — D. Houss., n° 256. — *Saint-Germ. lat.*, n° 1067, f° 243 (extrait).

Mart., *Ampl. collect.*, tom. 1ᵉʳ, col. 340. — D. Bouquet, tom. x, p. 530. — Labbe, *All. chron.*, tom. ii, p. 546.

N° X, f° 14. (*Panc. alia*, f° 14.)   4 mai 934.

Biens donnés en précaire par le chapitre, au vassal Robert. Ardouin, doyen de Saint-Martin, Richard, trésorier et le chapitre du dit lieu, donnent en précaire à Robert, *pernobilis vassallus*, et au sous-diacre Gaubert, frère du feu diacre Geoffroy, les biens que celui-ci de son vivant tenait lui-même en précaire des religieux, et qui faisaient partie de la dotation de la chapelle, construite à l'intérieur du cloître de Saint-Martin, pour servir d'infirmerie aux chanoines, consistant en cinq manses avec leurs dépendances, et une chapelle dédiée à Saint-Hilaire, situés en Poitou, dans la viguerie de Sauves, au village de Verrue, et en plus les biens que le nommé Gautier avait jadis donnés aux chanoines.

Data autem hujus præcariæ auctoritas iv nonas maii, Turonis, castello scilicet novo, anno jam in xviii regni Ludovici regis.

Bouhier, tom. 26, f° 53, n° 44. — *Arm. de Bal.* tom. 47, f° 172. — Lesueur, n. 104. — *Saint-Germ. latin.*, n. 1067, f° 243 v. (anal.) — D. Houss., n° 8574 et 8697 (extraits).

(1) Cette charte avait pour titre : Decanus et cæteri fratres Sancti Martin Turonensis dant Roberto et Gautberto in præcariam res quas Gaufridus diaconus tenuerat ad subsidium infirmorum fratrum.

N° XI, f° 15, (Panc. alia, f° 15).   5 septembre 878.

Louis-le-Bègue, à la demande de l'abbé Hugues, son parent, confirme les chanoines de Saint-Martin dans la possession de Chablis et de Melecey, qui leur avaient été donnés par Charles-le-Chauve, son père, pour leur servir de lieux de refuge, à la condition de prier Dieu pour lui et pour le repos de l'âme de sa mère, Judith, de Mellaut, que lui-même avait donné aux chanoines pour subvenir à leurs nécessités pressantes et de Nogent en Othe, donné au monastère par le comte Eudes. Non-seulement le roi confirme les chanoines dans la possession de ces *villæ*, mais encore il renouvelle en leur faveur les priviléges et exemptions accordées par les rois ses prédécesseurs du droit de gîte dans le cloître, des droits de justice, tonlieu, juridiction laïque ou exaction quelconque; veut particulièrement que les biens affectés à la manse des chanoines demeurent francs et exempts de toute charge publique, qu'aucun officier royal n'entreprenne sur les droits des chanoines et que nul ne soit si hardi que de forcer les hommes de Saint-Martin, serfs ou libres, à lui servir de fidéjusseurs; fait remise aux chanoines, pour subvenir aux frais du luminaire, de toutes les contributions qui pourraient revenir au fisc et veut que les hôpitaux des pauvres et des nobles touchent régulièrement les dîmes et les nones de tous les revenus du chapitre, tant des biens donnés en bénéfice que de ceux réservés à la manse des chanoines (1).

(1) Il y avait dans les archives de St-Martin, trois originaux de ce diplôme, (voyez Arm. de Bal., t. 282, f° 82), ces trois originaux ont été copiés dans la *Pancarte Noire* aux f°⁸ 14-15, 50 et 83 (v. Arm. de Bal. t. 16, f° 62). Besly a copié celui porté au f° 50, *Collect. Dupuy*, vol. 828, f° 88), et l'a imprimé par fragment (*Hist. des comtes de Poitou*, p. 107), ce qui permet de s'assurer de la parfaite identité de ces trois diplômes. — Voyez ci-dessous les n°⁸ XLIV et LXXV.

En tête de ce diplôme, on lisait dans la *Pancarte Noire* : Privilegium Ludovici Balbi.

Datum nonas septembris, indictione xi, anno i regni domni Hludovici gloriosissimi regis.—Actum Trecas civitate,

Arm. de Bal., t. 76, f° 62, et t. 282, f° 82-91. — *Mel. Colb.*, t. 46, f° 56-57. — Bouhier, t. 26, f° 55, n° 45 — Lesueur, n° 51. — Archiv. Imper., K. 186, n. 32. — *Saint-Germain, lat.*, n° 1067, f° 224 (anal.).

Marten., *Ampliss. collect.*, t. 1, col. 207. — *Rec. des Hist. de Fr.*, t. ix, p. 406. — Besly, *Hist. des comtes de Poitou*, p. 198 (citation).

N° XII, f° 16 *(Panc. alia, f° 16).*   12 juillet 877.

Charles-le-Chauve, à la demande de Hugues, son parent, abbé de Saint-Martin de Tours et de Chablis en Bourgogne, où repose présentement le corps de saint Martin, ratifie et confirme l'échange fait entre les dits monastères de Saint Martin et de Chablis, d'une part, et l'abbesse et les religieuses de Saint-Julien d'Auxerre, de l'autre, de biens situés dans le pays et la viguerie de Tonnerre, au village d'Athée, que le dit Charles-le-Chauve avait jadis donnés aux dits religieux (Dipl. de 867) contre d'autres biens situés dans le même pays (1).

Data iii idus julias, indict. x, anno xxxviii regni domni Karoli imperatoris in Francia et imperii ejus secundo.

Actum Pontione palatio imperiali.

Collect. Dupuy, vol. 841, f° 67. — Bouhier, t. 26, f° 67, n. 46. — Lesueur, n. 46. — Dupuy, vol. 828, f° 86.

---

(1) Mabillon, *Ann. ord. S. B.*, tom. iii, p. 205, cite ce diplôme ; il dit avoir vu l'original, donné, ajoute-t-il, le même jour que le n. 114. — Quoique la copie de Besly (*Collect. Dupuy*, v. 841, f° 67) et celle de Bouhier portent iii kalend. au lieu de iii idus, nous croyons cependant qu'on doit s'en tenir à la lecture de D. Mabillon.

N° XIII, f° 17 (*Panc. alia*, f° 17). 1ᵉʳ mai 849.

Charles-le-Chauve confirme au chapitre de Saint-Martin la possession de la villa d'Antogné, donnée par Vivien pour subvenir aux frais du vestiaire, fixe à deux cents le nombre des chanoines de la dite communauté et leur concède le droit de nommer aux prébendes qui viendront à vacquer (1).

Data kal. maii, indict. xii. — Anno nono regni Karoli Calvi gloriosissimi regis (*Déf. des priv. de Saint-Martin*, anno octavo). Actum Carisiaco palatio regio.

Bouhier, t. 26, f° 58, n° 47. — Lesueur, n. 30. — *Mel. Colb.*, t. 46, f° 73. — Dupuy, v° 828, f° 86 et vol. 841, p. 42 (extrait). — *Arch. Imp.*, K. 186, n° 17. — *Saint-Germain, lat.*, n° 1067, (extrait).

Marten., *Ampl. collect.*, t. i, col. 118, ex *Panc. nigr.* — *Mém. pour Saint-Martin*, preuv., p. 3, ad ann. 848.

Rec. des Hist. de Fr., t. viii, p. 500. — *Gallia Chist.*, t. xiv, instr., n° 27, ad ann. 848. — Besly, *Rois de Guyenne*, f° 32.

N° XIV, f° 18 (*Panc. alia*, f° 17). 23 avril 862.

Charles-le-Chauve déclare que les chanoines de Saint-Martin lui ont représenté que les *villæ* et les propriétés affectées à leur entretien par les diplômes de ses prédécesseurs, Charlemagne et Louis-le-Débonnaire, leur ont été enlevées ou soustraites, par la négligence de leurs abbés, la malignité de leurs ennemis et surtout par suite des perturbations que les

---

(1) Besly (*Rois de Guyenne*, et *Collect. Dupuy*, vol. 828, f° 8). Bouhier (tom. 26, f° 58), Martenne et dom Bouquet datent cette pièce anno ix regni Karoli. — Duchêne (*Mel. Colb.* t. 46, f° 73), D. Lesueur et le *Gallia Christiana* datent au contraire ce diplôme anno viii regni Karoli regis. — Cela provient de ce que par une erreur de copiste, cette dernière date avait été portée dans la copie de la *Pancarte* noire faite au xiiiᵉ siècle et d'après laquelle a travaillé Duchesne. Nous croyons qu'on doit maintenir la première date comme s'accordant mieux avec l'indiction.

Ce diplôme avait pour titre : Preceptum Karoli Francorum et Aquitanorum regis de villa Antoniaco.

invasions des Normands ont apportées dans la société et que la grande pénurie où ils se trouvent les met dans la nécessité d'implorer sa miséricorde, pour qu'il veuille bien leur faire rendre les biens usurpés et leur en confirmer la possession. Ayant égard à une aussi juste demande, Charles énumère toutes les terres et possessions affectées par ses prédécesseurs à la manse des Chanoines et leur en confirme la possession, déclarant ne vouloir qu'aucune d'entre elles leur soit enlevée ou soustraite ; il veut aussi que l'hôpital des pauvres et celui des riches perçoivent la neuvième partie des revenus des *villæ* appartenant aux abbés, etc. (1)

Data VIII, kal. maii, indict. X, anno XXII, regnante Karolo gloriosissimo rege.

Actum Turonis civitate.

Arm. de Bal., t. 76, f° 41. — *Mel. Colb.*, t. 46, f° 74-75. — Bouhier, t. 26, f° 60, n. 48. — Lesueur, n. 39. — Arch. impér., K., 186, n° 23. — Le Michel, extr.

Mart., *Ampl. collect.*, t. I, col. 160, ex Cart. Sancti Martini. — *Rec. des Hist. de Fr.*, t. VIII, p. 572.

N° XV, f° 19 (*Panc. alia*, f° 19).   10 mars 828.

Pepin, roi d'Aquitaine, à la demande de l'abbé Fridegise, fait rentrer en la possession des chanoines de Saint-Martin la

(1) A l'original de ce diplôme, était appendue une bulle d'or « in antica parte exhibentem (dit Mabillon), Caroli effigiem cum corona in capite et cum hasta et clypeo in manibus, cum inscriptione male efformata in postica, *Renovatio regni Franco.* » Carreau avait également vu l'original de ce diplôme et la bulle d'or qui y était attachée, et il cite comme occupant le n° XIV dans la *Pancarte Noire.* Baluze qui a exécuté la copie de cet acte sur l'original, figure cette bulle de grandeur naturelle (Arm., t. 76, f° 41, v°). Elle pesait, dit-il, une once et demi gros.

On voit par la copie de Baluze et par celle des archives, que l'original de ce diplôme était daté VIII Kal. maii; mais la copie contenue dans la *Pancarte Noire*, portait IX Kal., ce qui a induit en erreur Dom Martenne et Dom Bouquet.

Ce diplôme avait pour titre dans la *Pancarte Noire* : Confirmatio Caroli Calvi super Lugogalo.

villa de Marcillat, située en Auvergne, dans la viguerie de Clermont. Cette villa avait été jadis donnée en précaire à Erladus, sénéchal du roi Louis-le-Débonnaire. Celui-ci étant mort, la terre revient à Saint-Martin, et Pepin déclare qu'étant affectée à la manse des chanoines, elle ne pourra plus à l'avenir en être distraite (1).

Data VI idus Martii, anno XV imperii Hludovici Serenissimi Augusti et XIII regni nostri.

Actum Aquisgrani palatio.

Arm. de Bal., t. 76, f° 33, ex autogr. — Id., t. 47 (Duchêne), f° 173. — *Collect. Dupuy*, vol. 844, p. 12. — Bouhier, t. 26, f° 63, n° 49. — Lesueur, n° 18. — *Arch. imp.*, K. 186, n° 11. — Saint-Germ. lat., vol. 1067 (extrait).

Labbe, *all. chron.*, t. II, p. 455. — Besly, *Hist. des rois de Guyenne*, p. 21, ex *Panc. nigr.* — *Rec. des Hist. de Fr.*, t. VI, p. 666. — *Gall. Christ.*, t. XIV, *instr.* n. 15. — Martenne, *Ampl. collect.*, t. I, p. 82.

N° XVI, f° 20, 21 (*Panc. alia*, f° 19).   1er juillet 817.

Louis-le-Débonnaire confirme les biens et possessions du monastère de Saint-Martin. Ce diplôme n'est que la répétition exacte de celui porté ci-dessus sous le n° IV.

La date seule est différente, le premier acte a été donné en 816, et le second est une rénovation faite en l'année 817 (2).

Data kalend. julii, sub. anno IV imperii excellentissimi domni Hludovici Augusti.

Actum Aquisgrani palatio publico.

(1) En tête de ce diplôme, on lisait dans la pancarte noire. *Privilegium Pipini regis Aquitaniæ, fratris Caroli calvi, super villa Marciaco in Arvernico sita.*

(2) Voir pour la date de cette rénovation une note de Baluze. Arm. vol. 76, p. 27 et de Lesueur au lieu déjà mentionné, note du n° IV. — En tête de ce

Bouhier, t. 26, f° 65, n° 50. — *Arm. de Bal.*, t. 47, f° 174.
— Archiv. imper., K. 186, n. 8. — Saint-Germ. lat., n° 1067, anal.

N° XVII, f° 24. (*Panc. alia*, f° 20)   10 octobre 890.

Donation en précaire faite au comte Ebolus. — Ebolus, fils de Ramnulfe, comte de Poitiers, renouvelle et confirme, pour le repos des âmes de son père et de Gauzbert et d'Ebolus ses oncles, la donation faite à Saint-Martin, par le dit Ramnulfe, d'un alleu situé sur la Charente, dans le pays de Briou et dans la viguerie de Savigné, contenant environ 44 manses, d'un autre alleu situé en Poitou, viguerie de Sauves, près de Doucé, et d'un troisième alleu situé aussi dans le pays de Briou et dans la viguerie de Ville Fagnan. En récompense de cette donation, Fulcrade, doyen, Bernon, trésorier, et le chapitre de Saint-Martin, rendent les dits biens en précaire au donateur, et y ajoutent la ville de Doucé, située en Poitou.
moyennant un cens annuel de cent sous, payable à la Saint-Martin d'hiver (1).

Actum Pictavis, ubi facta et firmata fuit, anno incarnationis Christi DCCC XCI (DCCC XCII apud Besly,) indict., IX, die X mensis octobris regnante domno Odone rege anno tertio.

Arm. de Bal., t. 76, f° 154. — Bouhier, t. 26, f° 67, n° 51.
— Lesueur, n° 66. — Collect. Dupuy, vol. 841, p. 13.
Besly, *Hist. des comtes de Poitou*, p. 209.

diplôme se trouvait dans la *Pancarte noire* le titre suivant : Confirmatio Ludovici pii Imperatoris super rebus Austriæ, Neustriæ, Burgundiæ, Aquitaniæ, Provinciæ et Italiæ; hujus rescripti inventa privilegium sub tali signo.

(1) Cette charte est portée par Besly et par la table des diplômes à l'année 892, mais l'on doit plutôt se fier à la date du règne du roi Eudes qu'à celle de l'année de l'incarnation celle-ci variant suivant les copies qui nous sont restées de cet acte (an. 892 dans Besly,) et an. 891 dans Baluze.
On lisait en tête de cette charte : Ebolus juvenis dat ecclesiæ Sancti Martini Turonensis alodum suum nuncupatum Aleriacum, Cillacum, Curcolmum.

N° XVIII, f° 22 (*Panc. alia*, f° 21).   10 mai 774 (ou 777).

Charlemagne, à la demande d'Ithier, confirme l'institution de la manse des religieux, établie par l'abbé Autlandus (1).

Data sexto idus maii in anno sexto regni nostri (et peut être in anno IX). Actum Theodonis palatio publico.

Collect. Bouhier, t. 26, f° 69, n° 52. — Lesueur, n° 4. *Arm. de Bal.*, t. 47, f° 175. — Archiv. imp., K. 186, n° 4. Marten., *Ampl. collect.*, t. 4, col. 33. — *Rec. des Hist. de Fr.*, t. V, p. 737. — *Gallia Christ.*, 2ᵉ édit., t. XIV, n° 5.

N° XIX, f° 23 (*Panc. alia* f° 22).   30 août 816.

Louis-le-Débonnaire accorde aux religieux de Saint-Martin douze navires exempts de tout droit de tonlieu sur les rivières de Loire, Allier, Cher, Vienne, Mayenne, Sarthe et Loir, et défend à ses officiers d'exiger d'eux ou des hommes qui les monteront, aucune redevance, comme droit de port, d'abordage, de passage, de stationnage, etc. (2).

Data III kal. septembris, anno Christo propitio III imperii domni Illudovici piissimi Augusti, indict. decima.

---

(1) Ce diplôme ne faisait que reproduire exactement les termes de celui porté ci-après sous le n° LXXIX; il offre néanmoins des variantes importantes pour l'ortographe et l'énumération des noms de lieu, la copie suivie par Martenne et dom Bouquet était très-défectueuse, de plus ce n° XVIII donne l'énumération de 49 noms de lieu tandis que le LXXIXᵉ n'en contient que 31. — Il ne serait point impossible que ce diplôme, porté ici sous le n° XVIII fut une rénovation de celui porté sous le n° LXXIX, cette conjecture est fondée sur l'usage assez constant suivi par le rédacteur de la pancarte, lorsqu'il se trouve en présence de deux diplômes à peu près identiques, de copier d'abord le plus récent. (Voyez notamment le n° VIII et le LVI), ensuite sur une note de dom Lesueur, qui, après la date de ce diplôme ainsi donnée : « Data.... in anno sexto regni nostri, » a ajouté postérieurement : « forte anno IX, » ce qui porterait la date de notre diplôme à l'année 777.

En tête de ce diplôme se trouvait dans la *Pancarte noire* le titre suivant : « confirmatio Karoli magni super Ligollo, Curtiaco, Lupiaco, etc. »

(2) En tête de ce diplôme se trouvait dans la Pancarte noire le titre suivant : Ut canonici Beati Martini, in nullo loco reddant teloneum nec ullam

Actum Aquisgrani palatio regio.

Arm. de Bal., t. 76, f° 31, ex autogr. — Id. p. 329. — Id. p. 331 (3 copies). — *Arm. de Bal.*, t. 47, f° 176. — Bouhier, t. 26, f° 71, n° 33. — Lesueur, n. 14. — Arch. imp., K. 186, n°ˢ 7 et 11 bis (2 copies). — Saint-Germ., lat. 1067, f° 214 (extrait). — D. Monsnyer, *Ecclesiæ Sancti Martini Turonensis Historia*, ms. append., t. II, p. 121.

N° XX, f° 24. (Panc. alia, f° 23)   14 novembre 832.

Louis-le-Débonnaire fait rentrer le monastère de Saint-Martin en possession de certains biens qui avaient été inducment aliénés. — De grands abus s'étaient glissés dans l'administration du temporel du monastère ; les abbés avaient donné en bénéfice à leurs serfs des terres dont le produit était affecté au vestiaire et à l'entretien de la communauté. L'abbé Fridegise, au commencement de son administration, avait lui-même cédé aux suggestions de certaines personnes et suivi cet usage. Pour parer au dommage que ces aliénations avaient causé au monastère, l'abbé Fridegise s'adresse à l'empereur, qui, par le présent diplôme, retire des mains de ceux qui les possédaient, les terres aliénées et les affecte de nouveau à l'entretien et au vestiaire des frères, en ordonnant qu'ils seraient à l'avenir administrés comme ils l'étaient du temps de Charlemagne, sous les abbés Wulfard et Ithier. Quant aux autres métairies qui ont été données en bénéfice, le roi ordonne que le tiers de la volaille et des œufs qui en reviendront seront donnés aux frères selon l'usage, et que pour les oblations que les fidèles font au tombeau de Saint-Martin,

consuetudinem et ut liceat eis habere duodecim naves, per ligerim et per cætera flumina regni. De hoc rescripto habemus privilegium cum tali signo. — Du temps de Baluze, il y avait encore dans les archives de Saint-Martin trois originaux de ce diplôme.

Cet acte d'exemption a été connu de l'auteur du *magnum chronicon Turonense*. Il le mentionne en ces termes : « Ludovicus imperator dedit... quod habeant duodecim naves quittas per flumina regni. » Rec. de Salmon, p. 96.

un tiers sera affecté aux nécessités de la communauté, à l'exception cependant des étoffes et autres objets qui seront donnés pour l'ornement et la décoration du saint lieu, et de la cire et de l'huile, qui seront entièrement appliqués au luminaire de l'église (1).

Data xviii kal. decembris, anno Christo propitio xviii imperii domni Hludovici piissimi Augusti, indict. x.

Actum Turonis, monasterio Sancti Martini.

Arm. de Bal., t. 71, f° 32, ex autogr. — Id. t. 47, f° 177. — Lesueur, n° 21. — Boubier, t. 26, f° 72, n° 54. — Arch. impér., Kal. 186, n° 63.

Mart., *Ampl. collect.*, t. I, col. 89, et *Thes. anecd.*, t. I, p. 26, ex *Cart. Sancti Martini*, ad ann. 833. — *Rec. des Hist. de France*, t. vi, p. 582.

N° XXI, f° 25. (*Panc. alia*, f° 24).   27 décembre 845.

Charles-le-Chauve, à la demande de l'abbé Vivien, qui lui représente les chartes et actes de priviléges et d'immunités des anciens rois ses prédécesseurs, et ceux de Charlemagne et de Louis-le-Débonnaire, ses ancêtres, confirme les exemptions accordées par eux au monastère de Saint-Martin. — Ce diplôme ne fait que reproduire les dispositions de celui donné par Louis-le-Débonnaire et porté ci-dessus sous le n° iv. Charles-le-Chauve y ajoute l'exemption des droits de tonlieu et de gîte pour les habitations construites dans le bourg de Saint-Martin.

(1) Ce diplôme avait pour titre dans la *Pancarte Noire* : « Confirmatio Ludovici pii imperatoris, super possessionibus ecclesiæ Beati Martini renovandis, et distribuendis de his, quæ offeruntur in ecclesia. » — Cet acte est cité en ces termes par l'auteur du *Magnum Chronicon Turonense* : « Ludovicus imperator.... dedit, tertiam partem oblationum ecclesiæ S. Martini, ita quod cera et oleum et alia sepulcro necessaria remanerent. Rec. de Salmon, p. 76. —Marten, *ampl. Coll.* intitule ce diplôme : Ut villæ in beneficium datæ ad usus fratrum revocari non possint, de hisque oblatis ad Sancti-Martini sepulchrum.

Data vi kal. januarii, anno vi, indict. ix (viii, copie de Bouhier), regnante Karolo gloriosissimo rege (1).

Actum in monasterio Sancti Martini.

Arm. de Bal., t. 76, f° 40, et t. 47, f° 178. — Lesueur, n° 28. — Bouhier, t. 26, f° 74, n° 55. — Archiv. imp., K. 186, n° 14.

Marten., *Ampl. collect.*, t. 1, p. 111. — *Rec. des Hist. de Fr.*, t. viii, p. 482.

N° XXII, f° 26, 27 (*Panc. alia*, f° 25) 14 septembre 900.

Biens donnés en précaire au noble Gui et à sa femme Emma. — Gui et sa femme Emma, veuve du comte Ebolus, donnent au monastère de Saint-Martin, pour le repos de leurs âmes et de celle du dit Ebolus, l'aleu de Vontes, situé sur l'Indre en Touraine, dans la viguerie du Pont-de-Ruan, que le susdit Ebolus tenait de la libéralité du roi Eudes, et l'aleu d'Hertré situé dans l'Hiesmois, sur la Sarthe, dans la viguerie d'Alençon. Ces deux aleus sont donnés avec toutes leurs dépendances et avec les serfs et les colons qui les habitent. Robert, frère du roi Eudes et abbé de Saint-Martin, en reconnaissance de cette donation, rend, du consentement des religieux, les dits biens en précaire aux donateurs, pour leur vie et celle de leur fils, le clerc Letalde, et y ajoute la *villa* de Martigni, avec sa chapelle dédiée à saint Martin et toutes ses dépendances, moyennant 10 sols de cens annuel, payables à la Saint-Martin d'hiver, à la manse des chanoines. Dans la précaire est inséré le contrat des redevances dues par les manses situés dans la dite *villa* de Martigni et tenus les uns par des serfs, les autres par des colons, et il est stipulé que le susdit contrat ne pourra être modifié par les possesseurs ni les redevances augmentées pendant toute la durée de la précaire.

(1) En tête de ce diplôme on lisait dans la *Pancarte Noire* : « Confirmatio Caroli calvi super rebus ecclesiæ sitis in regno suo. »

Data est autem hujus præcariæ auctoritas xviii Kal. octobris in civitate Turonis, in pleno fratrum capitulo, anno Domini DCCCC et domini Karoli regis anno ii. (1)

Arm. de Bal., t. 76, f° 96 et t. 47 f° 160. — Lesueur, n° 73. — Bouhier, t. 26, f° 76, n° 56. — Le Michel (extrait). — Dom Houss., n° 8575 (extrait).

N° XXIII, f° 28 (Panc. alia, f° 26).   13 septembre 900.

Robert, abbé de Saint-Martin, restitue aux chanoines du dit lieu l'hôpital de Saint-Clément, donné jadis en précaire par l'abbé Eudes, depuis roi de France. — La celle de Saint-Clément était un hôpital destiné au soulagement des pauvres. Les chanoines avaient affecté des biens pour son entretien; mais l'abbé Eudes avait disposé de cet hôpital et de sa dotation, sans le consentement de la communauté et les avait donnés en précaire à un de ses fidèles, moyennant un simple cens, payable au chapitre. Sur les réclamations d'Adalelme, diacre, et du chapitre, Robert, frère du roi Eudes, qui, en lui succédant, avait d'abord laissé subsister cet état de choses, restitue au chapitre le dit hôpital avec tous les biens qui en dépendaient, et les affecte de nouveau au soulagement des pauvres, en les confiant à Gautier, présenté par Adalelme et par le chapitre, pour les administrer dans l'intérêt des nécessiteux (1).

(1) Cette charte avait pour titre : Robertus Abbas Sancti Martini et comes, germanus Odonis regis, dat Guidoni nobili vassallo et Immæ ejus uxori villam nomine Martiniacum in præcariam.

(2) Il y avait dans les archives de Saint-Martin trois chartes originales de cette restitution. Elles étaient conçues à peu près dans les mêmes termes, à ce que nous affirme Baluze qui les a vues et collationnées (Arm. t. 76, f° 150). La date de l'une était un peu différente, la voici : Data est autem hujus Elemosinæ et restitutionis auctoritas Idus septembris, in civitate Turonis, anno tertio, regnante domno Karolo rege, post obitum domni Odonis regis. » De ces trois chartes, deux ont été copiées dans la Pancarte. (V. le n° LXXVIII).

Il faut remarquer à ce sujet que les évêques qui ont souscrit les deux chartes sont nommés dans le corps de l'une, tandis qu'ils ne le sont pas dans

Data est autem hujus restitutionis auctoritas idus septembris in civitate Turonis, anno III post obitum domni Odonis regis regnante Karolo rege.

Arm. de Bal., t. 76, f° 150, ex autogr. — Mel. Colb., t. 46, f° 88. — Lesueur, n° 74. — Bouhier, t. 26, f° 79, n° 57. — Dom Housseau, n. 132 et 134, et 8585 bis (extrait). — Saint-Germ. latin 1067 (anal.) — *Collect. Duch.*, t. 66, f° 133.

N° XXIV, f° 30.

Othon III, empereur des Romains, confirme au monastère de Saint-Martin la libre possession de ses biens situés en Italie. Ce diplôme n'est vraisemblablement qu'une répétition de celui porté sous le n° XXVI; il offre cependant quelques variantes dans l'énumération des noms de lieu. Il est possible qu'Othon ait renouvelé son privilége, l'année suivante, ou un peu après, ainsi que l'avait fait Louis-le-Débonnaire. Jean Bouhier, qui a copié ce diplôme, n'a point terminé sa copie et déclare qu'il n'y en a pas davantage. L'original était évidemment déjà lacéré lors de la rédaction de la *Pancarte Noire*; et comme toute la fin manque, on ne peut savoir laquelle des deux copies contient la rédaction primitive, ni quelle date on doit assigner à celle-ci (1).

Bouhier, t. 26, f° 33, n° 58.

N° XXV, f° 31.   Décembre 878.

Biens donnés en précaire à Garibalde et à sa femme Ragantrude. — Garibalde et sa femme donnent au monastère de

l'autre, et que la charte copiée par Baluze sur l'original et non reproduite dans la Pancarte (Arm. t. 76, f° 152), offre des différences assez notables dans la rédaction. Dans la Pancarte, cet acte avait pour titre « Pro restitutione possessionum Hospitalis Sancti-Clementis quas odo abbas, postea Rex Franciæ in Precariam dederat.

(1) Ce diplôme avait pour titre dans la Pancarte : privilegium Othonis de Rebus Italiæ.

Saint-Martin un alleu nommé *Odonis Curtis*, situé sur l'Oise, dans le Beauvoisis, avec toutes ses dépendances, et une église dédiée à saint Georges. Guichard, doyen de Saint Martin, et le chapitre du dit lieu, rendent ces biens en précaire à Garibalde et à sa femme, et y ajoutent la ville de Monts, située dans le pays de Melun avec sept églises et toutes leurs dépendances, moyennant un cens annuel payable au premier janvier (1).

Data mense decembri, anno ii, regnante domno Hludovico rege.

Bouhier, t. 26, f° 84, n° 50, (copie). — *Arm. de Bal.*, t. 76, f° 108 (ex autographo, extrait). — Lesueur, n° 34 (extrait).

N° XXVI, f° 32-33. (*Panc. alia*, f° 28 et 29). 1er mai 998

Othon III, empereur des Romains, confirme les possessions du monastère de Saint-Martin, situées en Italie, savoir l'île et la ville de Sermione, dans le lac de Garde, Pescheria, Liana, le val de Come, Solari et le monastère de Notre-Dame, construit près de Pavie, entre le Pô et le Tessin, au lieu appelé *Waham*. Othon confirme aux religieux la libre possession de tous ces biens, qui leur ont été jadis donnés par Charlemagne, que Charles-le-Gros leur avait fait restituer et dont Beranger, roi des Romains et des Lombards leur avait confirmé la possession, et il les exempte de tout droit de tonlieu, de justice et de toute redevance séculière ou exaction quelconque, confirmant les priviléges accordés par les anciens diplômes des empereurs ses prédécesseurs (2).

Data kal. maii, anno dominicæ incarnationis DCCCCXC VIII,

---

(1) Cette charte a été copiée deux fois dans la Pancarte noire car elle est encore reproduite au n° LXX, ainsi que l'indique dom Lesueur et Baluze (Arm. t. 76, f° 108). Elle avait pour titre : Garibaldus cum uxore Ragantrudi dant Sancto-Martino Odonis curtem, et recipiunt in precariam villam Montis.

(1) Baluze (Arm. t. 76, f° 72), avait copié ce diplôme sur une ancienne copie faite au XIIe siècle, il l'a corrigé ensuite sur l'original auquel était attachée une bulle d'or pesant six gros et demi de douze grains et dont Baluze a figuré les deux revers de grandeur naturelle.

indict. xi, anno tertii Othonis regni xv, imperii xi. Actum Romæ.

Arm. de Bal., t. 76, f° 72, ex orig. — Bouhier, t. 26, f° 80, n. 60. — Lesueur, n. III. — Arch. de l'empire, K., 186, n° 48, Res. Saint-Germain, 1028, f° 64, v°. — Dupuy, vol. 841, f° 82, v°. Collect. Duchesne, t. 66, f° 129-130 (anno incarn. DCCCC XC VII, erreur de copiste).

N° XXVII, f° 33-34. 30 août 816.

Louis-le-Débonnaire, à la demande de l'abbé Fridegise, confirme les possessions et priviléges du chapitre de Saint-Martin et de Cormery. — Ce diplôme était une répétition exacte de celui porté au f° 4, n° IV. Seulement, après les mots *capitulum sancti Martini Turonensis*, on lisait *nec non et Cormaricensi cœnobio, ac rebus sancti Martini constructo.* Il avait la même date que le n° IV, ainsi qu'il ressort de cette note de dom Lesueur : Ludovicus pius kalendis julii anno IV sui imperii, registrata, f. 4, cotée IV et f° 34, cotée XXVII et XXVIII.

Dom Lesueur, n. 13. — *Cartul. de Cormery, édition Bourrassé*, n. 6.

N° XXVIII, f° 36. (*Panc. alia*, f° 32). 1002.

Boniface, Albert, Azzon, Othon et le marquis Hugues, avaient usurpé certaines possessions de Saint-Martin, situées en Italie et n'avaient jamais voulu écouter les réclamations des religieux. Mais Hugues venant en ambassade auprès de Robert, roi de France, s'arrêta deux jours à Tours, et entra dans l'église de Saint-Martin. En entendant les plaintes que les religieux ne cessaient de faire devant le tombeau du saint contre sa conduite et celle des autres détenteurs des biens de Saint-Martin, il comprit toute l'injustice de sa conduite, abandonna ses prétentions et restitua tous les biens qu'il avait jusque là usurpés sur les chanoines de Saint-Perpet de Solari (1).

Anno incarnationis 1002, regnante Roberto rege.

Arm. de Bal., t. 76, f° 18. — Bouhier, t. 26, f° 39, n. 62. — Lesueur, n° 112. — Dupuy, vol. 828, f° 112. — Dom Housseau n° 927.

Marten., *Ampl. collect.*, t. 1, col. 51 (ad ann. 888).

N° XXIX, f° 35-36, (*Panc. alia*, f° 32).   16 juillet 774.

Charlemagne et sa femme Hildegarde donnent à l'église de Saint-Martin et à l'abbé Gulfard, pour subvenir à l'entretien des vêtements des religieux, l'île et la ville de Sermione, situées dans le lac de Garde, le monastère que le nommé Anser avait construit dans la dite ville sous l'invocation de Saint-Sauveur et toutes ses dépendances. Ils donnent également le val de Côme tel qu'il se comporte depuis *Tione*, sur les limites du canton de Trente, jusqu'aux confins des pays de Breschia et de Bergame, l'oratoire construit près de Pavie, au lieu appelé *Waham*, une maison dans la ville de Pavie, et la ville de Solari avec ses dépendances. Ces biens sont donnés à la condition que les abbés percevront la moitié des revenus, et que le reste sera appliqué à la communauté des religieux (2).

(1) Lesueur seul donne la date de cet acte, Martenne la fixe par induction car sa pièce n'en a pas. La date de 1002 doit être bonne puisqu'elle coïncide avec le règne du roi Robert.

(2) Baluze a copié ce diplôme sur un original existant dans les archives de Saint-Martin et qui, dit-il, était conforme à la copie qui se trouvait dans la Pancarte noire, mais dans une autre copie fort ancienne se trouvait cette date : Datum xvii. Kal. Augusti, anno incarnationis dominicæ DCCLIV, et regni nostri vi, imperii i°; il ajoute en parlant de la date de l'original donnée ci-dessus : Prior data est melior, annus sextus regni Caroli in Francia est annus DCCLXXIV, et is annus est primus regni ejusdem Caroli in Longobardia sive Italia. — Voyez le n° ixc qui n'est qu'une confirmation de ce diplôme. Ce diplôme a été connu de Pierre, fils de Bechin, qui, dans sa chronique, le mentionne en ces termes. « Anno regni xxviii Karolus dedit beato Martino Solarium et alias res Italiæ. Rec. des chron. de Touraine, edit. Salmon. p. 40.

Data septimo decimo kal. Augusti, anno sexto et primo regni nostri. — Actum Papiam civitatem.

Arm. de Bal., 76, f° 9 et t. 47, f° 159. — Bouhier, t. 26, n° 64.

Marten., *Ampl. collect.*, t. 1, col. 37. — *Rec. des Hist. de France*, t. v, p. 724.

N° XXX, f° 36.   2 janvier 896.

Le roi Eudes, à la demande de l'abbé Robert, confirme les biens affectés à la manse des chanoines, ainsi que les priviléges et les immunités accordés au monastère de Saint-Martin, par ses prédécesseurs. Eudes, par ce diplôme, renouvelle les dispositions déjà énoncées dans les diplômes de Louis-le-Débonnaire, n° iv, et de Charles-le-Chauve, n° xiv.

Data iv, nonas januar. indict. xiv, anno viii, regnante Odone gloriosissimo rege.

Actum Aurelianis civitatem.

Arm. de Bal., t. 76, f. 70. — Bouhier, t. 26, f° 90, n. 63.

N° XXXI, f° 37   16 juin 887.

Charles-le-Gros confirme les biens que le monastère de Saint-Martin tenait en Italie de la libéralité de Charlemagne, biens qui venaient de lui être restitués par Eudes, abbé du dit lieu, pour le repos de l'âme de Robert-le-Fort, son père, ancien abbé de Saint-Martin, savoir Solari, Liana et le val de Côme, avec toutes leurs dépendances. Charles permet aux chanoines d'y bâtir un monastère, pour leur servir de lieu de retraite contre les invasions des barbares, sans payer aucune finance, et exempte les dits lieux de tout droit de justice et de toute exaction, de quelque nature qu'elle soit. Il défend d'enfreindre les immunités du monastère, à peine de six cents sols d'or d'amende (1).

(1) Ce diplôme était copié en double dans la *Pancarte Noire*, il y occupait les n°ˢ xxxi et lvi où les feuillets 37 et 63. — Lesueur ne le mentionne que

Data xvi kal. julii, anno incarnationis Domini DCCC LXXXVII, indict. v, anno imperii imperatoris Karoli in Italia vii, in Francia v, in Gallia ii.

Actum in Chiriezheim (alias Chirichem).

Arm. de Bal., t. 76, f° 22, t. 47, f° 179 et t. 282, f° 92-96. — Bouhier, t. 26, f° 93, n° 64. — Lesueur, n° 62. — Arch. imp., K., 186, n. 37. — Le Michel, extr.. — Dupuy, n° 828, f° 90 et n° 844, f° 68.

Marten., *Thes. anect.*, t. 1, col. 49. — *Recueil des Hist. de Fr.* t. ix, p. 459. — Du Bouchet, *Orig. de la maison de Fr.*, p. 839. — La Guille, *Hist. d'Alsace*, t. ii, preuv., p. 26.

N° XXXII, f° 38 (*Panc. alia*, f° 34).   24 octobre 886.

Charles-le-Gros confirme la donation que Charlemagne, son aïeul, avait faite à Germond, un de ses fidèles de la ville aux Juifs, *villa Judeis*, située dans le pays chartrain.

Data viii kal. nov., anno incarnationis Domini DCCC LXXXVI, indict. iv, anno imperii imperatoris Karoli in Italia vi, in Francia v, in Gallia ii.

Actum Parisius.

Arm. de Bal., t. 76, f° 55, ex autogr., et f° 53, ex *Panc. alia*. — Id. t. 47, f° 180. — Bouhier, t. 26, f° 95, n° 65. — Lesueur, n° 61. — Arch. imp., K., 186, n° 76. — Le Michel, extr.

Mart. *Ampl. collect.*, t. 1, col. 220, ex cart. Sancti Martini. — *Rec. des Hist. de Fr.*, t. ix, p. 354.

N° XXXIII, f° 38. (*Panc. alia*, f° 34).   13 mars 849.

Charles-le-Chauve donne pour le rachat de ses fautes, au monastère de Saint-Martin et à l'église de Notre-Dame, située

sous le n° LVI, mais il le porte, comme Baluze, au f° 37, ce qui semble bien démontrer que les deux copies ne faisaient qu'un seul et même acte; c'est à tort que dom Le Michel attribue ce diplôme du f° 37 à Charles-le-Chauve. — Quoique Besly cote ce diplôme xxxii, ce qui le mettrait à la place du suivant nous aimons mieux le mettre avant en suivant l'ordre indiqué par Bouhier.

près du dit monastère pour subvenir aux frais de sépulture des pauvres, certains biens à lui appartenant, situés dans le pays de Senlis, au lieu dit Balagni et aux environs.

Data III idus mart., indict. XII, in anno VIIII regni Karoli gloriosissimi regis.

Actum in Carisiaco Palatio regio.

Bouhier, t. 26, f° 96, n° 66. — Lesueur, n° 31. — Arch. imp. K., 186, n° 19.

Mart., Ampl. collect,, t. 1, col. 116 ex *Panc. nigr.* — *Mém. pour Saint-Martin*, preuv. n. 4. — *Rec. des Hist. de Fr.*, t. VIII, p. 499.

N° XXXIV, f° 39 (*Panc. alia* f° 35).   7 mars 820.

Louis-le-Débonnaire règle la constitution de l'abbaye de Cormery. — Fredegise, abbé de Saint-Martin, présente à l'empereur le diplôme de Charlemagne, autorisant Alcuin à établir des religieux dans la celle de Cormery, pour y vivre selon la règle de saint Benoît. Il demande à l'empereur de vouloir bien confirmer le dit établissement. L'empereur, accédant à sa demande, fixe à cinquante le nombre des religieux et leur accorde le droit de choisir leur abbé dans leur propre sein, à la condition cependant de le faire agréer par le chapitre de Saint-Martin, dont le dit monastère devra toujours dépendre. Il confirme ensuite à Cormery la possession des lieux qu'Alcuin avait distraits du patrimoine de Saint-Martin, pour l'enrichir, notamment de la *villa* de Fercé, située près du dit monastère, et de celle d'Antogné, avec Coulon sa dépendance, située en Poitou (1).

Data nonas Martii, anno Chisto propitio, VI imperii domni Ludovici piissimi Augusti, indict. XIII.

(2) L'auteur du *Magn. Chronicon. Turonense*, qui a connu ce diplôme, dit : « Ludovicus imperator vult... Quod Monachi Cormaricenses non possint eligere abbatem suum sine consensu canonicorum Sancti Martini Turonensis immo sint eis subjecti. Rec. des ch. de Touraine, f. 96.

Actum Aquisgrani palatio regio.

Bouhier, t. 26, f° 97, n° 67. — Lesueur, n° 17 et 130. — Le Michel, extr. — Archiv. imp., K. 186, n° 10. — *Arm. de Bal.*, t. 47, f° 153.

Gallia Christ., 1ʳᵉ édit. p. 199. — 2ᵉ édit. t. XIV, instr. p. 13-14. — Lecointe, *Ann. Eccles.*, t. VII, p. 522. — *Annales benedict.*, t. II, p. 459. — *Rec. des Hist. de Fr.*, t. VI, p. 519. — *Cartul. de Cormery*, charte VII.

N° XXXV, f° 40 (*Panc. alia*, f° 35).   Août 841.

Amalric, lévite, donne à St-Martin, pour le repos de son âme et le rachat de ses fautes, un manse seigneurial et un servile, situés en Touraine, dans la viguerie d'Esvres, au village de Marigny, et un troisième dans le Blésois, dans la viguerie de Cheverny, au village d'Aunay. Adalard, abbé de St-Martin, déplorant la perversité des temps qui mettait à prix l'enseignement de la parole divine, et voulant, autant qu'il dépendait de lui, remédier à cet abus, donne en précaire, du consentement des clercs et des laïcs, les biens sus-mentionnés, ainsi que ceux que le dit Amalric tenait en bénéfice du chapitre dans les villages de La Fontaine, Courçay et Martigny, aux maîtres des écoles du chapitre de St-Martin, savoir à Amalric, à Milon et à Guichard, à la condition que les dits maîtres exerceront gratuitement leur office et rempliront toutes les fonctions de l'école sans rien recevoir de ceux qui viendront écouter leur parole que ce qui leur sera offert spontanément, et veut qu'après leur mort la présente fondation ait son effet à l'égard de leurs successeurs, à la seule charge d'en remplir toutes les conditions.

Data in mense Augusto anno secundo regnante domno Karolo serenissimo rege.

Arm. de Bal., t. 76, f° 48, ex autogr. — id., t. 47, f° 181. — Lesueur, n. 23 et 145. — Mel. Colb., t. 46, f° 118. — Bouhier, t. 26, f° 99, n° 68. — St-Germ. lat., 1067 (extrait). — Mart. *Thes. Anecd.*, t. 1, col. 32.

N° XXXVI, f° 41 (*Panc. alia*, f° 36).   1er juin 818.

Testament de Frères Haganon et Adjuteur, chanoines, en faveur de St-Martin. Sur le conseil de l'abbé Fridegise, les deux chanoines donnent à leur monastère, pour être affectés spécialement à la manse des chanoines, l'alleu qu'ils possèdent dans le Blésois, au lieu dit *Blidricus*, avec les terres qui en dépendent et les colons qui les cultivent, plus un manse seigneurial situé en Touraine dans la viguerie de Montlouis, au village de Greux, avec toutes ses dépendances, à l'exception d'un champ situé sur le coteau ; un autre manse seigneurial situé dans la même viguerie, au village de Bré ; un manse seigneurial situé en Anjou dans la viguerie dite *Vicaria Catenacensis*, et un autre manse seigneurial situé dans le même pays, au village dit *Pauliacus*. Tous ces biens sont donnés avec les colons qui les cultivent et dont les noms sont contenus au dit testament. La loi qui les régit est telle, qu'ils auront la moitié des revenus des terres, vignes, etc., qu'ils cultiveront ; on ne pourra jamais exiger davantage. Les donateurs conservent la jouissance de tous ces biens leur vie durant ; ils donnent en outre, pour le repos de leurs âmes viii muids moitié blé moitié vin de cens, payables la veille de la St-Pierre pour la table des chanoines, plus une redevance en fromages et en poulets ; autant à l'hôpital des pauvres, plus certaines rentes applicables au luminaire de l'église de St-Martin et de l'église de St-Pierre, construite à côté. Ils instituent pour leur héritier, Dodon, leur frère, auquel ils lèguent le reste de leurs biens, à la charge de payer chaque année, au monastère de St-Martin, la veille de la St-Pierre, v muids de froment, v muids de vin et 80 poulets de cens affectés à la manse des chanoines.

Datum kalendas junii, anno quinto domini Ludovici serenissimi imperatoris.

Arm. de Bal., t. 76, f° 325. — t. 47, f° 182. — Lesueur, n. 16. — St-Germ. lat., 1067 (extrait).

Marten, *Thesaurus Anecd.*, t. 1, col. 20. ex *Panc. nigr.*

N° XXXVII, f° 43 (*Panc. alia*, f° 37).   22 juin 785.

Gulfard avait été voué dès son enfance au monastère de St-Martin. Ses parents l'avaient offert au tombeau du saint par un mode de tradition qui était encore dans toute sa nouveauté. On lui avait coupé les cheveux et on les avait déposés avec ses armes (car il était de naissance noble) sur le dit tombeau près duquel il avait passé ses jours. Il déclare, par cet acte, vouloir donner au saint, qui possédait déjà sa personne, les biens qui lui appartenaient en Touraine dans la viguerie de Maillé, dans la villa de Lignières, et dans la viguerie de Montlouis, dans la villa de Greux. Il fait cette donation à la condition que Sigelaus, clerc, et le diacre Raganardus posséderont, après son décès, les dits biens leur vie durant, à la charge de payer chaque année à la communauté, le jour anniversaire de son décès huit muids de pain et huit muids de vin, un demi muid à l'hôpital, ainsi que dix livres de cire, et le jour de la fête de St-Martin, dix autres livres de cire; et veut que ces redevances soient fidèlement acquittées par ceux qui posséderont par la suite les dits biens (1).

Data x Kal. julii, anno XVII regnante domno Karolo rege.

---

(1) Dom Martenne a publié ce testament d'après la *copie* de la *Pancarte noire* où la date était supprimée et s'est trompé d'environ 150 ans dans celle qu'il lui assigne. — Dom Housseau tombe dans la même erreur en l'attribuant à tort au règne de Charles le simple. Il faut également rejeter l'hypothèse du règne de Charles le Chauve et faire remonter ce testament au règne de Charlemagne; c'est aussi la date que lui assignent Baluze et dom Lesueur. Baluze fait remarquer qu'il s'agit ici de l'abbé Gulfard mentionné dans le diplôme de Charlemagne de l'an 774 pour les biens d'Italie en quoi il se trompe car il ne peut s'agir que de Gulfard II abbé en 800. Il a également cité ce testament dans les *capitulaires des rois de France*, (tom. 2, col. 030), à l'appui de la disposition suivante contenue au liv. 1 des capitul., chap 237. « Ut liber homo qui in monasterio regulari comam deposuerit et res suas ibidem delegaverit promissionem factam secundum regulam firmiter teneat. »

Arm. de Bal., t. 76, f° 90 (ad ann. 784), et t. 47, f° 184. — Lesueur, n° 7. — Dom Houss., n° 8576 (anal. ad ann. 916.) Marten. *Thesaurus anecd.*, t. 1, p. 69, circa ann. 930.

N° XXXVIII, f° 44 (*Panc. alia*, f° 38). Juin 845 ou 846.

Ursmar, archevêque de Tours, donne aux chanoines de St-Martin, les biens qu'il possédait en Touraine, dans la viguerie dite *Aguliacensis*, au lieu de Villemartin, avec toutes leurs dépendances. Cette donation est faite à la condition que les dits biens lui resteront sa vie durant et qu'après sa mort Rotgaire et ses enfants en jouiront, à la charge de payer chaque année à la manse des chanoines, le jour de son décès, VIII muids de froment et autant de vin de cens; après la mort du dernier des enfants de Rotgaire, le chapitre de St-Martin entrera en pleine et entière possession des dits biens.

Data in mense junio, in anno VI, regnante Karolo rege (1).

Arm. de Bal., t. 76, f° 309, ex autogr. — *Mel. Colb.*, t. 46, f° 52. — Lesueur, n° 26. — Houss., n° 54. — St-Germ. lat., 1067 (anal).

Gallia Christiana, 2° éd., t. XIV, instr., n° 26 — Id. 1re édit., t. 1er, p. 743, fragm.

N° XXXIX, f° 44 (*Panc. alia*, f° 38). 15 octobre 893.

Le roi Eudes, à la prière du comte Robert, son frère, donne à son fidèle Ebolus et à sa postérité l'alleu de Vontes, situé dans le comté de Touraine qui, par la négligence de son ancien possesseur, était tombé dans le domaine du fisc. Cet alleu est donné avec toutes ses dépendances et avec les serfs qui l'habitent.

Datum idib. octobris, anno VI regnante Odone gloriosissimo rege. Actum apud Sanctum-Dionysium

(1) Le gallia christiana, qui, le premier a édité cette donation la porte à tort au f. 38 de la *Pancarte noire*. C'était le n° XXXVIII et elle était au f. 44.

Arm. de Bal., t. 76, f° 71. — Mel. Colb., t. 46, f° 52. — Lesueur, n. 67. — Arch. imp., K. 186, n° 39. — D. Houss., n°ˢ 117 et 118 et n° 8577 (mention). — Collec. Dupuy, t. 841, f° 12 et 79.

Besly, *Hist. des comtes de Poitou*, p. 211. — Mart., *Ampl. collect.*, tom. 1, col. 241. — *Rec. des Hist. de Fr.*, t. IX, p. 462. — Labbe, *All. chronol.*, p. 491.

N° XL, f° 45 (*Panc. alia*, f° 38-39).   13 juillet 904.

Charles-le-Simple confirme au chapitre de St-Martin la remise du droit de provision des prébendes que les abbés étaient dans l'habitude d'exiger de tout nouveau prébendé, et confie au doyen le droit de nomination des chanoines. — Le comte Robert, abbé de St-Martin, expose au roi qu'à l'imitation de ses prédesseurs, il avait, suivant l'usage, exigé un droit de provision ou de nomination de chaque chanoine nouvellement nommé au moment où il prenait possession de la prébende laissée vacante par son prédécesseur; mais qu'il se désiste à l'avenir de ce droit en faveur du chapitre de St-Martin, et désire que dorénavant au doyen seul appartienne le droit de nomination aux prébendes, après avoir pris, toutefois, l'avis des frères les plus anciens ou les plus élevés en dignité, et le doyen partagera également entre tous les chanoines le droit de provision que paiera chaque nouveau prébendé. Il demande que le roi confirme ces dispositions par un diplôme, ce que Charles accorde en stipulant qu'en reconnaissance d'une telle faveur les chanoines célébreront tous les ans un office à son intention et à celle du roi Eudes et du comte Robert. Les chanoines promettent en outre de dire à l'intention des dits bienfaiteurs, tous les jours non fériés, les trois psaumes *Inclina Deus aurem tuam*; — *Ad Dominum cum tribularer*, et *De profundis* (1).

(1) Ce diplôme a été connu de l'auteur du magnum Turonense chronicon qui le mentionne à sa date.

Data III idus julii, indict. VII, anno XII, regnante domno Karolo gloriorisimo rege, redintegrationis VII. Actum Compendio palatio anno incarnationis Christi DCCCC III.

Mel. Colb., t. 46, f° 53. — Lesueur, n° 75. — Dupuy, n° 828, f° 94, (copie de Besly). — Le Michel, (extr.)

Monsnyer *de statu Sancti Martini*, p. 171. — *Rec. sur Saint Martin*, p. 8.

N° XLI, f° 46 (*Panc. alia*, f° 39). 5 janvier 845.

Charles-le-Chauve, sur la demande des chanoines de St-Martin leur confirme la possession de la ville de Courçay, située en Poitou et de ce qu'ils possédaient dans la ville de Retz, qui lui servait de port. Il accorde à tout chanoine le pouvoir de léguer à sa mort sa maison à celui de ses confrères qui lui conviendra, sans que l'abbé, le doyen ou le prévôt puisse y faire opposition et fait de nouveau défense aux gens de sa suite ou à tout laïc d'exiger aucun droit de gîte dans le monastère lorsque lui ou ses successeurs viendront prier au tombeau de St-Martin.

Data nonis januarii, anno quinto regnante domno Karolo gloriosissimo rege, indict. VII. Actum Turonis in monasterio Sancti Martini.

Arm. de Bal., t. 76, f° 39, ex autogr. — *Mel. Colb.*, t. 46, f° 54. — Lesueur, n° 27.

Mart, *Ampl. Collect.*, t. 1er, col. 103, ad ann. 845. — D. Bouq., t. VIII, p. 452.

N° XLII, f° 47. — En déficit.

N° XLIII, f° 48 (*Panc. alia*, f° 42). 26 avril 862.

Charles-le-Chauve, étant venu à Tours pour faire ses dévotions au tombeau de St-Martin, confirme toutes les exemptions et immunités concédées par ses prédecesseurs au monastère du dit lieu. Nul juge séculier, de quelque degré et de quelque dignité qu'il soit revêtu, ne pourra exercer sur les terres et les dépendances de St-Martin. Nul ne pourra exiger des hommes habitant les dites terres, dans quelque province quelles soient situées, ni tribut, ni amende, ni droit de gîte, de parée ou de tonlieu. Nul ne pourra demander d'être logé dans le bourg de St-Martin, ni obliger les hommes du dit bourg, serfs ou libres, à servir de caution, etc. Le roi abandonne, en faveur du luminaire de l'église tout ce que le fisc pouvait prétendre sur les dites possessions et dépendances et confirme l'exemption du droit de justice accordé au bourg de Saint-Martin.

Data vi kal. maii, indictione x, anno xxii, regnante Karolo gloriosissimo rege.

Actum Turonis urbe metropoli.

Arm. de Bal., t. 76, f° 37, ex autogr. — *Mel. Colb.*, t. 46, f° 55. — Lesueur, n° 41. — Arch. imp., K. 186, n° 24. — Le Michel, (extr).

Mart., *Ampl. collect.*, t. 1, col. 164, ad ann. 861. — *Rec. des Hist. de Fr.*, t. viii, p. 574.

N° XLIV, f° 50 (*Panc. alia*, f° 43). 878

Louis-le-Bègue, à la prière de l'abbé Hugues, son parent, confirme les religieux de Saint-Martin dans la possession des *villæ* de Chablis, de Melecey, de Merlaut et de Nogent en Othe. — Ce diplôme n'est qu'une répétition de celui porté plus haut sous le n° XI, comme le prouve la copie conservée par Besly (*coll. Dupuy*, vol. 828) prise au f° 50 de la *Pancarte Noire*.

Coll. Dupuy, vol. 828, f° 88. — Voir aussi Lesueur et Le Michel, Saint-Germ. lat. n° 1067.

Besly, *comtes de Poitou*, p. 197 (fragment).

N° XLV, f° 52. (*Panc. alia*, f° 44).   15 juin 904.

Charles-le-Simple confirme les biens possédés par les chanoines de Saint-Martin, et particulièrement ceux donnés par Louis-le-Bègue, Merlaut, Nogent, etc. — Les différentes dispositions de ce diplôme ont été reproduits dans la rénovation donnée en 919 par Charles-le-Simple.

Actum Compendio palatio xvii (xviii, d. B.) kal. jul. eodem rege regnante, anno vii, indict. ix (1).

Collect. Dupuy, vol, 841, f° 102 (extrait). — Lesueur. Co. férer les n°s 76, 147 et 39. — *Rec. des Hist. de Fr.*, t. ix, p. 509,

N° XLVI, f° 53.   5 janvier 845.

Charles-le-Chauve confirme les biens affectés à la manse des chanoines. Le chapitre de Saint-Martin présente au roi le diplôme par lequel Louis-le-Débonnaire, son père, à la prière de l'abbé Fridegise, avait confirmé à la manse des chanoines certaines terres et propriétés dont les revenus devaient être employés à subvenir aux besoins des chanoines et le prie de le renouveler. Charles-le-Chauve, donnant une nouvelle force au diplôme, ordonne que ces terres seront administrées conformément aux dispositions du diplôme de Charlemagne, ainsi qu'elles l'étaient sous les abbés Autlandus, Wulfard et Ithier, et que leurs revenus seront intégralement affectés

---

(1) Cette date n'est point conçue d'une manière normale; si on prenait la septième année du règne de Charles le simple, elle correspondrait au 15 juin 899, mais le 15 juin 899 Charles le simple était à *Turnum* et non à Compiègne, (v. la table des diplômes), l'indiction d'ailleurs ne concorde pas, il reste à supposer que cette vii° année est celle indiquée par les diplômes sous le titre de *redintegrationis* ce qui porte au 15 juin 904, l'indiction ne concorderait pas davantage, mais au mois de juillet de cette année Charles-le-simple était à Compiègne. — Ce ne peut être la date indiquée par les expressions *largiore* ou *ampliore hereditate indepta*, car celle-ci correspondrait à 919 et au mois de juin de cette année Charles-le-simple résidait à Héristal, il faut donc s'en tenir à 904. — C'est une exception à la manière ordinaire de dater de Charles-le-simple.

à la manse des chanoines, et que nul ne pourra les détourner pour un autre usage. Quant aux autres villes qui n'ont point été attribuées à la dite manse, et celles qui ont été données en bénéfice, elles doivent acquitter régulièrement les redevances en œufs et en volailles, auxquelles elles sont tenues. Le prince maintient également l'ordonnance rendue par Louis-le-Débonnaire (n. XX), et par laquelle les chanoines doivent toucher le tiers des offrandes faites au tombeau de Saint-Martin, par les fidèles, à l'exception de la cire et de l'huile qui sont entièrement réservées pour le luminaire. Enfin, il confirme la disposition par laquelle le monastère de Saint-Martin est déclaré exempt de la juridiction de l'archevêque de Tours.

Data nonis januarii, anno quinto, regnante domno Karolo gloriosissimo rege (1).

Actum Turonus in monasterio Sancti Martini.

Arm. de Bal., t. 76, f° 50 (ex autographo). Lesueur, n. 25.
Marten., *ampl. collect.*, t. 1, col. 106. — *Rec. des Hist. de Fr.*, t. 8, p. 453.

N° XLVII, f° 54 (*Panc. alia*, f° 45).   5 janvier 845.

Charles-le-Chauve, à la demande du comte Vivien, confirme la donation faite par le lévite Amalric, de ses biens, au monastère de Saint-Martin, et la cession par Adalard, de ces mêmes biens, en précaire, aux maîtres des écoles de Saint-Martin, à la condition qu'ils exerceraient gratuitement leur office.

Data nonis januarii, anno quinto regnante domno Karolo gloriossimo rege, indict. VII.

Actum Turonis in monasterio Sancti Martini.

(1) Ce diplôme fut renouvelé à la fin de la même année, le 27 décembre 845, et se trouve reproduit sous le n. 66. Voyez la note placée sous ce numéro.

Arm. de Bal., t. 76, f° 13, ex orig. — *Mel. Colb.*, t. 46, f° 58. — Lesueur, n°ˢ 24 et 148. — Le Michel, extr.
Marten., *Thesaurus Anecdot.*, t. 1, col. 33.

N° XVIII, f° 55 (*Panc. alia*, f° 48)   1ᵉʳ août 877.

Charles-le-Chauve donne aux chanoines de Saint-Martin, afin qu'ils prient pour les âmes de Louis-le-Débonaire, son père, et de sa mère Judith, pour lui, sa femme Hermentrude et pour ses enfants, la villa de Melecey, en Chalonnais, avec toutes ses dépendances ; les chanoines pourront élever un monastère dans la dite villa sans être jamais inquiétés et le lieu jouira des mêmes immunités que les autres dépendances de Saint-Martin (1).

Datum kalendis augusti, indict. x, (indict. 1, apud Marten). Anno xxxviii (Monsnier, xxviii), regni domni Caroli imperatoris in Francia, in successione Lothari vii, et imperii ii.

Actum Monasteriolo.

Mel. Colb., t. 46, f° 59. — Lesueur, n° 48. — Archiv. imp., K. 186, n° 29.

Marten, *Thesaurus Anecdot.*, t. 1, col. 47. — Monsnyer, *De Statu Sancti Martini*, p. 166 (Ad. ann. 878). — *Rec. des Hist. de Fr.*, t. viii, p. 671.

N° XLIX, f° 56 (*Panc. alia*, f° 46).   30 janvier 869.

Charles-le-Chauve, à la demande de l'abbé Hugues, son parent, prend sous sa protection les villa de Léré en Berry et de Marsat en Auvergne, appartenant au monastère de Saint-Martin. Hugues représente à l'Empereur que ces villa ont été données aux religieux pour leur servir de lieux de refuge et que les chanoines s'y sont déjà retirés devant les invasions des

---

(1) Ce diplôme a été connu et mentionné par Pierre fils de Bechin : « Carolus dat miliacum pro anima Judith augustæ matris suæ. » Rec. des chron. de Touraine, p. 41 et par l'auteur du Magnum Turonense Chronicon. » dedit Carolus miliacum (pour miliciacum) id. p. 101

Normands, mais que ces possessions ont été plusieurs fois envahies à main armée et mises au pillage par les gens de guerre ; Charles-le-Chauve déclare qu'il entend qu'à l'avenir ces villes soient respectées et que nul ne puisse y exiger ni droit de gîte ni commettre d'exaction de quelque espèce qu'elle soit (1).

Data III kalend., februar. indict. II, anno XXIX regnante Karolo gloriosissimo rege.

Actum Coneda Vico super ligerim.

Mel. Colb., t. 46, f° 60. — Dupuy, n° 828, f° 80 et t. 841, f° 51. — Arch. imp., K. 186, n° 26. — Lesueur, n° 44. — D. Houss., n° 95 (ext).

Marten., *Ampl. Collect.*, t. 1, col. 210. — Monsnyer, *de Statu Sancti Martini*, p. 76. — *Rec. sur Saint-Martin*, p. 135. — Labbe, *All. Chron.*, t. 2, p. 469, ex. *P. nigra*. — *Rec. des Hist. de Fr.*, t. VIII, p. 613.

N° L, f° 56 (*Panc. alia*, f° 47).   11 octobre 849.

Charles-le-Chauve donne au comte Eudes, son fidèle, la villa de Nogent, située dans le pays d'Othe, c'est-à-dire cinquante manses avec toutes leurs dépendances.

Data v idus octobris, anno x, indictione XII, regnante Karolo gloriosissimo rege.

Actum Narbona civitate.

Arm., *de Baluze*, t. 76, f° 36, ex autogr. — *Mel. Colb.*, t. 46, f° 59. — Lesueur, n° 32. — Arch., imp. K 186, n. 18. — *Ampl. Collect.*, t. 1, v. 120.

N° LI, f° 57 (*Panc. alia*, f° 47).   20 juin 878.

Louis-le-Bègue fonde son anniversaire et ceux de Charles-le-Chauve, son père, et de sa mère Ermentrude. Il donne aux chanoines de Saint-Martin la villa de Merlaut, située dans le pays de Changy, sur la rivière de Vière, avec toutes ses dé-

---

(1) Ce diplôme a été connu et cité par l'auteur du *Magnum Chronicon Turonense*, Rec. de Salmon, p. 101.

pendances. En reconnaissance de cette donation, les chanoines devront prier Dieu pour le repos des âmes de Charles-le-Chauve, son père, d'Ermentrude, sa mère et de sa femme, et célébrer son anniversaire après sa mort. Tant qu'il vivra les chanoines devront célébrer tous les ans le jour anniversaire de sa naissance, qui est le 1er novembre et celui de son avénement à la couronne, qui est le 8 décembre (1).

Data xii, kal. julias, indict. undecima, anno i regni domni Illudovici gloriosissimi regis.

Actum Turonis in monasterio Sancti Martini.

Bouhier, t. 26, p. 100, n° 69. — *Mel. Colb.*, t. 46, f° 60. — Lesueur, n° 50. — Dom Houss., n° 106. — Archiv. impér. K, 186, n° 30. — Dupuy, vol. 828, f° 87 — Saint-Germ. latin, n° 1067 (anal.)

Marten., *Ampliss. Collect.*, t. 1, col. 205, et *Thesaurus, Anecd.*, t. 1, p. 48. — *Rec. des Hist. de France*, t. 9, p. 403. Labbe, *All. Chron.*, t. II, p. 483. — Monsnyer, *de Statu Sancti Martini*, p. 167.

N° LII, f° 57.   27 déc. 867.

Charles-le-Chauve, à la prière de l'abbé Hugues, donne au monastère de Saint-Martin, à condition que les chanoines prieront Dieu pour le repos des âmes de ses père et mère Louis et Judith et pour son salut, celui de sa femme Ermentrude et de ses enfants, la Celle de Chablis, dépendant du fisc royal, située dans le pays de Tonnerre, sur la rivière du Serain et dédiée à Saint-Loup, avec toutes ses dépendances, situées tant dans le dit pays de Tonnerre, que dans ceux d'Avallon et d'Autun (2).

(1) Ce diplôme dont il existait probablement plusieurs originaux dans les archives de St-Martin était reproduit trois fois dans la *Pancarte noire* sous les n°s 51, 59 et 72. Voyez ces deux derniers numéros, ce diplôme a été mentionné par Pierre fils de Bechin.

(2) Ce diplôme a été cité en ces termes par Pierre fils de Bechin dans sa chronique : « Carolus dedit Capleiam pro anima judith augustæ matris suæ. » *Recueil des chron. de Touraine.* Édit. Salmon, p. 41.

Datum sexto kalendas januarias, indictione 1, anno XXVIII, regnante Karolo gloriosissimo rege.

Actum in monasterio Sancti-Germani Autissiodorensis.

Mel. Colb., t. 46, f° 61. — Saint Germ. lat., n° 1067 (anal.)

Marten., *Thes. anecdot.*, t. 1, col. 42, ad ann. 868. — *Rec. des Hist. de Fr.*, t. 8, p. 607, ad. ann. 867. — Quantin, *Cartul. général de l'Yonne*, t. 1, p. 95-96.

N° LIII, f° 58 (*Panc. alia*, f° 48)   24 juillet 878.

Louis-le-Bègue, à la demande des religieux de Saint-Martin, occupés à reconstruire le bourg, situé autour de leur église, brûlé par les Normands, déclare le dit bourg exempt de toute juridiction, autre que celle de l'abbé, du doyen ou des chanoines; veut que nul ne puisse exiger aucun droit des habitants du dit bourg et que les chanoines puissent vaquer librement et sans empêchement à la reconstruction de leurs églises et de leurs habitations.

Datum VIII kal. August. indict. XI, anno 1° regni domni Hludovici gloriosissimi regis.

Actum Turonis, in monasterio Sancti Martini.

Arm. de Bal., t. 76, f° 61, ex orig. et f° 60, ex *Panc. nigra* (2 copies). — *Mel. Colbert*, t. 46, f° 61. — Lesueur, n° 53. — Archiv. imp., K. 186, n° 31.

Mart., *Ampl. Collect.*, t. 1, col. 206, — *Rec. des Hist. de Fr.*, t. 9, p. 403.

N° LIV, f° 59 (*Panc. alia*, f° 49-50).   813.

Le comte Helingaud donne au monastère de Saint-Martin et à l'abbé Fridegise pour le repos des âmes d'Helingaud son aïeul, de Declane son aïeule, de Gauzelin son père et d'Hagasindane sa mère, la villa d'Allement située dans le pays de Meaux, dans la Vignerie de Queudes et de Broussy avec toutes ses dépendances. La villa de Saudoy et celle appelée Le Meix Saint Époing situées dans le même pays de Meaux.

Actum fuit in illo Mansionile, in anno XIII imperii domni Karoli in Romania et XLVI regni ejus in Francia.

Collect. Duchesne, vol. 49, f° 117. — *Arm. de Bal.*, tom. 76, f° 173. — Lesueur, n° 12. — Dom Houss., n° 8652 et 8699 bis. (ad. ann. 856). (extrait). — *St-Germ. lat.*, 1067 (extrait). — *Ann. Bened.*, tom. III, app. pag. 671 et n° 9, ad. ann. 856. — *Gallia christ.*, t. XIV, inst. n° 12.

N° LV, f° 61-62 (*Panc. alia*, f° 50).   27 mars 897.

Robert, comte et abbé de Saint-Martin à la supplication des chanoines rend à la manse du chapitre la ville de Doussay, située en Poitou, que le roi Charles avait jadis donnée à la communauté des religieux, mais dont les abbés profitant des troubles suscités par les Normands s'étaient emparés. Le comte Robert allant visiter le jour de Pasques le tombeau de saint Martin qui était alors dans la ville de Tours, se fit lire le diplôme de donation du roi Charles, puis mettant son gant sur le bloc qui renfermait le corps du saint, il restitua solennellement la dite terre à condition que les chanoines prieraient Dieu pour le nouveau roi Eudes son frère, pour lui Robert et pour Robert, autrefois comte et abbé de Saint-Martin, son père. Il établit aussi que le jour anniversaire de cette restitution, à savoir le 1er avril, les chanoines auront un repas entier, qu'ils célébreront l'office pour lui et que son nom sera marqué dans leurs prières.

Data est autem hæc contulitionis vel potius restaurationis et redditionis auctoritas VI. kal. aprilis in die sanctissimo paschæ, Turonis coram corpore beatissimi Martini, anno VIII, regnante domno Odone rege.

Arm. de Bal., tom. 76, f°s 314 et 315 (2 copies). — *Mel. Colb.*, tom. 46, f° 63. — Lesueur, n° 71. — d. Houss., n° 8578, (copie) et n° 126, (extr). — Lemichel, extr. — Collect. Dupuy, n° 828, f° 62 et vol. 841. f° 55. — Marten. *thes. anecd.* tom. I, col. 56, ad. ann. 897. — *Gallia. christ.*, 1re édit., tom. I, p. 749. — 2e édit., tom. XIV, instr., n° 38, ad. an. 895. — *Rec. des Hist. de Fr.*, tom. IX, p. 707.

N° LVI, f° 63 (Panc., alia f° 51). 16 juin 887.

Charles-le-Gros confirme les possessions du monastère de Saint-Martin situées en Italie (répétition du diplôme déjà analysé sous le n. XXXI.)

N° LVII, f°s 64-65 (Panc. alia, f° 52). 22 août 854.

Charles-le-Chauve, à la demande du chapitre de Saint-Martin, prend à l'exemple de ses prédécesseurs le monastère et tous ses biens sous sa protection spéciale, et comme les Normands avaient récemment, en brûlant l'abbaye, détruit les archives du chapitre, il déclare renouveler expressément par la présente pancarte les chartes et autres titres qui avaient péri. Il confirme de nouveau les immunités et priviléges dont jouissaient les chanoines et les maintient dans la possession des différentes *celles* énumérées au dit acte (1).

Dat. xi kal. septembris, ann. xv, regnante Karolo glorioso rege, indictione 1ª (indict. IIª, i). Marten. et D. Bouq.)
Actum Turonis civitate.

Arm. de Bal., t. 76, f° 38, et t. 47, f° 171, et t. 282, f°s 22 à 24. — *Coll. Dupuy*, vol. 828, f° 83. — Archiv. imp., K. 186, n° 22. — *Res. St-germ.*, v. 1028, f° 67,. — Lesueur, n° 35. — Marten., *Ampl. collect.*, t. 1, col. 134. — *Rec. des Hist. de Fr.*, t. VIII, p. 536.

N° LVIII, f° 65 (Panc. alia, f° 53). 14 septembre 937.

Hugues, abbé de Saint-Martin, donne au monastère et à la congrégation du dit lieu son alleu de Lachy, situé dans le comté de Meaux, dans le pays de Queudes, qu'il tenait par héritage du comte Aledramnus, lequel l'avait obtenu de la munificence de Charlemagne, et son alleu de Sezanne, situé dans le même comté. Bernier, doyen, Farmannus, trésorier,

(1) Ce diplôme coté 57 par Lesueur occupait le verso du folio 64 de la *Pancarte noire* et le recto du folio 65, ainsi qu'il résulte d'une copie authentique faite en 1576 par Michel Argois sergent ordinaire du roi en Touraine. — Voir ci-dessus le n° VIII.

et le chapitre de Saint-Martin rendent ces biens en précaire au dit Hugues et à sa femme Havis, en y ajoutant la ville de Mons, située dans le pays de Melun, avec sept églises et leurs dépendances, et un autre alleu situé dans le Beauvoisis, moyennant 75 sous d'argent de cens, payables à la Saint-Martin d'hiver au chapitre, et 25 sous payables à la trésorerie.

Data est hujus præcariæ auctoritas Turonis, xviii kal. octobris, in Castello Sancti Martini, in pleno capitulo fratrum, in anno ii jam regnante domno Ludovico rege (1).

Arm. de Bal., t. 76, f° 321. — *Mel. Colb.*, t. 46, f. 64-65. — Lesueur, n° 100. — Dom Houss., n° 150 (extrait) — Dupuy, vol. 228, f° 88, et vol. 841, f° 109.

Labbe, *All. chronol.*, t. ii, p. 511 (trois ou quatre lignes seulement).

N° LIX (*Panc. alia*, f° 54).   878.

Louis-le-Bègue donne au chapitre de Saint-Martin la villa de Merlaut pour fonder son anniversaire et celui de son père. — Ce diplôme n'était qu'une répétition de celui porté plus haut sous le n° 51. Voici l'extrait qu'en donne dom Le Michel d'après le f° 64 de la *Pancarta alia* (2)

« Ludovicus rex pro anima Caroli imperatoris, patris sui et Yrmengardis matris suæ donat ad sepulchrum sancti Martini Villam Merlaum in pago Canciacense. »

N° LX, f° 67 (*Panc. alia*, f° 55).   mai 865.

Echange de terres situées dans le Blésois fait entre le comte Robert et Actard, évêque de Nantes. Le comte Robert donne à Actard certains biens déterminés et dénommés au dit acte situés dans le comté de Blois, dans la viguerie d'Averdon au village dit *Gabrium* et faisant partie du domaine de Saint-

---

(1) Le magnum chronicon Turonense qui mentionne ce diplôme le porte à l'année 933.

(2) Voyez le n. LXXII, ou ce diplôme était encore reproduit.

Lubin, et reçoit en échange d'autres biens également déterminés et dénommés au dit acte, situés au même lieu et dépendant aussi du domaine de Saint-Lubin (1).

Actum Bleso castro publice...

Data mense martio, anno xxv° regnante Karolo gloriosissimo rege.

Arm. de Bal., t. 76 f° 320, ex autogr. — *Mel. Colb.* t. 46, f° 66. — Lesueur, n° 89. — D. Houss., n° 89, (copie), et n°ˢ 8579-8580, (extr). — Le Michel (extr).

N° LXI, f° 68 (*Panc. alia*, f° 56).   4 novembre 831.

Louis-le-Débonnaire confirme au monastère de Saint-Martin l'exemption de la juridiction de l'archevêque de Tours. — L'impératrice Judith représente à l'Empereur que le monastère de Saint-Martin avait été jadis exempté de la juridiction de l'archevêque de Tours par Charlemagne et par les papes qui en avaient donné des bulles et priviléges, et que l'abbé Fridegise demande que cette exemption soit de nouveau confirmée. L'Empereur accédant à cette demande défend à l'évêque de Tours de ne plus étendre sa juridiction ni sur le monastère, ni sur les bourgs qui en dépendent, d'exiger des chanoines des réfections, comme ses prédécesseurs l'avaient fait du temps de Pépin et de Charlemagne, et veut que les chanoines, après la mort de Fridegise, procèdent à l'élection d'un abbé qu'ils choisiront parmi eux. Que s'ils ne peuvent s'entendre sur le choix, ou s'ils ne peuvent trouver un sujet convenable dans leur communauté, l'Empereur se réserve à lui et à ses successeurs le droit d'y pourvoir (2).

(1) Lorsque Baluze copia ce diplôme en 1711, l'original n'était plus entier, il avait été coupé vers la fin et la date ne se retrouvait que dans la *Pancarte noire* ainsi que les souscriptions.

(2) Martenne en publiant ce diplôme lui donne le titre suivant qui peut être était dans la *Pancarte noire* : Ne Turonensis episcopus dominari presumat apud Sanctum Martinum et ut fratres liberam habeant facultatem eligendi abbatis. — L'auteur du magnum chronicon Turonense mentionne ce diplôme : « Ludovicus imperator vult... quod canonici ex seipsis abbatem suum eligant. » Rec. de Salmon, p. 96.

Data ii nonas (v nonas apud Marten.) novemb., anno Christo propitio xviii domini Illudovici piissimi Augusti, indictione x^a.

Actum Theodonis villa, palatio regio.

Arm. de Bal., t. 76, f° 23 (ex autographo). — *Mel. Colb.* t. 46, f° 67. — Lesueur, n° 20. *Saint-Germ. lat.*, 1067 (extrait)., — Archiv. imp. K., 186, n° 12. — Monsnyer, *Hist. eccl. de Saint-Martin*, p. 155.

Ann. eccles. de Lecointe, t. viii, p. 183. — Marten., *Ampl. collect.*, t. 1, col. 86. — *Rec. des Hist. de Fr.*, t. vi, p. 573.

N° LXII, f° 69 (*Panc. alia*, f° 56).   3 nov. 915

Thétolon, doyen de Saint-Martin, et le chapitre du dit lieu donnent en précaire à Robert, lévite et trésorier de Saint-Martin, la villa de Martigny avec toutes ses dépendances à l'exception des biens situés près de Chatigny, et qui appartenaient à la dotation des écoles, à la charge de payer au chapitre 100 sols de cens à la Saint-Martin d'hiver.

Data est autem hujus præcariæ auctoritas iii non. novembris in civitate Turonis, in pleno fratrum capitulo, anno xviii regnante domno Karolo rege.

Arm. de Bal., t. 76, f° 84, ex orig., (extrait) — Lesueur, n° 85. — *Mel. Colb.* t. 46, f° 68. Houss., n° 8581, (extrait).

N° LXIII, f° 70 ou 71 (*Panc. alia*, f° 57).   1er mars 904.

Gautier et sa femme Girberge donnent à Saint-Martin leur alleu de Joué, situé en Poitou, dans la viguerie de Loudun et celui appelé Bretegon, dans la même viguerie, plus un alleu en Touraine dans la ville de Pussigny, dans la viguerie dite *Aguliacensis*, plus un alleu dans la ville appelée *Mons Ofildi*, distant d'une lieue du premier. Robert, abbé de Saint-Martin, rend ces biens en précaire aux dits donateurs en y ajoutant quelques biens situés en Blésois, dans la viguerie de Suèvre, à la charge d'un cens de 10 sols, payables aux chanoines à la Saint-Martin d'hiver.

Data est autem hæc precaria kalendas marcias in civitate Turonis, in pleno fratrum capitulo, anno VII regnante Karolo rege.

Arm. de Bal., t. 76, f. 107, extr. — *Mel. Colb.*, t. 46, f° 76. — Lesueur, n° 78. — D. Houss., n° 8582, mention, ad ann. 900 ou 905.

N° LXIV, f° 72 (*Panc. alia*, f° 58). mai 925.

Décret de Robert, archevêque de Tours, rendu en synode, par lequel il est ordonné que le différend existant entre Ramon (alias Rainon), curé de Saint-Saturnin de Pussigny, et Geoffroy, curé de Saint-Vincent d'Antogny, au sujet des dîmes de *Faia* et de *villa Fraxino*, sera jugé par l'épreuve du feu, ce qui fut exécuté à Nouastre et le jugement prononcé en faveur de Ramon.

Data mense maio in civitate Turonis, anno III regnante Rodulfo rege.

Mel. Colb., t. 46, f° 69. — *Arm. de Bal.*, t. 76, f° 131, ex orig. — Lesueur, n° 92. — D. Housseau, n° 153. — Saint-Germ. lat., 1067, f° 58, extr.

Marten., *Thesaurus anecd.*, t. IV, col. 74. — D. Bouq., t. IX, p. 324.

N° LXV, f° 73 (*Panc. alia*, f° 59). 30 août 816.

Louis-le-Débonnaire confirme le privilége de Charlemagne, qui lui est présenté par l'abbé Fridégise, et par lequel ce prince exempte de tout droit de péage et de tonlieu, les chars et les bêtes de somme du monastère de Saint-Martin, en quelque lieu de ses états qu'ils se trouvent, de telle sorte qu'ils puissent mener librement au monastère toutes les denrées qui leur seront nécessaires (1).

Data iii kal. septembris, indict. x^a, anno iii imperii domni Hludovici imperatoris augusti.

Actum Aquisgrani palatio regio.

Arm. de Bal., t. 76, f° 24. — *Mel. Colb.*, t. 46, f° 77. — Lesueur, n° 15. — Arch. imp., K. 186, n° 10 bis.

Le Michel, anal.

Marten., *Ampl. collect.*, t. 1, col 65, ex Cart. *Sancti Martini* — *Rec. des Hist. de Fr.*, t. vi, p. 508.

N° LXVI, f° 73-74 (*Panc. alia*, f° 59). 27 décembre 845.

Charles-le-Chauve confirme de nouveau les biens affectés à la manse des chanoines. — Ce diplôme est conçu dans les mêmes termes et ne fait que reproduire les dispositions du diplôme porté ci-dessus sous le n. xlvi. Il en différait cependant, en ce qu'il donnait une longue énumération des *villæ* affectées à la manse des chanoines, énumération qui n'était point comprise dans le diplôme n. xlvi. Baluze, qui a copié le n. xlvi, place ces noms de lieu entre crochets, et met en note : « Ce qui est renfermé entre des crochets n'est pas dans l'original (2). »

Data vi kal. januarii, anno vi, indict viii, regnante Karolo gloriosissimo rege.

Actum in monasterio Sancti Martini.

Mel. Colb., t. 46, f° 78. — Archiv. imp., K. 185, n° 16. — Lesueur, n° 25. — *Arm. de Bal.*, t. 76, f° 50 (mention). — Le Michel, *Saint-Germ., lat.* 1067 (anal).

---

(1) Diplôme connu de l'auteur du magnum Chron. Turonense. « et quod canonici teloneum vel aliam consuetudinem non reddant. » Rec. des chron. de Touraine, p. 76.

(2) D'après la copie des archives ce diplôme serait une rénovation de celui porté sous le n° xlvi, la date en effet est différente.

N° LXVII, f° 74 (*Panc. alia*, f° 60).   17 juin 857.

Charles-le-Gros confirme un échange de serfs fait entre les chanoines et le lévite Aldegaire. — Le comte Eudes, abbé de Saint-Martin, déclare que les chanoines avaient jadis échangé, du consentement de l'abbé Hugues, un serf nommé Leutard, afin de l'affranchir, contre trois serfs appartenant au dit Aldegaire, nommés Chrestien, Ingelbert et Otberge. Il prie le roi de confirmer cet échange et cet affranchissement. Ce prince reconnait avoir l'échange pour agréable, et confirme l'affranchissement de Leutard, affranchissement fait selon la coutume royale, par l'expulsion du denier. Il veut qu'à l'avenir il jouisse de tous les droits de l'homme libre, comme s'il était né de parents ingenus.

Data xv kal. julii, anno incarnationis Domini DCCC LXXXVI, indictione quinta, anno imperii imperatoris Karoli VII.

Actum Chiricheim.

Dom Housseau, n° 8587.

Arm. de Bal. t. 76, f° 52. — *Mel. Colb.*, (Duchêne), t. 46, f° 62. — Lesueur, n. 59, — Arch. imper., K. 186, n° 34.

Bal., *Capitul. des Rois de Fr.*, t. II, p. 509 (avec des différences). — *Thes. anecd.*, t. 1., col. 50.

N° LXVIII, f° 75-76 (*Panc. alia*, 64).   29 juillet 895.

Garnegaudus, vicomte, et sa femme Hélène donnent au monastère de Saint-Martin, pour être employés à l'entretien des chanoines, les biens qu'ils tiennent en alleu de la munificence du roi Eudes, dans le Blésois, dans la viguerie de Suèvre; savoir : deux églises, l'une dédiée à saint Lubin, dans la ville même de Suèvre et l'autre à saint Denis, dans la ville appelée Noginantus, située dans la même viguerie. Ils donnent encore sept manses près de Villagou et neuf arpents de vignes situés aux environs de Suèvre (1).

(1) Cette charte a été copiée deux fois dans la *Pancarte*. Voyez ci-après le n° XCV. — On lit dans la grande chronique de Tours : « Anno... Caroli regis II. Garnegaudus et Helena dederunt beato Martino ecclesiam Sancti Leobini in Sodobrio, et ecclesiam Sancti Dionisii in villa Noginanto.

Data est autem hujus devotionis et helemosine auctoritas III kal. augusti, in castro Bliso, in mallo publico... anno dominicæ incarnationis DCCC XCV et domini Odonis regis jam in VIII anno.

Arm. de Bal., f. 76, t. 149, et t. 282, f° 112. — *Mel. Colb.*, t. 46, f° 103. — Lesueur, n° 68. — Dom Houss., n° 8583, extr. — Dupuy, n° 828, f° 88, v°. — *Saint-Germ. lat.*, n° 1067 (anal.)

Bernier, *Hist. des comtes de Blois*, pr., p. 1, ex. Cart. Sancti Martini.

N° LXIX, f° 77 (*Panc. alia*, f° 61).   26 mars 931.

Hugues, abbé de Saint-Martin, fils du comte Robert et d'Hélène, donne au chapitre du dit lieu son alleu de Châtillon-sur-Loire en Berri, avec ses églises, et celui de Morignan, situé en Touraine (1).

Data VII kal. aprilis, Turonis, in castro sancti Martini, in basilica, ante sepulchrum ipsius, anno VIII regnante domno Rodulfo rege gloriosissimo.

Arm. de Bal., t. 76, f° 109. — *Mel. Colb.*, t. 46, f° 79. — Lesueur, n° 97. — Dupuy, vol. 828, f° 97, et vol. 841, f° 143. — Dom Housseau, n. 161 et 8584, extrait. — LeMichel, *Saint-Germ. lat.*, 1067 (anal.)

Labbe, *All. chronol.*, t. II, p. 526. — Dom Bouq., t. IX, p. 719.

N° LXX, f° 77 (*Panc. alia*, f° 62).   878.

Charte de Garibalde et de sa femme Ragantrude. — Cette charte, qui ne nous est point parvenue, reproduisait les dispositions de la donation faite par les mêmes personnages et analysée ci-dessus sous le n° 25, — *voyez* dom Lesueur, n. 54 .

(1) L'auteur du *Magnum Turonense chronicon*, qui cite ce diplôme, le porte à tort à l'année 933.

N° LXXI, f° 78 (*Panc. alia*, f° 63-64). 882 ou 883.

Carloman, à la demande d'Hugues, abbé de Saint-Martin, confirme aux chanoines du dit lieu les biens et les propriétés à eux donnés par Charles-le-Chauve, son aïeul, et par Louis-le-Bègue, son père. Il renouvelle en même temps tous les priviléges et exemptions accordés au dit monastère, ainsi que l'ont fait ses prédécesseurs (1). S. D.

Arm. de Bal., t. 76, f° 63. — *Mel. Colb.*, t. 46, f° 81 et 82 — Lesueur, n° 56. — Archiv. imp., K. 186, n° 33. — *Saint-Germ. lat.*, 1067 (anal.)

Marten., *Ampl. collect*, t. I, col. 213. — *Rec. des Hist. de Fr.*, t. IX, p. 427.

N° LXXII, f° 79-80 (*Panc. alia*, f° 64). 878

Louis-le-Bègue fonde son anniversaire et celui de Charles-le-Chauve en donnant aux religieux de Saint-Martin la ville de Merlaut, dans le pays de Changy. — Ce diplôme n'était que la répétition de celui porté déjà sous les n°ˢ LI et LIX, ainsi qu'il ressort des notes de Lesueur, n° 50 et de dom Anselme LeMichel, *Saint-Germ. latin*, n° 1067.

N° LXIII, f° 80 (*Panc. alia*, f° 65). 10 mai 862.

Charles-le-Chauve, à la demande des chanoines de Saint-Martin, leur donne le manse qui avait appartenu à Bernard-le-Voleur et qui était revenu au fisc par suite des crimes de ce

(1) Baluze à la suite de la copie qu'il a faite de ce diplôme sur l'original ajoute : « C'est ici l'original, mais je ne sçay par quel accident le reste du parchemin a été coupé, ainsi la date y manque et les autres formalités. — Cette charte est aussi dans la *Pancarte noire*, f° 78, mais il n'y en a pas davantage qu'ici non plus que dans l'autre *Pancarte* (copie de la *Pancarte noire*), f° 63. » D'après cette note il est à présumer que le diplôme de Carloman était déjà lacéré lors de la rédaction de la *Pancarte noire*; quant à la date à lui attribuer on ne peut hésiter qu'entre les années 882 ou 883. D'après l'énumération qu'il nous fournit des pays soumis à Carloman, on voit que ce diplôme n'a pu être donné qu'après la réunion de tout l'empire entre les mains de ce prince, c'est-à-dire après le 3 ou le 5 avril 882.

dernier. Ce manse est situé en Touraine, dans la vignerie de Sonzay, au lieu dit La Lande, près de la villa de Thuré.

Data vi idus maii, indictione x, anno xxii regnante Karolo gloriosissimo rege.

Actum Curte Bosonis, (*alias* Curte Odonis), super amnem Ligeritum (*alias* Libgeritum) (1).

Arm. de Bal., t. 76, f° 34. — *Mel. Colb.*, t. 46, f° 80. — Lesueur, n°ˢ 43 *a* et 125. — Arch. de l'emp., K. 186, n° 25.

Mart., *Ampl. collect.*, t. 1, col. 166. — *Rec. des Hist. de Fr.*, t. viii, p. 576. (La table des dipl. le porte au 10 mai 862).

N° LXXIV, f° 81 (*Panc. alia*, f° 65). 22 août 886.

Charles-le-Gros confirme les biens et priviléges de Saint-Martin, à la demande des chanoines du dit lieu, qui lui présentent les diplômes de Charles-le-Chauve, la bulle du pape Nicolas et les actes de confirmation, dressés par les évêques réunis en concile à Tuscy. Il confirme les différents priviléges du chapitre, notamment ceux qui attribuent au doyen l'administration de tous les biens affectés à la subsistance de la communauté. Il déclare, à l'exemple de ses prédécesseurs, prendre ces biens sous sa protection spéciale, dans quelque partie de ses états qu'ils soient situés, et les maintient exempts de toute justice séculière, de tout impôt ou charge publique. Il remet aux chanoines, pour être employé au soulagement des pauvres, ce que le fisc pouvait prétendre sur les dits biens, et veut que les dîmes et les nones des *villæ* appartenant à l'abbé, ou données en bénéfice, soient régulièrement payées à l'hôpital des pauvres et à celui des nobles.

Data xi kal. septembris, anno incarnationis Domini dccclxxxvi, indict. iiii, anno imperii imperatoris Karoli in Italia vi, in Francia iv, in Gallia ii. Actum ad Siluci.

(1) Variante, datum curtæ Odonis villa, super amnem Liberitum (Marten. et dom Bouquet).

Arm. de Bal., t. 76, f° 54. — Mel. Colb., t. 46, f° 83. — Lesueur, n. 60. — Arch. imp., K. 186, n° 35. — Dupuy, n° 828, f° 97 (anal.), et t. 690, f° 35.

Mart., Ampl. collect., t. I, p. 218. — Recueil sur Saint-Martin, p. 7. — Rec. des Historiens de Fr., t. IX, p. 349.

N° LXXV, f° 83 (Panc. alia, f° 66).   878.

Louis-le-Bègue, à la prière de l'abbé Hugues, son parent, confirme les religieux de Saint-Martin dans la possession de Chablis, de Melecey, de Nogent en Othe et de Merlaut. — Ce diplôme a été transcrit trois fois dans la Pancarte, il a déjà figuré ci-dessus sous les n°ˢ XI et XLIV. (1)

N° LXXVI, f° 84 (Panc. alia, f° 66-67).   3 mai 930

Sur la demande de Bernier, doyen, de Farmannus, trésorier, d'Archanaldus, maître des Écoles, et autres chanoines de Saint-Martin, venus à Bourges pour lui porter leurs réclamations, Hugues, abbé de Saint-Martin, rend aux dits chanoines la *villa* de Monnaie, avec toutes ses dépendances, jadis affectée à la grangerie du chapitre et que les abbés, profitant des troubles causés par les Normands, avaient laissé usurper par des étrangers ou avaient donné en bénéfice au détriment de la dite grangerie. Hugues déclare qu'à l'avenir cette *villa* ne pourra plus être détournée de son usage, ainsi qu'il est statué par les diplômes de ses prédécesseurs.

Hujus noticie renovata firmitas data est anno Domini DCCCC XXX, maii vero mensis V nonas, extra et prope civitatem Bituricas, anno VI regnante domno ac glorioso Rodulfo rege.

Arm. de Bal., t. 76, f° 139, v° (extrait). — Dom Housseau, n° 160. — Mel. Colb., t. 46, f° 85-86. — Lesueur, n° 96. — Saint-Germ. lat., n° 1067 (extrait).

(1) On lit dans la chronique de Pierre fils de Bechin : « Ludovicus dedit Beato Martino Mellaum, Saldoam, Novientum Hugone abbate propinquo suo. » *Rec. de Salmon*, p. 44.

N° LXXVII, f° 85-86 (*Panc. alia*, f° 68). Mai 886.

Eudes, au nom et comme abbé de Saint-Martin, échange avec Frothaire, archevêque de Bourges et abbé de Saint-Julien de Brioude, la *villa* de Marsat en Auvergne, et la *villa* dite *Dronius*, appartenant au chapitre de Saint-Martin, contre les *villæ* appelées *Balneacum* et *Vineas*, situées en Berri, dans la vicaria *Corboninse* (ou *Cortoninse*), appartenant au monastère de Saint-Julien de Brioude.

Data in mense maio, anno VI in Italia et in Francia IIII, et in Gallia II, regnante serenissimo et piissimo imperatore Karolo.

Arm. de Bal., t. 76, f° 95. — *Mel. Colb.*, t. 46, f° 87. — Lesueur, n° 64. — Dom Housseau, n° 8585, mention. — *Collect. Dupuy*, vol. 828, f° 89 et vol. 841, f° 70. — Le Michel, *Saint-Germ. latin*, v° 1067.

Gallia Christ., édit. 1, t. 1, p. 156.

N° LXXVIII, f° 87. 900

Robert, abbé de Saint-Martin, restitue au chapitre l'hospice de Saint-Clément.

Cette charte n'était qu'une répétition de celle déjà analysée, n° XXIII. Dom Housseau (n°s 132 et 134) nous a conservé la copie du n° XXIII et celle n° LXXVIII, et ces deux copies ne diffèrent point entre elles, si ce n'est que les évêques qui ont souscrit l'une et l'autre ne sont point nommés dans le corps de celle-ci. — Il faut remarquer que dom Housseau ici s'est trompé et qu'il place ces deux actes dans la *Pancarte Blanche*, tandis qu'elles appartenaient à la *Pancarte Noire*.

N° LXXIV, f° 89 (*Panc. alia*, f° 70). 10 mai 774.

Charlemagne, à la demande de l'abbé Ithier, confirme le règlement fait par l'abbé Autlandus, par lequel un certain nombre de *villæ* sont assignées pour subvenir chaque mois aux besoins des religieux. Il fait l'énumération de ces *villæ* et ordonne que les produits en seront apportés au cellerier du monastère, chargé d'en faire la distribution par égale partie. Quant aux autres *villæ* et propriétés qui ne sont point énumérées au dit acte ni affectées à la manse des chanoines, elles seront seulement tenues de fournir aux religieux, selon l'usage établi, le bois, le blé et la volaille (1).

Data sexto idus maias, in anno sexto regni nostri.

Actum Theodonis palatio publico.

Arm. de Bal., t. 76, f° 8.

N° LXXX, f° 90. (*Panc. alia*, f° 71.) 6 novembre 854.

Charles-le-Chauve, à la demande de Wichard, chanoine de Saint-Martin, lui concède en bénéfice, sa vie durant, la celle de Sainte-Colombe, à la seule charge de payer à l'abbé, le jour de la Saint-Martin d'hiver deux livres d'argent de rente annuelle.

Data VIII idus novembris, indict. xv, anno XII regnante Carolo gloriosissimo rege.

Actum Turonis in monasterio Sancti Martini.

Mel. Colb., tom. 46, f° 90. — Lesueur, n° 34. — Arch. imp., K. 186, n° 24.

Marten., *Ampl. collect.*, tom. I, col. 128. — *Rec. des Hist. de Fr.*, tom. VIII, p. 518. — (*Table des dipl.*, 15 nov. 854).

N° LXXXI, f° 92. avril 886.

Le comte Eudes, abbé de Saint-Martin, rend au chapitre de Saint-Martin, avec l'approbation de l'archevêque Adalard le val de Côme et la ville de Solari, donnés jadis au chapitre par Charlemagne, mais qui par la suite en avaient été distraits. Les chanoines, en reconnaissance de cette restitution, s'engagent à célébrer certains offices à son intention et à prier Dieu pour l'âme de Robert, son père.

(1) Voir pour ce diplôme la note du n° XVIII.

Data in mense aprili, anno VI in Italia, et in Francia IV, et in Gallia II, regnante serenissimo et piissimo imperatore Karolo.

Actum Turonis monasterio, anno I Odone abbate.

Arm. de Bal., tom. 76, f° 10.

N° LXXXII, f° 93.   1 juin 915.

Thetolon, doyen de Saint-Martin, Robert, trésorier, et les chanoines du dit lieu, sur la demande du lévite Gundoin, lui donnent en précaire à lui, à son frère Ingelger et à Geoffroi, clerc, fils de ce dernier, différents biens appartenant à Saint-Martin, dépendant de Chablis, situés dans le pays d'Avallon. Ces terres sont données avec leurs dépendances, les colons et les serfs qui les habitent, à la charge de 10 sols de cens payables à la St-Martin d'hiver à Tours et applicables aux besoins du chapitre.

Data est autem hujus manusfirmæ auctoritas kal. junii in civitate Turonis, in pleno fratrum capitulo, anno XVIII regnante domno Karolo glorioso rege.

Mel. Colb. tom. 46, f° 91. — Lesueur, n° 86. — D. Houss., n° 8598 (anal).

N° LXXXIII, f° 94; (*Panc. alia*, f° 73).   7 novembre 860.

Les évêques des XIV provinces des Gaules et de la Belgique, réunis en concile à Tusey, diocèse de Toul, confirment au monastère de Saint-Martin la possession des biens légués par saint Yrier, et dont l'abbé Hilduinus leur présente le testament original, ainsi que les diplômes des rois et les priviléges des évêques accordés au dit monastère depuis la mort de saint Martin. Hilduin déclare qu'à l'égard de ces derniers, il ne peut les représenter tous, une partie ayant péri lors de l'incendie du monastère causé par la dernière invasion des Normands, et que des hommes pervers et puissants, se prevalant de cette absence de titres, détenaient depuis lors une partie des biens du chapitre; qu'en conséquence il prie le concile de remédier à un état de choses si préjudiciable à son monastère. Les évêques, ayant égard à la demande du vénérable abbé, confirment au monastère de Saint-Martin non-seulement les biens légués par saint Yrier, mais toutes ses autres possessions, entendant que le dit monastère soit remis en pleine possesion des droits qu'il avait à la mort de Charlemagne et qu'il rentre en jouissance des biens qu'il possédait alors en Allemagne, en France, en Italie, en Aquitaine, en Provence ou ailleurs, ainsi que de ceux qui lui ont été donnés ou légués depuis, nonobstant l'absence des titres détruits ou brulés, le présent privilége devant en tenir lieu à l'abbé et aux religieux (1).

Anno dominicæ incarnationis DCCC LX, indictione VIII, VII idus novembris, in villam Tusciacum Tullensis parochiæ.

Mel. Colb., tom. 46, f° 92. — *Arm. de Bal.*, tom. 47, f° 143. — D. Houss. n° 84. — Lesueur, n° 37 et 139. — Le Michel (anal.)

Pièces justificatives pour St-Martin, p. 5, fragm. — Labbe, *Conc.*, tom. VIII, col. 705. — *All. chron.*, tom. II, p. 464. — *Recueil sur St. Martin*, p. 5. — Monsnyer, *De statu Sancti-Martini*, p. 60. — Hardoin *Conciles*, tom. v, p. 514. — Mabillon, *Analecta*, t. I, p. 58.

N° LXXXIV, f° 95. (*Panc alia*, f° 74.) 891 — 896.

Adacius, archevêque de Bourges, donne à l'église de Notre-Dame de *Floriaco* une quarte de terre située en Berry dans la *Vicaria Abunacensis*. Les revenus de la dite quarte, contenant 2 arpents de prés et assez de terre pour consommer 15 muids de semence, devront être affectés à l'entretien du prêtre, au luminaire de l'église et au soulagement des pauvres.

(1) Ce privilége est mentionné par le *Chronicon Turonense magnum.*, Rec. de Salmon, p. 101.

Arm. de Bal., tom. 76, f° 255.—*Mel. Colb.*, tom. 46, f° 90. —Lesueur, n° 22.—Le Michel. extr.—Dom. Houss., n° 8586, extr.

N° LXXXV, f° 96. (*Panc. alia*, f° 74.)   30 octobre 909.

Tetolon, Hildebert, Ledrammus, prêtres, Archanaldus et Erlandus, lévites, et Barthélemy, sous-diacre, exécuteurs testamentaires de Gauzuin, doyen de Saint-Martin, donnent au chapitre de Saint-Martin, conformément aux dernières dispositions du dit testateur, un alleu situé en Touraine dans la viguerie de Montlouis, au village de Nouis, obtenu jadis par échange d'Aimon abbé de Cormery, le dit alleu ayant 344 perches légales (de 7 pieds et demi et 3 doigts) de circonférence et renfermant deux arpents de vignes nouvellement plantées; plus une autre pièce, moitié terre moitié vigne, et un pré situés dans la même viguerie et au même lieu.

Data est autem hujus elemosinæ auctoritas III kal novembris, in civitate Turonis, anno XII regnante domno Karolo rege.

Arm. de Bal., tom. 76, f° 85. — *Mel. Colb.*, tom. 46, f° 93. — Lesueur, n° 84. — Dupuy, n° 828, f° 100 (anal.) — D. Houss., n° 143, copie, et n° 8587, extr.

N° LXXXVI, f° 97 (*Panc. alia*, f° 75).   juin 924.

Pierre et sa femme Garberge donnent à Saint Martin 23 manses de terre situés en Limousin dans la centaine appelée *Vantioninsis* (ou *Nantronensis*), au lieu dit *Birbiniacus*, et leur ville appelée *Betiniag*, avec onze manses situés dans la même centaine. Ces biens sont donnés avec trente-huit serfs, tant hommes que femmes, et à la condition qu'ils seront toujours affectés à la maison des chanoines et que nul abbé ou évêque ne pourra en aucun cas en disposer autrement que pour le bien du ditchapitre. (1)

Datum est in mense junio, anno incarnationis dominicæ DCCCXXI, anno XXV regnante Karolo rege Francorum.

(1) On lit dans la chronique de Pierre fils de Béchin : « Petrus et Garburgis dederunt in pago Lemovico, Birbinacum et Belinvag. » *Rec. de Salmon*, p. 45.

Mel. Colb., tom. 46, f° 94. — Lesueur, n° 88. — D. Houss., n° 8588, extr.

N° LXXXVII, f° 98.   17 aout 790.

Gauzohelmus et sa femme Harisinde donnent à l'église et aux religieux de Saint-Martin la *villa Trusnedo* dans le pays de Broussi, la villa *Velcina*, dans le pays de Melun et la *villa Hilvio*, dans le pays d'Etampes.

Datum XVI kal. sept., anno XXII regni Karoli.

Mel. Colb., (Duchesne), tom. 46, f° 95.— Lesueur, n° 8. — Dom. Houss., n° 8589, anal. (sub anno 788).

N° LXXXVIII, f° 99. (*Panc. alia.*, f° 77.)   31 aout 790.

Charlemagne confirme aux religieux de Saint-Martin la donation de Fulridus. — Du temps de Pépin et de Carloman, certaines propriétés situées dans le duché d'Allemagne étaient tombées dans le domaine royal ; quelques particuliers s'en étaient emparés et en avaient disposé indument. C'est ainsi que Fulridus, homme d'origine allemande, après s'être emparé d'un bien situé dans le Brisgaw, au lieu appelé *Stainagoystat*, l'avait donné à Saint-Martin et en avait investi l'abbé Ithier. Charlemagne, revenant sur ce que cette donation pouvait avoir d'illégal, la ratifie et confirme au monastère la possession des dits biens.

Datum II kal. septemb., anno XXII regni domini nostri Karoli. Actum Copristanno (*alias* Copsistaino.)

Arm. de Bal., tom. 76, f° 7.— Lesueur, n° 9. — *Mel. Colb.*, (Duch.), tom. 46, f° 95. — Le Michel, extr. — Arch. imp. K. 186, n° 5. — Mart. *Ampl. collect.*, tom. I, p. 48, ex Cartul., Sancti Martini. — Dom Bouq., tom. V, p. 754, ex Marten.

N° LXXXIX, f° 99. (*Panc. alia*, f° 77.)   avril 782.

Charlemagne confirme les immunités et exemptions du monastère de Saint-Martin. L'abbé Ithier présente à Charlemagne, en le priant de les confirmer, les chartes de priviléges et d'immunités des glorieux rois ses prédécesseurs, ainsi que celles du roi Pépin son père, par lesquelles toutes les possessions, biens et facultés du dit monastère situés dans l'étendue de leur royaume, soit en Austrasie, Neustrie, Bourgogne, Aquitaine ou Provence, sont placés sous leur sauvegarde spéciale, à raison de la dévotion toute particulière qu'ils ont eue pour saint Martin. Charlemagne, ayant égard à sa demande et aux mérites du saint, confirme les dites chartes et prend sous sa protection tous les biens présents et à venir du monastère, quelles que soient leur importance ou leur situation, défend à tout officier du fisc royal de percevoir aucun droit ni de commettre aucune exaction sur les dits biens et possessions; veut que tout ce que le dit fisc pouvait avoir jusque-là prétendu retourne au monastère pour être appliqué à l'entretien du luminaire ou aux autres besoins des religieux, et condamne toute personne, comte, graffion, officier royal, juge ou viguier qui contreviendra à la présente exemption, à 600 sols d'or d'amende dont le trésor de Saint-Martin percevra les deux tiers et le fisc royal le troisième.

Data in mense aprili anno XIII, et IX regni nostri. — Actum Casiago (melius Carisiago) palatio regio.

Arm. de Bal., tom. 76, f° 6. — *Lesueur*, n° 5. — *Mel. Colb.*, tom. 46, f° 96. — *St.-Germ. lat.*, 1067, (anal.)

Marten. *Ampl. collect.*, t. I, p. 42. — *Recueil des historiens de Fr.* t. V, p. 747.

N° XC, f°ˢ 100-101. 906

Lettre d'Alphonse, roi d'Espagne, aux chanoines de Saint-Martin. — Les chanoines avaient chargé Sisinand, évêque de Saint-Jacques de Compostelle, de porter certaines lettres au roi d'Espagne Alphonse. Celui-ci en accuse réception. Il est peiné des maux que les Normands ont fait éprouver aux chanoines; il félicite ceux-ci de l'intention où ils sont de fortifier la basilique du glorieux saint Martin. Quant à ce qu'ils lui mandent, qu'ils ont une couronne impériale d'or avec des pierres précieuses incrustées dedans, il agrée leur proposition de l'acheter et il les avertit qu'au mois de mai sa flotte se trouvera à Bordeaux et que s'ils veulent y envoyer quelqu'un des leurs avec la couronne, ils pourront parvenir en toute sûreté près de lui. Il se fait fort, en récompense, de leur envoyer l'argent nécessaire pour les aider à restaurer la maison du grand saint. Au reste, si le tombeau de saint Martin est célèbre par les miracles qui s'y accomplissent, l'Espagne n'est pas non plus tout a fait dépourvue de lieux saints. La Galatie possède le tombeau du bienheureux Jacques Zébédée, qui fut décapité par Hérode. Des histoires authentiques racontent la manière dont ce corps est arrivé dans le pays, et s'il se trouve quelques récits qu'ils n'ayent pas dans leurs archives il les leur enverra.

Anno DCCCVI, indictione IX.

Mélanges Colbert, t. 46, f° 97. — Lesueur, n° 122. — D. Houss., n° 135. — *Collect. Brequigny*, vol. 46, p. 123.

Monsnyer. *De statu Sancti Martini*, p. 172. — *Biblioth. Cluniacensis*, not., col. 50.

N° XCI, f° 102 (*Panc. alia* f° 79.) 20 aout 862.

Privilége accordé par les évêques réunis en concile à Pistres, confirmant, à l'instance de l'archevêque Hérard, aux chanoines de Saint-Martin la possession de la *villa* de Leré et de ses dépendances à eux donnée par le roi Charles-le-Chauve pour leur servir de lieu de refuge en cas d'invasion des Normands, et déclarant les dites possessions exemptes de toute charge et de toute juridiction étrangère.

Data in mense augusto, xx ipsius mensis, anno xxiii, regnante Carolo rege. — Et au commencement se lit cette autre date :

Anno incarnationis dominicæ DCCCLXII, indictione decima, anno siquidem pii·simi regis Caroli xxiii... in loco qui dicitur Pistas.

Arm. de Bal., t. 47, f° 142. — *Mel. Colb.*, t. 46, f° 99. — Lesueur, n°s 40 et 141. — *St. Germ. lat.*, 1067 (anal.)

Concil. des Gaules, de Lalande, p. 171. — Labbe. *Concil.*, t. VIII, app. col. 1935. — Hardoin, *Concil.* t. V. p. 567. — Monsnyer. *De statu Sancti Martini*, p. 77. — *Concil.* de Baluze, t. 10, col. 253.

N° XCII, f° 103. (*Panc. alia*, f° 80.) 14 sept. 937.

Hugues, abbé de Saint-Martin, donne en précaire au chapitre du dit lieu, pour le repos des âmes de ses ancêtres, ses alleus de Lachy et de Sezannes, situés dans le comté de Maux, dans le pays de Queudes, et reçoit de Bernier, doyen, de Farmannus, trésorier, et des chanoines, ces mêmes biens en usufruit pour en jouir sa vie durant. Ils ajoutent à cette concession la donation en précaire de la ville de Mons, avec sept églises, située en Melunois, jadis à eux donnée par la reine Judith et par Charles-le-chauve, et de certains biens situés dans le Beauvoisis sur l'Oise, à la charge de payer au jour de la Saint-Martin d'hiver 75 sols à la manse des chanoines et 25 sols à la trésorerie. Cette précaire est faite au dit Hugues et à sa femme Havis, et devra durer tout le temps de leur vie.

Data est hujus precariæ auctoritas Turonis XVIII. kal. octob., in castello Sancti Martini, in pleno capitulo fratrum, in anno II jam regnante domno Illudovico rege.

Arm. de *Bal.*, t. 76, f° 86. — *Mel. Colb.*, t. 46, f° 100. — Lesueur n° 124. — *Collect. Dupuy*, vol. 828, f° 100.

Besly, *Preuves de l'histoire des comtes de Poitou*, p. 239. et 240. — Labbe, *All. chron.*, t. II, p. 531. — *Rec. des Histor. de France* t. IX, p. 720.

N° XCIII, f° 104 — 105. (*Panc. alia* f° 80), 8 avril 927.

Deodatus et sa femme Girberge, exécuteurs testamentaires de Gaubert, leur cousin, donnent au chapitre de Saint-Martin, en vertu du fidéi-commis qu'ils en ont reçu un aleu en Berry dans le faubourg de Saint-Aignan, appelé *Vulton*, avec les maisons, vignes et arbres qui en dépendent et les moulins situés sur le Cher.

Data est autem hujus cessionis autoritas vi idus aprilis, in Castro vel villa Vestennensi, in mallo publico, anno iv regnante domno Rodulfo rege.

Mel. Colb., t. 46, f° 101. — Lesueur, n° 95. — D. Houss. n° 8591, (extr).

N° XCIV, f° 105. (*Panc. alia*, f° 81.) 22 mai 895.

Fulcrade donne au chapitre de Saint-Martin un alleu situé en Touraine dans la viguerie de Neuvy, au lieu dit *Valentinai*, contenant environ six arpents de terres et de vignes.

Data enim hujus cessionis auctoritas xi kalend. junii, Turonis, in publico tetmallo quod tenuit Adraldus vicecomes. Anno siquidem domni Odonis regis jam in octavo.

Mel. Colb., t. 46, f° 102. — Lesueur, n° 70. — *Arm. de Bal.*, tom. 76, f° 152. extr. — Dupuy, n° 828, f° 95, copie de Besly. — D. Houss., n° 8590, extr. — Besly (*Coll. Dupuy*, vol. 841, f° 80), copie in extenso.

Documents inédits. — *Mélanges*, t. I, p. 475.

N° XCV, f° 106. (*Panc. alia*, f° 82.) 29 juillet 895.

Le vicomte Garnegaudus et sa femme Hélène donnent au monastère de Saint-Martin les biens qu'ils possèdent à Suèvre. — Cette charte, déjà analysée sous le n° LXVIII ; se trouvait encore reportée ici, vraisemblablement parce qu'il en existait deux originaux dans les archives de Saint-Martin.

N° XCVI, f° 108 (*Panc. alia*, f° 83). 15 avril 932.

Bernier, doyen, Farmannus, trésorier, et le chapitre de Saint-Martin donnent en précaire à la princesse Emma, fille du roi Robert et sœur de Hugues, abbé du dit lieu, la ville de Mons, avec sept églises et ses dépendances, situées dans le pays de Melun, que l'impératrice Judith avait jadis donnée aux chanoines, à la condition de dire certaines prières pour le repos de son âme. Cette précaire est faite moyennant 30 sols de cens et 60 sols de rente, affectés au luminaire, que la dite princesse paiera chaque année au chapitre, le jour anniversaire de la mort de l'impératrice Judith, à savoir le 19 avril ou bien à la Saint-Martin (1).

Data est autem hujus manusfirmæ auctoritas xvii kal. maii Turonis, in rudi castro Sancti Martini, in pleno fratrum capitulo, anno viii regnante domno Rodulfo rege.

Arm. de Bal., t. 76, f° 319. — *Mel. Colb.*, t. 46, f° 104. — Dupuy, vol. 828, f° et vol. 841, f° 110.

Labbe, *All. chronol.*, t. 11, p. 528. — Marten., *Thesaurus anecdot.*, t. 1, col. 67 (s. d.)

N° XCVII, f° 109-110 (*Panc. alia*, f° 84). 888 ou 889.

Fulcrade, doyen, Bernon, trésorier, et les chanoines de Saint-Martin, donnent en précaire à Ramnulfe, comte d'Aquitaine, la ville de Doussay, située en Poitou, avec les *villæ* qui en dépendent, au nombre de vingt, et un alleu, situé dans le pays de Briou, dans la viguerie de Savigny, sur la Charente, que le dit Ramnulfe avait déjà donné à Saint-Martin. Cette précaire est faite pour toute la durée de sa vie et de celle de son fils Ebolus (2).

Data... regnante Odone rege, anno 889 (Lesueur).

Arm. de Bal., t. 76, f° 155. — *Mel. Colb.*, t. 46, f° 105. — Lesueur, n° 65. *Collect. Dupuy*, vol. 828, f° 104. — *Saint-Germ. lat.*, 1067 (extrait).

Besly, *Comtes de Poitou*, p. 180, (extrait), p. 201-202 (entière).

(1) Besly (*Collect. Dupuy*, vol., 841 f. 110) indique cette charte comme étant conçue dans les mêmes termes que celle portée au f. 115 de la *Pancarte* sous le n° 103, la date cependant était différente.

(2) La date de cette charte ne nous en fournie que par dom Lesueur et encore d'une manière incomplète, son indication néanmoins doit être bonne car Ramnulfe est mort en 890. — Baluze ici s'est trompé sur la place qu'occupait cette pièce, il a porté en tête le feuillet de la *Pancarta alia* pour celui de la *Pancarte noire*.

N° XCVIII, f° 110.   30 août 894.

Robert, abbé de Saint-Martin, confirme la possession des biens affectés à l'entretien des écoles du dit lieu. Odulric, diacre et maître-école de Saint-Martin, expose qu'il tient certains biens en précaire, à Martigny, au même titre qu'Amalric Milon, Guichard et Ermengaire, ses prédécesseurs, les ont tenus, et que, craignant la malignité des hommes, il prie l'abbé Robert de lui confirmer la possession des dits biens et de lui délivrer un titre de cette confirmation, semblable à celui délivré autrefois par l'abbé Adalard. Robert, se rendant à la demande d'Odulric, lui confirme la possession de tous les biens affectés à l'entretien du maître-école, savoir tout ce qui dépendait du domaine de Martigny et le pré situé entre la Loire et le Cher, appelé *Pratum Luci*.

Data est autem hæc manusfirma Turonis, III kal. augusti, prius a præscripto domno Roberto abbate firmata cortim, anno VII domni Odonis regis.

Arm. de Bal., t. 76, f° 49, ex orig. — *Mel. Colb.*, t. 46, p. 106. — Lesueur, n° 69. — Dom Houss., n° 123 et n° 8592, extr.

N° XCIX, f° 111 (*Panc. alia.*, f° 85). Ann. 774 ou 780.

Charlemagne et sa femme Hildegarde donnent à Saint-Martin l'île et la ville de Sermione, situées dans le lac de Garde. Ce diplôme est une répétition de celui donné plus haut sous le n° XXVIII. Il est conçu dans les mêmes termes. Il offre néanmoins quelques variantes importantes. Ainsi aux biens donnés par le n° XXVIII, Charlemagne ajoute Peschiera et quelques autres *villæ*. Enfin la date paraît avoir été différente et celle donnée par Lesueur (anno decimo) être fautive. Il faudrait en ce cas regarder ce diplôme comme une rénovation et le reporter à l'année 780, année où Charlemagne célébra les fêtes de Pâques à Pavie et y donna plusieurs diplômes.

Datum anno decimo regni nostri. Actum Papia civitate.
Lesueur, n° 4, a. — Archiv. de l'emp. K, 186, n° 4.

N° C, f° 111 (*Panc. alia*, f° 85). 21 juin 849.

Charles-le-Chauve, à la demande du comte Vivien, abbé de Saint-Martin, confirme la donation en précaire, faite par le dit abbé à Adalmannus, lévite, d'un bien que son père avait jadis obtenu du chapitre en précaire, savoir la *villa* appelée *Colonica*, et deux manses situés au village de Villaines. Adalmannus jouira de ces biens sa vie durant, à la condition de payer chaque année au chapitre, le jour de la Sainte-Luce, trois sous d'argent de cens, quatre muids de vin et huit de seigle, plus douze fromages, et il aura le droit de laisser à sa mort les dits biens à qui il voudra, à la charge de toujours acquitter le dit cens.

Data xi (x apud Besly) kal. jun., anno x regnante Carolo gloriosissimo rege, indict. xii.

Actum Anseni villa.

Arm. de Bal., t. 76, f° 35 (ex autographo). — *Mel. Colb.*, t. 46, f° 107. — Lesueur, n° 33. — Archiv. imper., K. 186, n. 20.

Marten., *Ampl. collect.*, t. 1, col. 119. — Besly, *Rois de Guyenne*, p. 32. — *Rec. des Hist. de France*, t. viii, p. 502.

N° CI, f° 112 (*Panc. alia*, f° 86). Mai 846.

Le comte Eudes et sa femme Guandilmode donnent à l'église de Saint-Martin, que dirige l'abbé Vivien, ce qu'ils possèdent dans le Dunois, dans la viguerie de Châteaudun, au lieu dit *villa Mauro*, sur le Loir, savoir, un manse seigneurial avec toutes ses dépendances, plus un autre manse seigneurial, situé dans le Blesois.

Data in mense maio, anno vi regnante Karolo rege.

Actum Duno castro publice.

Dom Houss., n° 55 et 255 (2 copies), et 8593, extrait. — *Mel. Colb.*, t. 46, f° 118. — Lesueur, n° 29. — Le Michel, anal.

N° CII, f° 113. (*Panc. alia*, f° 87). Avril 878.

Hugues, abbé de Saint-Martin, au nom de son monastère, échange certains biens avec le vicomte Atton. Les biens cédés par le vicomte Atton et par sa femme Emma sont situés en Touraine, dans la viguerie de Doulus, aux lieux appelés Sembonne et Mazières et dans la viguerie d'Abilly, au lieu appelé *Viis superior*. Ceux qu'il reçoit en échange, de l'abbé Hugues, sont situés dans la dite viguerie d'Abilly, au village de Preuilly et près du château que le vicomte Atton avait depuis peu fait bâtir en ce lieu.

Data in mense aprili, anno I regnante domno Illudovico rege.

Arm. de Bal., t. 76, f° 56. — Lesueur, n° 52, ad ann. 878, — Dom Houss., n° 166 et 8599 *bis*. — Le Michel, anal. — *Mel. Colb.*, t. 46, p. 109.

N° CIII, f° 114-115 (*Panc. alia.*, f° 88). 926.

Biens donnés en précaire à l'abbé Hugues et à la reine Emma.

Le chapitre de Saint-Martin, à la demande de l'abbé Hugues, donne en précaire à la reine Emma, sa sœur, fille du roi Robert, la ville de Mons, située dans le pays de Melun, et certains biens situés sur l'Oise, en Beauvoisis, à la charge d'un cens annuel.

Data est autem hujus manusfirmæ auctoritas anno dominicæ incarnationis DCCCCXXVI, et regni Rodulfi regis III, dum Carolus tenebatur captivus (1).

Dom Lesueur, n° 94.

---

(1) Voyez le n° XCVI, qui est une rénovation de cet acte donné en 932.

N° CIV, f° 116 (*Panc. alia*, f° 88.)   887.

Décret d'un concile tenu en Italie confirmant la restitution faite par Eudes, abbé de Saint-Martin, au Chapitre du dit lieu des biens situés à Solari et au val de Côme, en Italie, pour leur servir au besoin de lieux de refuge contre les invasions des Normands qui avaient déjà ravagé le monastère.

Anno incarnationis dominicæ DCCCLXXXVII, anno siquidem piissimi imperatoris Caroli in Italia VI, in Francia IV, in Gallia II.

Arm. de Bal. t. 76, f° 14. — Lesueur, n°ˢ 63 et 132. — D. Houss., n° 8595, extr. — Marten. *Thes. anecd.*, t. IV, p. 65 et *Nova collect. vet. script.*, p. 221. — *Rec. des historiens de Fr.*, t. IX, p. 313, fragm. — Baronius *Concil.*, t. IV, édit. de Venise.

N° CV, f°ˢ 116-117 (*Panc. alia*, f° 88.)   17 avril 966.

Vivien, prêtre et chanoine de Saint-Martin, se présente le 17 avril 966, veille de la fête de saint Georges, devant Rainaud, doyen, Hervé, trésorier, et le chapitre des chanoines demandant que, chaque année le jour de la Saint-Georges, les dits chanoines et leurs successeurs fissent une procession et une station solennelles dans l'oratoire de Saint-Georges situé près de l'église de Saint-Étienne, ce que ceux-ci lui accordent. En reconnaissance de cette bonne œuvre, Vivien donne aux chanoines XIII sols de rente annuelle et affecte à l'entretien de la dite chapelle de Saint-Georges, qu'il possédait par héritage, certains biens à lui appartenant, savoir : un arpent et 8 perches de vignes situés dans le faubourg du château de Saint-Martin, du côté du couchant, plus trois quartiers dans l'intérieur du monastère et un verger, une petite vigne et les bâtiments y attenant, situés sous les murs de Châteauneuf, à la droite du pont de pierre, et enfin la maison qu'il avait construite près du dit oratoire de Saint-Georges. Cette fondation est faite à la condition que lui, Vivien, retiendra la dite chapelle et les biens ci-dessus dénommés sa vie durant, à la charge de payer chaque année au chapitre, le 17 avril, la rente de 13 sols, afin que les chanoines n'oublient point de faire la station convenue ce jour-là; après sa mort, s'il existe quelqu'un de ses parents chanoine de Saint-Martin qui veuille prier Dieu et officier dans la dite chapelle de Saint-Georges pour le repos de son âme et de ses autres parents, il détiendra la chapellenie avec sa dotation, sa vie durant, à la charge de payer les 13 sols de rente au Chapitre et de célébrer la messe tous les jours à l'intention des chanoines de Saint-Martin morts et vivants; que s'il n'existait aucun de ses parents chanoine de St-Martin, le chapitre assemblé choisirait parmi ses membres celui qui devrait être investi des fonctions de chapelain.

Datum est autem hujus institutionis indiculum xv. kal. maii, Turonis in castello Sancti Martini, in pleno fratrum capitulo, anno jam XII regnante Lothario rege, anno incarn. dom. DCCC LXVI.

Arm. de Bal., t. 76, f. 316. — *Mel. Colb.*, t. 46, f° 110. — Lesueur, n° 107. — D. Houss., n. 8600 extr.

Marten. *Thes anecd.*, t. I, col 87 (sans note de l'an de l'incarnation.)

N° CVI, f° 118 (*Panc. alia*, f° 89.)   31 déc. 914.

Thétolon, doyen, et Robert, trésorier de Saint-Martin, donnent à main ferme à Gui, prêtre et grangier de St-Martin, deux aires sur la Choisille pour y construire des moulins, l'un près de Monnaie et l'autre proche Charcenai, plus quatre arpents de terre sur les bords de la dite rivière, au village de la Molière. Ces moulins seront construits par Aucher, et les revenus partagés entre lui et Gui par moitié. Chacun d'eux paiera au Chapitre, à la Saint-Martin d'hiver, 16 deniers de cens. Gui aura la faculté avant de mourir de transmettre sa part des dits moulins à Foulque son neveu, à la condition de payer le cens ci-dessus fixé, et Aucher pourra donner la sienne à Robert, son seigneur. Que si Aucher mourait avant Gui, ce dernier jouirait de la totalité des revenus tant qu'il lui survivrait.

Data est autem hujus manusfirmæ auctoritas II kal. januarii, in civitate Turonis, in pleno fratrum capitulo, anno XVII regnante domno Karolo gloriosissimo rege.

Arm. de Bal., t. 76, f° 76. — *Mel. Colb.*, t. 46, f° III. — Lesueur, n° 84. — D. Houss., n° 8600 (extr.)

N° CVII, f° 118 (*Panc. alia*, f° 89.)   7 mars 957.

Ardouin, doyen de Saint-Martin, Jean, trésorier, et le chapitre du dit lieu donnent en main ferme, au prêtre Raoul, une quarte et demie de terre avec cinq arpents et demi de prés dépendants de la *villa* de Thuré, située au lieu dit le Pué, à la charge de payer chaque année cinq sols de cens aux chanoines.

Datum nonis martii, Turonis, in castello Sancti Martini, anno III regni Lotharii regis.

Mel. Colb., t. 46, f° 107. — D. Lesueur, n°s 105 et 126. — D. Houss., n° 8602 (mention). — *St Germ. lat.*, n° 1067. (anal.)

N° CVIII, f° 119.   27 dec. 954.

Ingelbauld, recteur de la chapelle de Saint-Jean, construite dans le cloître de Saint-Martin, donne en précaire à Daniel et à sa femme Isemberge un arpent de terre en culture dépendant du domaine de la dite chapelle et situé dans le faubourg oriental du château de Saint-Martin, à la condition de payer, le jour de la Saint-Martin d'hiver, 4 deniers de cens au recteur de la dite chapelle.

Data est hæc manusfirma VI kal. januarii Turonis, castello scilicet novo, in pleno fratrum capitulo, anno I° regii Lotharii regis.

Mel. Colb., t. 46, f° III. — Lesueur, n° 106. — D. Houss., n° 177, copie, et n° 8664, anal.

Monsnyer, *des Statu Sancti Martini*, p. 186.

N° CIX, f° 120 (*Panc. alia*, f° 89) 884

Hildegaire, vicomte de Limoges, rend à Saint-Martin et à l'abbé Robert la ville d'Athée, qui avait jadis appartenu au chapitre de Saint-Martin. En reconnaissance de cette restitution, le doyen Gauthier donne en précaire au dit Hildegaire, du consentement de l'abbé Robert, la villa de Brigueil avec son église dédiée à Saint-Martin et à Saint-Martial, à la charge de payer au chapitre 10 sous de cens chaque année, le jour de la Saint-Martin d'hiver.

Regnante Carlomanno rege, anno 884 (Lesueur) (1).

Arm. de Bal., t. 76, f° 91. — *Coll. Dupuy*, vol. 828, f° 101. — *Lesueur*, n° 57. — *Mel. Colb.*, t. 46, f° 112. — *D. Houss.*, n° 8603 (citation). — *Saint-Germ. lat.*, 1067 (anal.)

N° CX, f°ˢ 120-121 (*Panc. alia*, p. 90.) juin 857.

Norbert, recteur de Saint-Epain réclame certains biens dépendants de son église et dont à ce titre il avait eu longtemps l'administration après la mort de son oncle Esaie. Ces biens, situés dans la ville de Maubuisset, avaient été usurpés par Autbert, Agintrude, sa sœur, et Amalgaire, son beau-frère, qui les retenaient injustement; il cite les détenteurs le IV des ides de juin devant le prévôt Saramannus. Saramannus ordonna qu'Autbert, Agintrude et Amalgaire exhibassent les titres en vertu desquels ils détenaient les dits biens; mais il fut impossible de terminer le procès sur la simple production des titres, vu l'absence de voisins qui pussent venir en connaissance de cause témoigner de leur authenticité, et il fut décidé qu'on se transporterait sur les lieux où étaient situés les biens en litige et qu'après enquête on trancherait la question. Peu de temps après, le 31 juillet (sic), le prévôt Saramannus se transporta avec des chanoines de Saint-Martin et plusieurs notables à la *villa* de Brigueil, dont ces biens dépendaient. Là, entouré d'un grand nombre de nobles et de colons, il éta-

(1) Lesueur est le seul qui donne une date à cette pièce.

blit son tribunal dans l'église de St-Epain, et le prêtre Norbert ayant constitué avoué, ses adversaires durent produire leurs titres. Autbert, l'un d'eux, craignant la justice divine s'il persistait plus longtemps dans son usurpation, jeta les chartes sur l'autel de St-Epain, avouant qu'elles étaient fausses; mais Amalgaire, au nom de sa femme Agintrude, s'éleva contre lui, disant qu'il prétendait à tort que les titres de sa sœur étaient faux. Cette action surprit d'abord les auditeurs; on passa néanmoins à l'examen des actes. Autbert les présentant déclara le premier qu'ils avaient été fabriqués à Tours, et à leur lecture on n'eut pas de peine à en reconnaître la fausseté, car ceux dont les noms étaient au bas, à savoir Notfredus et Geroin, déclarèrent avec serment n'avoir jamais confirmé le titre. L'écrivain de la Charte, qui était aussi présent, avoua bien l'avoir écrite mais qu'il ne l'avait point affirmée. De même, tous les colons déclarèrent qu'ils ne l'avaient point vue affirmer; de plus les noms de ceux qui habitaient la dite terre n'étaient point mentionnés dans la charte; aussi, de l'avis de tous les assistants, Amalgaire, tenant les chartes entre ses mains, fut-il sommé de montrer quels étaient ceux qui pouvaient jurer que ces chartes étaient vraies. Il ne put citer personne. Agintrude alors déclara qu'il y avait bien quelques témoins, mais qu'ils n'osaient se montrer par crainte du prêtre Norbert, et elle cita plusieurs colons. Ceux-ci interpellés ne purent jurer que les pièces fussent vraies et que les détenteurs eussent été investis de la propriété des dits biens. Saramannus déclara alors les chartes fausses; il les fit prendre dans les mains d'Amalgaire, exponger et canceller. En conséquence les biens réclamés furent adjugés au prêtre Norbert, représenté par son avoué Otbert, et la présente notice dressée et remise au demandeur pour lui servir en tant que besoin serait, en cas de réclamations futures.

Data hæc notitia in mense junio, anno XVII regnante Karolo rege.

Et dans le texte : Anno DCCCLVII dominicæ incarnationis, XVII regni piissimi regis Caroli.

Bal., t. 76, f° 318, ad. ann. 857. — *Mel. Colb.*, t. 46, f° 113. — Lesueur, n°ˢ 36 et 146. — D. Houss., n° 79. — Le Michel., anal. — Coll. Dupuy, vol 828, f° 102, extr.

N° CXI, f° 122 (*Panc. alia*, f° 94).   7 janvier 941.

Hugues, abbé de Saint-Martin, restitue aux chanoines du dit lieu les droits affectés à la *Porterie*. Depuis longtemps le chapitre de Saint-Martin avait été dépouillé d'une partie des biens affectés à la manse des chanoines par des hommes pervers qui avaient profité des malheurs des temps et des désordres occasionnés par les invasions des Normands; Hugues, entre autres, s'était emparé de Vancé, de Berthenay, de Joué et de quelques autres biens affectés à la *Porterie* du chapitre. Il s'était ensuite laissé persuader que l'office de *la Porterie* ne devait pas être exercé gratuitement, comme par le passé, pour le bien de la communauté, mais qu'il relevait du domaine de l'abbé, et qu'il devait être exercé à son bénéfice. Nefingus, doyen, Guntelme, trésorier, Regnault, Gautier et Ernoul, chanoines, vinrent trouver l'abbé Hugues, à Paris, et le prièrent de faire cesser un état de choses si préjudiciable au chapitre. Hugues, convaincu de la justice de cette réclamation, et voulant d'ailleurs attirer les prières des chanoines sur lui, sur son père Robert, sur sa mère et sur son oncle, le roi Eudes, rendit aux chanoines la dite *Porterie* avec toute ses dépendances, afin que les chanoines en jouissent comme par le passé. (1)

Data est autem hæc auctoritas VII idus januarii, Parisius, anno v regnante Ludovico rege.

Arm. de Bal., t. 76, f°ˢ 133 et 139. — *Mel. Colb.*, t. 46, f° 115. — Lesueur, n. 102. — Dupuy, n. 828, f° 80, copie de Besly. — D. Houss., n. 170. — Le Michel (anal.).

N° CXII, f° 124-125 (*Panc. alia*, f° 92).   10 novembre 895.

---

(1) Mentionné par l'auteur de la grande chronique de Tours.

Erberne, archevêque de Tours, et son frère Adalaldus donnent au monastère de Saint-Martin et aux chanoines du dit lieu, un alleu appelé *villa Spinosa*, situé en Dunois, dans la viguerie de Varize, avec l'eglise dédiée à Notre-Dame, et un autre alleu situé *in villa Lubla*. Cette donation est faite à la condition qu'ils détiendront les dits biens leur vie durant, à la charge de payer au chapitre, à la Saint-Brice, deux muids de vin de cens annuel. Ils pourront, à leur mort, léguer la jouissance de ces biens à celui des frères qu'ils voudront, à la condition que le légataire paiera au chapitre deux muids de froment et quatre muids de vin de cens annuel.

Data autem hujus elemosinæ auctoritas in civitate Turonis IIII idus novembris anno VIII (Lesueur, IX), regnante domno Odone glorioso rege.

Lesueur, n° 72 et 142. — Dupuy, n° 828, f° 90, copie de Besly. — Le Michel (anal). — *Mel. Colb.*, t. 46, f° 117.

Pièces just. du procès de Saint-Martin de Tours, p. 135.

N° CXIII, f° 126 (*Panc. alia*, f° 93), vers 816 ou 817.

Louis-le-Débonnaire, à la requête de l'abbé Fredegise, mande aux comtes, commissaires et juges départis dans ses états de faire observer les priviléges d'exemptions et immunités qu'il a accordés aux religieux de Saint-Martin pour toutes leurs possessions en quelques lieux de ses états qu'elles se trouvent. (S. D.)

Arm. de Bal., t. 76, f° 25. — *Mel. Colb.*, t. 46, f° 114. — Lesueur, n° 19 et 127. — *Archiv. de l'Empire*, K. 186, n. 6. *Gallia Christ.*, t. XIV, N° XIII.

N° CXIV, f° 126. 12 juillet 877.

Charles-le-Chauve, à la demande de Hugues, son parent, abbé de Saint-Martin de Tours et de Chablis, confirme l'échange fait entre le dit Hugues, au nom du monastère de Chablis, et Arnould, abbé de Saint-Martin d'Autun. Les biens donnés par les religieux de Chablis sont situés dans le pays d'Avallon, dans la viguerie dite *Iliniacensis* au lieu dit *Goilis*; ceux qu'ils reçoivent en échange sont situés dans le pays et dans la viguerie de Tonnerre, au lieu appelé *Sedriacus*. L'empereur confirme encore un autre échange fait entre le même monastère de Chablis et les religieux de Saint-Germain-d'Auxerre, de certaines terres situées dans le pays et dans le canton de Tonnerre, près de la ville de ce nom, aux lieux dits *Atheias et Croia*.

Datum iv idus julias, indictione x, anno xxxviii regni domni Karoli imperatoris in Francia et imperii ejus ii.

Actum Pontione palatio imperiali.

Arm. de Bal., t. 76, f° 51. — *Mel. Colb.*, t. 46, f° 64. — Lesueur, n° 47. — *Archiv. imp.*, K. 186, n° 28. — *Saint-Germain lat.*, 1067, f° 244 (extrait.) — Mabillon, *Ann. Be. d.*, t. iii, append., n. 25. — *Rec. des Hist. de Fr.*, t. viii, p. 667.

N° CXV, f° 127. (*Panc. alia*, f° 94.)   15 février 896.

Béranger, roi des Lombards et des Romains, à la demande de l'abbé Robert son parent, restitue au monastère de Saint-Martin et lui confirme la possession des biens situés en Italie qui lui avaient été donnés par Charlemagne, son trisaïeul, savoir : le val de Côme, les villes de Sermione, Solari et Liana, avec toutes leurs dépendances. Il déclare les dits biens exempts de tous droits de justice, de tonlieu ou autre charge quelconque et veut que nul ne puisse forcer les hommes de Saint-Martin à lui servir de fidéjusseurs, etc. En reconnaissance de ces bienfaits, les chanoines réciteront à perpétuité, à son intention, les trois psaumes savoir : à matines, *Domine, ne in furore tuo primum* ; aux vêpres, *De profundis*, et à complies, *Domine, exaudi orationem meam, auribus percipe obsecrationem meam*, et feront mention de lui à la messe qu'en tout temps les chanoines disent entre l'heure de prime et de tierce pour le repos des âmes de ceux qui ont été les bienfaiteurs de Saint-Martin (1).

(1) Bérenger n'ayant été reconnu roi d'Italie qu'à la fin de février 888 et sacré le mois suivant, nous attribuons ce diplôme au 15 fév 896 (n. S.), contrairement à la table des dipl. qui le place en 895.

Data xv kal. martii, anno vIII et 1° regni nostri.
Actum apud Papiam civitatem.

Collect. Dupuy, vol. 841, f° 13 et f°⁵ 81 et 88. — D. Lesueur, n° 82. — Dom Houss., n° 8553 (anal.) — Le Michel (extrait.)

Labbe, *All. chron.*, t. II, p. 492. — *Pièces justificatives sur Saint-Martin*, p. 8.

N° CXVI, f° 128. (*Panc. alia*, n° 95.)   21 mai 926.

Le chapitre de Saint-Martin vient réclamer, en présence du comte Ebolus, la restitution des biens dépendant de Coursay et d'Antogné, situés dans le pays de Thouars, et qui lui avaient été enlevés depuis plus de six ans par le vicomte Savary, sans que ses réclamations aient pu avoir quelque effet sur les usurpateurs. Par le conseil d'Hugues, leur abbé, les chanoines envoyèrent des députés, savoir : Farmannus, prévôt de Courçay, Ardouin et Archanaldus, chanoines, vers le comte Ebolus, ami du dit Hugues, pour demander la restitution des biens usurpés. Les députés, étant arrivés à Loudun, y rencontrèrent le vicomte Aimery, auquel ils exposèrent l'objet de leur mission et le sujet de leur affliction. Pénétré de la justice de leurs réclamations, Aimery les engagea à demeurer à Courçay jusqu'à ce qu'il eût rejoint le vicomte Savary et l'eût amené pour s'entendre avec eux. Savary leur députa le lendemain matin un exprès pour les engager à venir au-devant de lui jusqu'à Orbé, où il se trouverait avec ses pairs, savoir : Boson, Béranger, Ingelbauld, etc. Les députés des religieux arrivèrent à Orbé le 30 juin; ils exposèrent au vicomte leur réclamation, et celui-ci, convaincu de la justice de leur plainte, leur restitua tout ce qui leur appartenait dans son vicomté de Thouars, restitution qu'il exécuta en faisant à Farmannus, prévôt de Courçay, la remise du bâton qu'il tenait à la main. Il s'engagea à faire respecter à l'avenir, même par la force des armes, les droits des religieux. Les trois députés furent ensuite à Colombiers, trouver le comte

Ebolus et Frothier, évêque de Poitiers. Ceux-ci, ayant pris connaissance de la présente notice, donnèrent aux religieux le conseil d'attendre que les vicomtes de Thouars et de Loudun fussent arrivés à Thorigny, pour confirmer le dit acte. Farmannus se trouva à Torigny le 29 mai, et là, Aimery, Savary et l'évêque Frothier, signèrent et corroborèrent la présente notice.

Data est autem hæc notitia xii kal. junii, in castro Thoarcensi, et percorroborata iiii Kal. junii, in villa Auriniaco *(sic)*, anno iii regnante Rodulfo rege.

Arm. de Bal. t. 76, f° 89. — Lesueur, n° 93. — Dupuy, vol. 828, f° 95 v. et vol. 841, f° 13. — Dom Hous., n° 8605 (mention). — *St-Germ. lat.* 1067 (anal).

Besly, *comtes de Poitou, preuv.* p. 218.

N° CXVII, f° 129. (*Panc. alia,* f° 96).   An 841.

Fondation de la gratuité des écoles de Saint-Martin par Amalric et Adalard. Cette charte n'était vraisemblablement qu'une répétition de celle analysée ci-dessus sous le n° xxxv, et que Lesueur et dom Ans. Le Michel portent à la fois aux f°s 40 et 129 de la *Pancarte Noire.* — Dom Anselme Le Michel ajoute que cette copie fourmillait de barbarismes : « Omnino carta hæc horret barbarismis. »

N° CXVIII, f° 131. (*Panc. alia,* f° 97).   29 mai 878.

Adalmarus, avoué des chanoines de Saint-Martin, comparaît devant le tribunal des missi dominici, siégeant à Tours, tenu par Théodacre et Aladard au nom de Ragenaire, comte du Palais, d'Adalard, archevêque de Tours et autres missi nommés par le roi Louis, pour rendre la justice en Touraine. Il cite devant eux Guifroy, avoué de Sigualdus, archidiacre de Tours, disant que le chapitre de Saint-Maurice élevait à tort des prétentions sur une propriété (tractus), située en face de Montlouis, au bord de la Loire, joignant la *villa* appelée *Casellæ,* que les chanoines de Saint-Martin avaient jusqu'ici possédée paisiblement ; ce qu'il offrait de prouver par témoins et par toute preuve de droit. La cause ayant été examinée en présence des dits juges, de l'archevêque Adalard et du dit Sigualdus, Guifroy abandonna, au nom de l'archidiacre et des chanoines de Saint-Maurice, toutes ses prétentions sur le domaine en question et en investit les chanoines de Saint-Martin en la personne d'Adalmarus, leur avoué.

Data est IIII kal. junii, anno I regnante Hludovico rege.
Arm. de Bal., t. 76, f° 313. — *Mel. Colb.*, t. 46, f° 112. — Lesueur, n° 49. — Dupuy, vol. 828, f° 99, copie de Besly. — D. Houss., n°s 103, 104 et 105. — Le Michel, anal. — Labbe, *All. chron.* t. II, p. 530.

N° CXIX, f° 131 (*Panc. alia*, f° 97.)　　　　　janvier 879.

Guichard, doyen de Saint-Martin, vient à Tours et se présente, le mercredi 17 janvier, devant le tribunal présidé par le comte Hugues, abbé de Saint-Martin, pour faire sa réclamation contre Guillaume, vassal du comte, auquel celui-ci avait donné en bénéfice la terre de Martigny, disant que la dite villa lui appartenait, ayant été affectée à l'entretien du maître école de Saint-Martin par la précaire qu'il avait obtenue du chanoine Amalric, du temps de l'abbé Adalard, mais qu'au mépris des droits que lui accordait cet acte, le susdit Guillaume s'était emparé de ce bien et le détenait en vertu d'un titre qu'il montrait comme émané de l'autorité royale. Hugues nomma des juges pour examiner la question et faire une enquête. Anastase, Dagobert, Léotald et Autmarus, clercs, et autres juges se transportèrent dans la maison attenant à la chapelle de Saint-Martin de Martigny, et là furent lues les chartes sur lesquelles Guichard fondait sa réclamation, à savoir sur deux manses et demi dépendant de la villa de Martigny, plus un champ dans la ville de *Maigné*. Ces chartes étaient une précaire et un diplôme du roi Charles. Guillaume voulut s'inscrire contre ces titres, mais il ne trouva rien à dire, sinon qu'il possédait les dits biens parce que son père les avait obtenus de la munificence du comte Hugues; ils revinrent alors en présence du dit comte, lequel, apprenant de la bouche des juges enquesteurs quels étaient les droits du dit Guichard, et que les biens par lui réclamés avaient été assignés à l'office du maître-école, pour qu'il pût exercer gratuitement ses fonctions et ne rien exiger des élèves, ordonna qu'il fût fait justice. Guillaume, en conséquence, fut condamné à rendre les biens réclamés et autant que faire se pourrait les fruits perçus depuis qu'il avait joui indûment, ce qui fut exécuté à Martigny, par les juges ci-dessus nommées.

Data (Turonis), in mense januario, anno II regnante Hludovico rege.

Lesueur, n°s 55 et 128. — *Arm. de Bal.*, t. 76, f° 46, ex origin. — *Mel. Colb.*, t. 46, f° 119. — D. Houss., n° 8608, Le Michel (extrait)

N° CXX, f° 132.   30 mai 914.

Biens donnés en précaire à Gumbert et à sa femme Bertais. — Gumbert et sa femme Bertais donnent à Saint-Martin un manse seigneurial avec ses dépendances, situé en Hainaut, au lieu dit *Villa Petia*, dans la *vicaria Banciacensis*, un autre manse seigneurial avec une église dédiée à Notre-Dame et un moulin situés dans le Brabant, et un troisième situé dans le pays et dans la Viguerie de Tournay, sur le bord de l'Escaut. Les donateurs reçoivent de l'abbé Robert ces mêmes biens en précaire à la charge de payer un cens annuel à la Saint-Martin d'hiver.

Data est hujus præcariæ auctoritas III kal. junii (1), in civitate Turonis, in pleno fratrum capitulo, anno XVII, regnante domno Karolo rege.

(1) Besly (*Coll. Dupuy*, v. 811), en copiant cette charte, a probablement oublié le chiffre III devant le mot Kal. et écrit Data.... Kal. junii. — Cet oubli a été reproduit dans les Documents inédits pour lesquels on s'est servi de la copie de Besly; les autres copies portent néanmoins III Kal. junii.

Arm. de Bal., t. 76, f° 88 (ex origin.) — *Mel. Colb.*, t. 46, f° 120. — Lesueur, n° 83. — *Coll. Dupuy*, vol. 828, f° 95. — D. Houss., n°ˢ 139, 147 et 8609 (extraits).

Labbe, *All. chron.*, t. 11, p. 500 (frag.) — *Documents inédits, mélanges*, t. 1, p. 478 (ad ann. 909.)

N° CXXI, f° 133. (*Panc. alia* f° 98.)   28 juin 733.

Gundoson vend à Widoland, abbé de Saint-Martin, et au couvent du dit lieu, ce qu'il possédait en Allemagne, dans le Brisgaw, au lieu appelé *Chantra*, sur la rivière dite *Hantia*, pour la somme de 30 sols, qu'il déclare avoir reçus du trésor de Saint-Martin, et dont il se tient pour bien payé. Il condamne à une amende de 60 sols d'or quiconque réclamera contre la présente vente ou tentera de venir à l'encontre.

Data IIII kal. julias, anno XIII regni Theodorici regis.

Arm. de Bal., t. 76, f° 322. ex *Panc. nigra*. — Duchesne, *Mel. Colb.*, t. 46, f° 116. — Besly, *Collect. Dupuy*, t. 828, f° 85. — Lesueur, n° 3. — Dom Houss. n° 8,610 (anal.) — Le Michel (anal.) — *Gallia Christ.*, t. XIV, instr. n° 4, ex Baluzio.

N° CXXII, f° 134. (*Panc. alia.* f° 99.)   1119.

Louis VI le Gros, à la demande d'Eudes, doyen de Saint-Martin, de Foucher, chantre, de Sichard, maître des écoles, et autres chanoines du dit lieu, donne et confirme aux dits chanoines le bourg et l'église de Saint-Pierre-Puellier, situés hors des murs du Château-Neuf, avec la chapelle de Saint-Michel, et tout ce que la reine Bertrade avait possédé en Touraine par don du roi Philippe son père, savoir : la moitié du port de Saint-Cyr, du droit de tonlieu sur les marchandises arrivant par terre ou par eau, et de la taxe des Juifs, le droit de vente du pain et du vin dans la cité, une moitié du bois de Plante, etc.

Actum castro Pictesedi, anno incarnati Verbi MCXVIIII, regni nostri XII.

Arm. de Bal., t. 76, f° 259. — *Mel. Colb.*, t. 46, f° 121. — Lesueur, n° 113. — Le Michel (extrait.) — Arch. imp. k. 186, n. 49. — D. Houss., n° 1395.

N° CXXIII, f° 134. (*Panc. alia*, f° 100.)   1119.

Gislebert, archevêque de Tours, s'accorde avec le chapitre de Saint-Martin, il abandonne aux chanoines la viguerie personnelle ou *relévation* de sept églises, savoir : des églises de Ligueil, de Joué, de Vancé, de Courçay, de Sublaines, de Charentillé et d'Oé, moyennant un cens de cent sols tournois, qui lui sera payé à lui ou à ses successeurs chaque année, le jour de la Saint-Maurice.

Datum Turonis, anno incarnationis dominicæ MCXVIIII, indictione XII, Romano pontifice Calisto II, Francorum rege Ludovico.

Arm. de Bal., t. 76, f° 274 v, ex orig. — *Mel. Colb.*, t. 46, f° 121. — Lesueur, n° 115. — D. Houss., n°s 1387 et 1388 (2 copies), et 8,738 (extrait.) — Le Michel (anal.)

N° CXXIV, f° 135.   1119.

Le pape Calixte II confirme tous les priviléges accordés au chapitre de Saint-Martin, soit par les bulles de ses prédécesseurs les papes Adeodat, Léon, Adrien, Sergius, Grégoire et Pascal, soit par les rescrits des archevêques de Tours, Crotbert, Ibbon et Herard, ou par les diplômes des empereurs et des rois, il confirme notamment les immunités du cloître de Saint-Martin ainsi que la possession des églises de Saint-Paul de Cormery, de Beaumont, de Saint-Cosme, etc.

Datum Romæ III Kalend. (sic) incarnationis dominicæ 1119. Pontificatus autem domini Calixti II, anno I.

D. Housseau, n° 1392. — Lesueur, n° 114. — Mel. Colb. t. 46, f° 122.

Recueil sur Saint-Martin p. 14.

N° CXXV, f° 135.   30 octobre 1118.

Le pape Calixte II confirme l'abandon fait par l'archevêque de Tours de tous ses droits sur les églises de Ligueil, de

Courçai, de Sublaines, de Vencé, de Joué, de Charentillé, d'Oé et de Saint-Pierre le Puellier, moyennant un cens annuel de cent sols.

Datum Remis, per manum Grisogoni sanctæ Romanæ ecclesiæ diaconi, cardinalis ac Bibliothecarii III Kal. novembris, indict. XIII° incarnationis dominicæ anno MC. XVIII, pontificatus autem domni Calixti secundi papæ anno primo.

Arm. de Bal., t. 76, f° 274. — *Mel. Colb.*, tom. 46, f° 122. — Lesueur, n° 116.

N° CXXVI, f° 136 (*Panc. alia*, f° 101.)   29 mars 1096.

Bulle du pape Urbain II, par laquelle il déclare vouloir réformer l'abus qui s'était glissé dans l'église de Saint-Martin et qui était général dans le royaume de vendre et acheter les prébendes, les canonicats et dignités ecclésiastiques, et ordonne que chaque chanoine sera tenu à sa réception de faire serment qu'il n'avait eu son canonicat par cette voie symoniaque; il ajoute qu'en confirmant les priviléges de l'église de Saint-Martin accordés par les papes ses prédécesseurs, il entend que nulle personne, évêque ou toute autre ne pourra exercer aucune juridiction ou autorité dans l'église de Saint-Martin si ce n'est celles que le chapitre aura proposées, enfin il confirme toutes les exemptions et immunités ci-devant accordées à cette église et supprime la dignité d'évêque particulier que le chapitre avait eu jusque-là; unissant cette dignité à la sienne propre de telle sorte qu'il soumet directement le chapitre au Saint-Siége se réservant la connaissance de toutes les causes majeures.

Datum Pictavis, per manum Joannis... diaconi cardinalis IV Kal. aprilis, indict. IV, anno incarnationis MXCVII (Monsnyer 1096.) Pontificatus domni Urbani II papæ IX.

Lesueur, n° 133. — Le Michel (anal.)

Concil. de Labbe, t. X, col. 436. — *Conc.* Hard, t. VI, p. II, col. 1043. — Baron. ann. t. XI, p. 656. Launoii *opera,* t. III, part. II, p. 49. — *Priv. de Saint-Martin de Tours*, p. 156. *Rec. sur Saint-Martin* p. 13. — Monsnyer *jura Sancti-Martini ecclesiæ* p. 210.

N° CXXVII, f° 138. 30 mars 1096.

Bulle du pape Urbain II qui notifie aux archevêques et évêques des Gaules qu'il a pris les chanoines de Saint-Martin sous sa protection spéciale et qu'il veut qu'il ne leur soit fait aucun tort en leurs biens ou leurs personnes.

Datum Pisis (Pictavis) III kal. aprilis... indictione IV, anno domini MXCVI.

Lesueur, n° 135.

Launoii *opera.* t. III, part. II, p. 59. — Monsnyer *jura Sancti-Martini eccles.* p. 214.

N° CXXVIII, f° 137-138 (*Panc. alia*, f° 104), 1081.

Notice contenant le récit des causes pour lesquelles Raoul fils de Foucard, archevêque de Tours, surnommé ennemi de Dieu, fut expulsé de l'archevêché de Tours par ordre du roi Philippe et des faits qui ont suivi. Raoul avait été nommé légat en Aquitaine avec Amat évêque d'Oleron, et Hugues de Die, il voulut exiger des chanoines de Saint-Martin qu'on le reçut dans leur église avec les honneurs dus seulement aux têtes couronnées, les chanoines refusèrent, de là naquit une longue querelle. Raoul porta ses plaintes à Rome où il dépêcha un envoyé nommé Renaut de Chanceaux, demandant l'excommunication contre les chanoines. Grégoire VII refusa après examen de la cause et approuva même la conduite des chanoines. Repoussé de ce côté, Raoul se joignit aux légats Amat et Hugues de Die, ennemis du roi et qui ne cherchaient qu'à fomenter des troubles dans le royaume. Le roi ordonna à Foulques Rechin comte d'Anjou de chasser Raoul de son siège. L'archevêque espérant confondre tous ses ennemis excommunia lui-même les chanoines de Saint-Martin, le comte Foulques et tous ses adhérents, mais le roi Philippe fit déposer Raoul, et les chanoines n'en continuèrent pas moins comme par le passé à célébrer tous les offices divins.

Lesueur, n° 136. — coll. Dupuy vol. 828, f° 102. — St Germ. lat. 1067 (anal.) d. Houss. n° 818.

Gallia Christ. 1re Edit. t. 1, p. 762.

N° CXXIX, f° 138.   14 mars 1096.

Bulle du pape Urbain II qui étant à Tours dans le Chateauneuf se fit représenter les priviléges de cette église; après les avoir examiné en présence de ses cardinaux, de Hugues primat de Lyon et de plusieurs autres évêques ou personnes élevées en dignité, il y trouva que les chanoines de Saint-Martin n'étaient point tenus de recevoir personne processionnellement, que le pape, le roi et l'archevêque de Tours une fois seulement en sa vie et que cette église avait droit d'avoir son évêque particulier. Il supprime cette dignité en plaçant l'église de Saint-Martin sous sa protection spéciale et annexe l'épiscopat de Saint-Martin au Saint-Siége en ordonnant qu'à l'avenir le chapitre lui sera immédiatement soumis sans moyen.

Datum Turonis in Castello Sancti Martini, II Idus Martii, indict. IV 1097 (1096 apud Monsnyer et Lesueur), pontificatus autem domini Urbani II papæ IX.

Lesueur, n° 134.

Baron, *Ann.* t. XI, p. 655. — *Concil.* de Labbe, t. X, col. 435. — *Concil.* d'Hardouin, t. VI, part. II, col. 1612. — *Launoii opera*, t. III, part. II, p. 42. — Maan. *Eccles. Turon.* p. 250 (frag.) *Priviléges de Saint-Martin*, p. 13. — *Jura Sancti Martini*, par Monsnyer, p. 111.

N° CXXX, f° 138-139 (*Panc. alia*, f° 102)   26 sept. 996.

Bulle du pape Grégoire V, par laquelle il confirme les priviléges de Saint-Martin, énoncés dans les actes d'Adeodat et de Nicolas ses prédécesseurs, et permet aux religieux du dit monastère d'avoir un évêque particulier pour administrer la parole de Dieu aux pèlerins. — Le pape dit que l'église de Saint-Martin a eu d'ancienneté son propre évêque pour administrer la parole de Dieu aux fidèles qui venaient de toutes parts au tombeau de Saint-Martin, il maintient ce droit et ordonne que, lorsque cet évêque mourra, l'abbé et les religieux en choisiront un autre qui sera consacré par les évêques voisins suivant la coutume, afin que la longueur du voyage ne retarde point les fonctions et l'exercice du ministère (il est probable qu'avant, l'évêque de Saint-Martin allait à Rome se faire sacrer par le pape son supérieur immédiat). En outre le pape défend au métropolitain de faire en cette église ou en celles de sa dépendance aucune fonction ou acte de juridiction; car il veut que l'administration spirituelle en demeure à son évêque sous l'autorité de l'abbé.

Scriptum in mense septembri, indictione decima.

Datum III° kal. octob. anno ejusdem Gregorii papæ I, imperante domno tertio Octone adeo coronato magno imperatore, anno 1° Roberto Francorum rege.

Arm., de Bal., t. 282, f° 15-20. — Lesueur, n° 110. — *Monast. Benedict.* t. XXVI. — *Saint-Germ. lat.*, 1067 extr.

Défense des priv. de Saint-Martin. p. 41. — Mabill., *De re diplomatica* p. 639. — Monsnyer, *De Statu Sancti Martini Turon.*, p. 191. — *Recueil sur Saint-Martin*, p. 10.

On trouve dans le vol. XXVI du *Monasticon Benedictinum* une copie de la bulle de Grégoire V et à la suite l'attestation suivante.

Ego F. B. abbas (majoris monasterii) notum volo fieri omnibus hoc privilegium legentibus, qualiter illud in manus nostras devenerit. Hugo, thesaurarius Sancti Mauricii et Galterius, archipresbyter, venerunt ad me et attulerunt quoddam antiquum privilegium, dicentes se mitti ab archiepiscopo suo Radulpho et mandare mihi ipsum archiepiscopum se invenisse illud præceptum de Rebus Sancti Mauricii: Sed quia erat Romana littera scriptum non posse legi a suis clericis, rogare se ut facerem illud legi et sibi transcribi. Legimus itaque illud et invenientes multo aliud in eo contineri quam ille putabat, transcripsimus in quo et sigillum apostolicum quod in illo erat, depinximus ita ut inversum, sicut et in illo vetusto erat. Erat autem mecum tunc prior noster domnus Petrus, quando illi duo canonici illud privilegium mihi obtulerunt et factum est hoc in anno et in ipsis diebus, quando ibat Rex Franciæ Philippus in Britannia ad pugnandum contra regem Anglorum, qui ibi obsidebrat castrum Dolum.

N° CXXXI, f° 139 (*Panc. alia*, f° 105). 30 mars 1096.

Bulle du pape Urbain II, qui apaise le différent existant entre les chanoines de Saint-Martin et les religieux de Cormery. Il ordonne que, selon les décrets canoniques, les abbés de Cormery viendront prendre le bâton pastoral au tombeau de Saint-Martin, du consentement et par permission expresse du doyen et des chanoines.

Datum Pictavis per manum Johannis... diaconi Cardinalis, III kalendas aprilis, indictione IV, anno domini MXCVI, pontificatus Urbani papæ IX.

Le Michel, *St-Germ. latin*, 1067 (anal.) — Lesueur, n° 135. — D. Houss., n° 1008. — Monsnyer, *De Statu Sancti Martini*, p. 119. Dacheri, *Spicileg.*, t. 6, p. 22. — *Concil.* de Labbe, t. 10, col. 602. — *Concil.* d'Hérard, t. 6, part. 2, col. 1746. — *Concil.* de Bal., t. 3, p. 914.

N° CXXXII, f° 140 (*Panc. alia*, f° 105). 674.

Bulle ou privilége du pape Adéodat, qui, à la prière de l'abbé Aigiric, venu à Rome pour visiter la ville éternelle, confirme les priviléges et exemptions accordés à l'abbaye de Saint-Martin, par Crotbert, évêque de Tours, et consistant principalement pour les dits religieux en l'exemption de toute taxe et de toute juridiction de la part des évêques.

Le Michel, *Saint-Germ. lat.*, 1067 (anal.) — Lesueur, n°ˢ 1 et 129. — Dom Houss., n° 8744, note et extrait.

Pap. Masson, *De Rom. Pontif.*, lib. II, in Adeodato III, f° 118, v°. — Baron, *Annal*, t. VIII, p. 518, ad ann. 676. — *Ann. eccles. de Lecointe*, t. III, p. 708 ad ann. 674. — *Gallia Christ.*, édit, I, t. 1, p. 741, ex *Panc. nigra*, — *Concil Ant. Galliæ*, Sirm., t. I, p. 507, ad ann. 670. — *Concil. de Labbe*, t. VI, p. 523. — *Concil.* d'Hardouin, t. III, col. 1007. — *Jura Sancti Martini Tur. ecclesiæ*, p. 3. — *Rec. sur Saint-Martin*, p. 1, preuv., ann. 670. — Launoi, *Examen des priv. de l'église de Tours*, p. 3 et 5, cum variis lectionibus. — *De Statu Sancti Martini Tur.*, p. 40. — *Abb. de Marmoutier*, p. 184. — *Preuves de l'église gall.*, part. IV, p. 200, ad ann. 670.

N° CXXXIII, f° 141 (*Panc. alia*, f° 106). 720.

Ibbon, archevêque de Tours, renouvelle le privilége accordé au monastère de Saint-Martin et aux religieux qui l'habitent, par Crotbert, renouvellé par Bertus, évêque de Tours, ses prédécesseurs, et confirmé par la bulle du pape Adéodat. Ce privilége consiste en l'exemption de ses droits de juridiction, de gîte, de past et autre redevance qui pouvaient lui être dus comme évêque. Les religieux de Saint-Martin auront un évêque particulier ainsi que le droit d'élire librement leur abbé, selon les statuts de la règle de Saint-Benoit. Ibbon termine son acte de confirmation en suppliant ses successeurs de le respecter et de lui donner une nouvelle force en le confirmant eux-mêmes (s. d.) (1).

Lesueur, n° 2 et 130. — Le Michel (anal). *Arm de Bal.*, t. 283, in fine.

Mabillon, *De Re diplomatica*, p. 487. — *Ann. Benedict.*, t. II, p. 693. — *Rec. pour Saint-Martin*, p. 2, ad. ann. 720.

N° CXXXIV, f° 142 (*Panc. alia*, f° 107). juin 786.

Bulle du pape Adrien I*er*, confirmant, à la demande de l'abbé Ithier, les religieux de Saint-Martin dans les priviléges à eux accordés par la bulle du pape Adeodat et notamment dans le droit accordé au chapitre de choisir son propre évêque et de

---

(1) Dom Lesueur donne à cet acte la date de l'an 721.

le nommer. Il déclare également que cet évêque pourra être confirmé par l'un des évêques voisins, le dispensant de venir comme par le passé se faire consacrer à Rome, à cause de la longueur du chemin.

In mense junio, indictione ix, Carolo Romanorum patricio.

Lesueur, n° 6 et 131. — *Arm. de Bal.*, t. 47, f° 145. — Le Michel, *Saint-Germain lat.*, 1067 (anal). — Monsnyer, *Jura Sancti Martini Turon. propug.*, cap. II, p. 81. — *Ann. Eccles.* de Lecointe, t. VI, p. 295. — *Gallia Christ.*, t. XIV, inst. n° 6.

N° CXXXV, f° 143 (*Panc. alia*, f° 108.)   858-867.

Lettre du pape Nicolas Ier, qui notifie à tous les fidèles qu'il a appris par Hérard, archevêque de Tours, comment l'illustre monastère de Saint-Martin avait été précipité dans la plus grande désolation, par suite des invasions inattendues des flottes normandes, mais que le roi Charles, désireux de venir au secours d'une telle infortune et ne voulant pas laisser périr une congrégation si utile, avait par un diplôme spécial conféré aux religieux certains biens destinés à leur soulagement et que lui Nicolas déclarait prendre et mettre sous la protection spéciale du Saint-Siége les dits biens et tous autres que pourraient posséder les religieux; qu'en conséquence il veut que les doyens, les chanoines et les clercs possèdent paisiblement tous les biens qui leur ont été donnés par les actes royaux et qu'ils soient libres de toute charge ou redevance quelconque.

Actum est hoc Carolo rege Francorum.

Arm. de Bal., t. 76, f° 323. — *Mel. Colb.*, t. 46, f° 128. — Lesueur, n°s 42 et 121. — Le Michel, *Saint-Germ. lat.*, 1067 (anal.)

N° CXXXVI, f° 144.   7 novembre 860.

Hérard, archevêque de Tours, renouvelle en faveur du monastère de Saint-Martin, récemment ruiné par les Normands, les priviléges d'exemptions et d'immunités accordés au dit monastère par ses prédécesseurs les évêques Crotbert, Berton et Ibbon, priviléges confirmés par le pape Adéodat et autres souverains pontifes; et afin que cette rénovation ait plus d'effet et soit plus stable, Hérard fait solennellement approuver cet acte par les évêques des quatorze provinces des Gaules et de la Belgique réunis en concile à Tusey, diocèse de Toul.

Anno dominicæ incarnationis DCCCLX, indictione IX, VII idus novembris, in villam Tusciacum Tullensis parochiæ.

Arm. de Bal., t. 76, f° 275. — Dom Houss., n° 84 bis. — Lesueur, n° 38 et 40.

N° CXXXVII, f° 146 (*Panc. alia*, f° 141). Mai 908.

Le pape Sergius III, à la demande d'Erberne, archevêque de Tours, et de l'abbé Robert, confirme les priviléges et exemptions accordés au chapitre de Saint-Martin, si cruellement éprouvé par les ravages des Normands. Il renouvelle les bulles des papes Grégoire, Léon, Adéodat, Adrien et spécialement l'acte du pape Nicolas Ier.

Scriptum per manum Leonis archiclavis, in mense maio, indictione undecima, Sergius tertius papa, Karolo filio Ludovici filii Karoli calvi rege Francorum (1).

Arm. de Bal., t. 76, f° 324. — Lesueur, n° 79. — *Saint-Germ. lat.*, 1067, f° 111.

Gallia Christ., édit. 1, t. 1, p. 745-746 (diffère des copies manuscrites).

N° CXXXVIII, f°^s 146-147 (*Panc. alia*, f° 142). Janvier 938.

Le pape Léon VII écrit à Hugues, duc des Francs et abbé de Saint-Martin de Tours, pour se plaindre de la négligence que l'on avait en cette église pour la pratique de l'ancienne discipline, qui interdit aux femmes l'entrée de l'enceinte du

---

(1) Baluze attribue cette bulle à Sergius IV (1009-1012); c'est évidemment une erreur, puisque la date porte l'indication du règne de Charles-le-Simple,

monastère de Saint-Martin. Le pape semble fixer l'époque de cette décadence aux temps de cet abbé et aux fortifications qu'il avait fait élever autour de l'église pour la préserver des accidents et des invasions. Le pape gémit de cet abus, et enjoint à l'abbé Hugues de rétablir l'ancien usage de ne permettre aux femmes d'entrer dans l'enceinte que pour prier, et sous peine d'excommunication pour celui qui négligera cet avis, et pour la femme qui entrera.

Scriptum per manum Theodorii notarii et scrinarii sanctæ romanæ ecclesiæ in mense januario et indictione xi, Ludovico francorum rege.

Lesueur, n° 99 et 137. — *Mel. Colb.*, t. 46, f° 131. — Dupuy, vol. 828, f° 96, extr. de Besly. — Le Michel (anal).

D'Achery, *Spicileg*, t. ii, p. 375, ex *Panc. nigr.* — *Concil.* de la Lande, p. 323. — *Concil.* d'Hardouin, t. vi, p. 1. — *Concil.* de Labbe, t. ix, p. 594. — Dom Bouq., t. ix. p. 219. — *Rec. sur Saint-Martin*, p. 9.

N° CXXXIX, f° 148.   19 décembre 1129.

Bulle du pape Honorius II, par laquelle il déclare prendre sous sa protection spéciale les biens des chanoines de Saint-Martin et renouvelle en leur faveur les actes de ses prédécesseurs.

Datum Laterani xiv kal. januarii, indict. vii, pontificatus autem domini Honorii II papæ v.

Lesueur, n° 17. — *Saint-Germ. lat.*, 1067 (anal.)

Rec. sur Saint-Martin, p. 15.

N° CXL, f° 149 (*Panc. alia*, f° 113).   28 octobre 1131.

Bulle du pape Innocent II. — Il confirme au chapitre de Saint-Martin la possession de ses biens, notamment du bourg de Saint-Pierre-Puellier, l'église de Saint-Paul de Cormery, Notre-Dame de Beaumont et l'église de Saint-Cosme, et renouvelle les priviléges et exemptions à lui concédés par les bulles des papes Adéodat, Léon, Adrien, Sergius, Grégoire, Urbain, Pascal, Calixte et Honorius, confirmant les rescrits des évêques Crotbert, Ibbon et Hérard.

Datum Remis, v kal. nov. indict. x, 1131, pontificatus vero domini Innocenti II papæ anno II.

Lesueur, n° 18. — Le Michel, *Saint-Germ. lat.*, 1067 (anal.) — *Recueil sur Saint-Martin*, p. 16.

N° CXLI, f° 150-151 (*Panc. alia*, f° 113-114.) 28 octobre 938.

Louis IV d'Outre-Mer confirme, à la demande de l'abbé Hugues, le monastère de Saint-Martin, et le chapitre du dit lieu dans la possession de tous les biens énumérés au dit acte et renouvelle en leur faveur les priviléges et exemptions qui leur ont été confirmés par tous les rois ses prédécesseurs

Dat. v kal. novembris, anno jam tertio regnante Ludovico rege.

Arm. de Bal., t. 76, f° 65. — Lesueur, n° 101. — *Mel. Colb.*, t. 46, f° 133-134. — Archiv. imp., K. 186, n° 46. — *Saint-Germ. lat.*, 1067, f° 114 ext. — Monsnyer, *De Statu Sancti Martini Tur.*, p. 174.

N° CXLII, f° 152 (*Panc. alia*, f° 115). 978.

La comtesse Letgarde, femme du comte Thibault, l'évêque Hugues et le comte Eudes, ses fils, donnent à Saint-Martin, pour le repos des âmes du dit feu Thibault, de Richilde, sa mère, et de l'évêque Richard, frère de Thibault, qui en mourant avait désiré faire cette donation, la ville de Chalaustre avec son église, dédiée à saint Georges, et toutes ses dépendances, située dans le comté de Troyes. Cette donation est faite pour dédommager le chapitre de Saint-Martin de la propriété de Jouy-le-Chastel, que la dite Richilde avait jadis donnée à Saint-Martin, mais dont Richard, une fois sa mère morte, n'avait jamais voulu se désaisir (s. d.)

Besly (*Collect. Dupuy*, t. 841, f° 44, v°).

Collect. Duchesne, vol. 49, f° 115. — D. Houss., n° 251. — Lesueur, n° 58 et 144. — Le Michel (anal.)

Gall. Christ., 2ᵉ édit., t. II, col. 8.

N° CXLIII, f° 153 (*Panc. alia.*, f° 146).   Vers 944.

Le comte Thibault, père de Thibault, abandonne au chapitre de Saint-Martin, pour le repos de son âme et de celles de ses parents, les coutumes qu'il exigeait sur les terres de Vancé, de Joué, de Martigny et de Berthenay, excepté les droits de haute justice. Il donne au chapitre deux couronnes d'argent, afin qu'après sa mort, son corps soit apporté et enterré à Saint-Martin. Les chanoines en reconnaissance de cette donation promettent de dire pour le repos de son âme, aux jours qui ne seront occupés par aucun anniversaire, le psaume *Voce mea ad Dominum clamavi*, avec la collecte.

Collect. Duchesne, vol. 49, f° 115. — *Collect. Dupuy*, vol. 844, f° 14. — *Arm. de Baluze*, t. 76, f° 241. — D. Houss., n° 246 et 248. — Lesueur, n° 103. — *St-Germ. lat.*, 1067 (extrait).

Marten., *Thesaurus anecd.*, t. I, col. 89.

Mousnier, *Hist. de Saint-Martin*, p. 186.

N° CXLIV, f° 153.   1ᵉʳ juin 922.

Statuts du chapitre de Saint-Martin, touchant la récitation du symbole de saint Athanase. — A la demande d'Adam, chanoine de Saint-Martin, grangier et prévôt de Suèvre, les chanoines, réunis en chapitre, décident qu'ils réciteront tous les jours fériés ou non fériés, à l'heure de prime, le symbole de saint Athanase : *Quicumque vult salvus esse*, etc. ; qu'à la mort de l'un d'entre eux, on dira à son intention, pendant trente jours consécutifs, une messe spéciale sur le grand autel, à laquelle les chanoines seront tenus d'assister. Deux ou trois d'entre eux à tour de rôle jeûneront au pain et à l'eau pendant ce même laps de temps, afin de mériter au défunt le rachat de ses fautes. Le chapitre règle également la manière dont les prières seront dites devant le tombeau de saint Martin, chaque fois que l'on s'attendra à la mort d'un frère, etc.

Anno domini DCCCCXXII, kalendis videlicet junii.

Arm. de Bal., t. 76, f° 311. — Lesueur, n° 90. — D. Houss., n° 8699 ter, extr.

Marten., *Thes. anecd.*, t. I, col. 62.

N° CXLV, f° 154 (*Panc. alia*, f° 117): 871 ou 872.

Boson, comte, et Bernard, exécuteurs testamentaires de leur ami le comte Eudes, donnent à Saint-Martin et à l'abbé Hugues, pour le repos de l'âme du dit Eudes et de sa femme Guandilmode, la villa de Nogent en Othe dépendant de leur succession et située dans le pays et dans la viguerie d'Othe avec deux chapelles et toutes ses dépendances.

Anno XXXII regni Caroli regis (1).

Arm. de Bal., t. 76, f° 317. — *Mel. Colb.*, t. 46, f° 130. — Lesueur, n° 45. — *St-Germ. lat.*, 1067 (anal.)

N° CXLVI, f° 155 (*Panc. alia*, f° 117, *et ultimo*). 1021 ou 1022.

Odulger, doyen, Hervé, trésorier et les chanoines de Saint-Martin, transigent avec Isembert, évêque de Poitiers, au sujet des redevances dues pour les églises qu'ils possédaient dans son diocèse. Les chanoines donnent au dit Isembert et à ses successeurs, une des prébendes de leur chapitre et une maison dans le cloître de Saint-Martin, et l'évêque exempte de toute redevance ou charge quelconque envers lui et ses successeurs les églises situées dans le diocèse de Poitiers, appartenant à Saint-Martin, savoir, de Blalay, de Doussay, d'Antogné, de Mascon, de Ternay et de Courçay.

Arm. de Bal., t. 76, f° 310. — D. Houss., n° 4444. — Dupuy,

---

(1) La 32e année du règne de Charles-le-Chauve correspond à l'espace de temps compris entre le 20 juin 871 et le 20 juin 872.

vol. 828, f° 84, copie de Besly. — Lesueur, n° 120. — Le Michel, anal. — *Mél. Colb.*, t. 46, f° 135.

N° CXLVII, f° 136.   3 février 1096.

Robert, comte de Flandre, étant à Arras, fait droit aux réclamations des religieux de Saint-Martin et renonce aux prétentions qu'il élevait touchant dix livres de cens annuel qu'il voulait exiger des religieux touchant leur terre appelée *Barale*, située dans le pays d'Arras (1).

Actum est Atrebati, in claustro beati Vedasti, iii nonas februarii, M xcvi anno, indictione iv, regnante Philippo rege Francorum.

Arm. de Bal., t. 76, f° 312 et t. 77, f° 264.

N° CXLVIII.   1211.

Accord par lequel Jean de Faye, archevêque de Tours, renonce aux droits de paroisse qu'il prétendait exiger sur les églises de Saint-Pierre-du-Chardonnet, de Saint-Cosme et de Saint-Venant, depuis longtemps la propriété du chapitre, ce que contestait le dit archevêque, qui voulait soumettre ces églises à la loi diocésaine; le dit accord appelé *Lex diocesana*.

Actum anno domini mccxi, mense novembri (2).

D. Houss., n° 2302 et 2311.

Lesueur, f° 193 v°, analyse.

Gaign., t. 639, p. 227.

(1) Cet acte était le dernier de la *Pancarta alia*, il se trouvait immédiatement avant la petite chronique abrégée de Saint-Martin.

(2) Cette charte avait été copiée sur le dernier feuillet de la *Pancarte*, longtemps après la rédaction de celle-ci.

Voyez l'*errata* à la fin du volume.

INDEX CHRONOLOGIQUE

DES

CHARTES ET DIPLOMES

DE SAINT-MARTIN

ANTÉRIEURS A L'ANNÉE 1131.

Nota. Les numéros en chiffres romains placés à la suite des analyses renvoyent aux actes de la *Pancarte noire*.

N° 1. — Vers 540. — Testament ou donation faite au monastère de St-Martin de certains biens, par Francilion, XIV° évêque de Tours et par sa femme Clara. *Chron. Petri Bechini.*

Acte qui ne nous est connu que par ce qu'en disent Grégoire de Tours et Pierre Bechin.

2. — Vers 569. — Testament de la reine Ingoberte, qui lègue la plus grande partie de ses biens à la basilique de Saint-Martin et aux églises de Tours et du Mans. Par le même testament, elle affranchit un grand nombre de serfs et leur donne des chartes d'ingénuité.

Ce testament, qui ne nous est point parvenu, a été connu de Grégoire de Tours (*Hist. eccl.*, lib. IX, c. 26), et est cité par la chronique de Pierre, fils de Bechin.

3 — De 562 à 566. — Caribert, roi de Paris, fils de Clotaire, exempte l'église de Saint-Martin et les manants habitant autour d'elle, de tous impôt, taxe ou redevance envers le fisc royal. —

Ce diplôme, qui ne nous est point parvenu, a été connu de Grégoire de Tours, *Hist. eccl.*, lib. II, c. 30).

4. — De 556 à 575. — Diplôme de Sigebert rendant à l'abbaye de Saint-Martin, sur les instances de l'évêque Euphrone, le domaine de Nazelles, dont Caribert, son prédécesseur s'était indûment emparé pour y élever des chevaux (*mention, Chron. de Pierre, fils de Bechin*).

5. — 31 octobre 572 ou 591. — Testament de Saint-Yrier, prêtre, qui donne la moitié de ses biens à Saint-Martin et soumet le monastère d'Athane, qu'il avait fondé, à la juridiction des religieux de Saint-Martin (1).

Sub die pridie kal. novemb., anno XI (XVII, *Gallia Christiana*), regni domini nostri Sigeberti regis.

Gallia Christ., édit. 1, t. IV, p. 99. — Mabillon, *Analecta vetera*, p. 208. — Ruinart, *App. Vitæ S. Aredii, inter opera Gregorii Turon.*, p. 1308. — *Diplomata, cartæ*, t. I, p. 136-141. — Labbe, mélang. curieux, t. II, p. 404.

6. — Avant 615. — Vente faite par Aigiric, alors abbé de Saint-Martin et depuis évêque de Tours, d'un domaine que l'abbaye de Saint-Martin possédait dans le Bordelais, aux environs de Blaye, à Bertchramne, évêque du Mans.

Cet acte de vente, qui ne nous est point parvenu, est mentionné dans le testament de Saint-Bertramne. — Mabillon, *Analecta vetera*, p. 259.

7. — 628 à 638. — Dagobert confirme toutes les exemptions accordées au monastère de Saint-Martin et à la ville de Tours par ses prédécesseurs.

Ce diplôme ne nous est connu que par la mention qui en est faite dans la lettre d'Ibbon.

---

(1) Voyez dans Pardessus, *loco citato*, l'excellente note où sont discutées les différences de date de ce document. La conclusion est que saint Yrier fit deux testaments, le premier en 572 et le second en 591, ainsi s'expliquent les nombreuses variantes que présentent les textes.

C'est ici qu'il faudrait placer la fausse donation de Pélagie mère de St-Yrier, insérée comme authentique par les frères Sainte-Marthe, dans la première édition du *Gallia Christiana* t. IV p. 99.

8. — 628 à 638. — Dagobert abandonne aux religieux de Saint-Martin tout le cens que les habitants de la ville de Tours payaient au fisc royal.

Diplôme perdu, mentionné dans la *Vie de saint Éloi.* — Duch., *Hist. de Fr.*, t° v, p. 184; voyez aussi le t. i, p. 830.

9. — 653 à 674. — Privilége de l'évêque Crotbert, qui, le premier exempte le monastère de Saint-Martin de toute juridiction épiscopale et de toute redevance envers l'évêque.

Ce premier privilége d'exemption nous est connu par la bulle du pape Adéodat et par la rénovation d'Ibbon. Il est probable qu'il a été détruit de fort bonne heure, car il ne fut point transcrit dans la *Pancarte noire.*

10. — 674. — Bulle ou privilége du pape Adeodat, confirmant l'exemption accordée au monastère de Saint-Martin par l'évêque Crotbert. — N° CXXXII.

11. — 696. — Bertus, évêque de Tours, renouvelle le privilége d'exemption accordé au monastère de Saint-Martin par l'évêque Crotbert, son prédécesseur, privilége confirmé par le pape Adeodat et consistant en l'exemption de tous les droits de juridiction, de gîte, de past et de toute redevance pécuniaire due à l'évêque, à l'archidiacre ou aux juges ecclésiastiques. Il accorde également aux religieux de Saint-Martin la faculté d'élire un d'entre eux, à la place de leur abbé, lorsque celui-ci viendra à décéder, en se conformant toutefois à la règle de Saint-Benoît.

Ce privilége ne nous est pas parvenu. Il existait encore néanmoins au xvi° siècle, car voici ce que dom Lesueur dit, d'après le répertoire de Courtin : « Bertus confirmat libertatem quæ donaverat congregationi B. Martini Crotbertus, archiepiscopus confirmatam per Adeodatum papam, et remittit præfatæ congregationi, ecclesiæ, census, servitutis opera, mansiones, pastus, freda, fisco, episcopo, judicibus, missis et archidiacono et consuetudines omnes seculares amputat seu reserat, etc., ut in privilegio Ibbonis, archiepiscopi. — Dom

Lesueur, f° 197, v°. Ce Bertus est mentionné dans la vie de saint Léger évêque d'Autun, chap. XVIII de la translation, « Cum in territorio Turonicæ civitatis pervenissent in viculo vocabulo Solnaco, erat mulier a dæmonio vexata quæ... his ita gestis perventum est ad Turonis urbem, quod audiens pontifex hujus civitatis qui tunc aderat vir Bertus processit obviam cum choris psallentium. »

12. — An 720. — Ibbon, archevêque de Tours, renouvelle le privilége d'exemption accordé aux religieux de Saint-Martin par Crotbert. — N° CXXXVII.

13. — De 730 à 742. — Gunthramno ou Guntran, évêque de Tours, renouvelle le privilége d'exemption de Saint-Martin.

Ce privilége n'est pas perdu. Il en existait encore au XVIII° siècle une très-vieille copie sur parchemin, que Baluze conféra avec le privilége d'Ibbon. — Il copia tous les mots et les phrases qui ne se trouvaient point dans le privilége d'Ibbon, plus les signatures et mit au bas : « Ex vetustissima membrana, in qua descriptum est hoc privilegium, quod simile est omnino privilegio Ibbonis, exceptis locis hic descriptis.

Arm. de Bal., t. 76, f° 171.

14. — Avant 733. — Donation par testament à Saint-Martin du domaine de Blalai. — Ce testament est mentionné en 860, dans l'acte de Tusey, comme ayant péri en 853, lors de l'incendie des Normands.

Blalai étant une des *villæ* affectées par l'abbé Autlandus à la manse des religieux, l'acte qui en fit donation au monastère doit être antérieur à l'année 733.

15. — Avant 733. — Donation par testament à Saint-Martin du domaine de Brigueil, aujourd'hui Saint-Épain. — Cet acte est mentionné avec le précédent et a subi les mêmes vicissitudes.

16. — 28 juin 733. — Vente par Gundoson à Widoland ou Autlandus, abbé de Saint-Martin, de ce qu'il possédait en Allemagne, dans le pays de Brisgaw. — N° CXXI.

17. — 16 juillet 774. — Donation faite par Charlemagne et sa femme Hildegarde à l'abbé Gulfard et au monastère de Saint-Martin, de l'île et de la ville de Sermione, située dans le lac de Garde, avec plusieurs autres biens situés en Italie. — Nos XXVIIII et XCIX.

18. — 10 mai 775. — Charlemagne, à la demande de l'abbé Ithier, confirme le règlement par lequel l'abbé Autlandus, prédécesseur de Gulfard, avait institué la manse des chanoines. — Nos XVIII et LXXIX.

19. — Avril 782. — Charlemagne confirme les chanoines de Saint-Martin dans les priviléges d'exemption et d'immunités accordés par le roi Pepin, son père, et par les rois ses prédécesseurs. — N° LXXXIX.

20. — 22 juin 785. — Testament du chanoine Gulfard, qui donne au chapitre de Saint-Martin tous les biens qu'il possède en Touraine. — N° XXXVII.

21. — Juin 786. — Bulle du pape Adrien Ier, confirmative de la bulle du pape Adéodat, accordée à la demande de l'abbé Ithier. — N° CXXXIV.

22. — 17 août 790. — Donation faite aux religieux de Saint-Martin, par Gauzohelmus et sa femme Harisinde, de plusieurs biens situés dans le pays de Melun et dans celui d'Étampes. — N° LXXXVII.

23. — 31 août 790. — Charlemagne ratifie la donation faite à Saint-Martin par Fulridus, d'un bien situé dans le Brisgaw. — N° LXXXVIII.

24. — 7 février 791. — Ithier, abbé de Saint-Martin, fonde l'abbaye de Cormery.

Data vii idus Februarii, indict. xiv, anno xxiii regni domini nostri Caroli gloriosissimi regis.

Actum Turonis in monasterio Sancti Martini.

Arm. de Bal., t. 47, p. 188. — Gaign., vol. 639, p. 1, et vol. 678, p. 229. — Yves Gaigneron, p. 12-18. — *Saint-Germain lat.*, n° 1066, f° 15, anal. — Monsnier, *Hist. de Saint-Martin*, p. 110. — Mabillon, *Ann. Benedict.*, t. II, p. 714. — Maan, *Ecclesia Turonensis*, p. 237. — Lecointe, *Annal. Eccles.*, t. II, p. 469. — Haureau, *Gallia Christ.*, t. XIV, instr., p. 3-5. — *Cartul. de Cormery*, édit. Bourassé, *Carta* I.

25. — 3 juin 800 (1). — Diplôme de Charlemagne, qui, à la prière d'Alcuin, abbé de Saint-Martin, transforme la celle de Saint-Paul de Cormery en abbaye et y autorise l'établissement d'une congrégation religieuse.

Dat. III nonas junii anno XXXII et XXVII regni nostri.

Actum Turonis in civitate, in monasterio sancti Martini, ubi ipse corpore requiescit.

Dom Housseau, n° 19. — *Arm. de Bal.*, t. 47, f° 192. — Gaign., vol. 678, f° 229. *Saint-Germain, lat.*, n° 1066, f° 15, anal. — Maan, *Eccles. Turon.*, p. 237, ad. ann. 776. — Lecointe, *Ann. Eccles.*, t. VI, p. 714. — Monsnier, *Hist. Ecclés. de Saint-Martin*, p. 109. — Dom Bouquet, t. V, p. 765. — Dom Badier, *Hist. de Marm.*, ad ann. 790. — *Cartul. de Cormery*, édit. Bourassé, *Carta* 2.

(1) Il existait dans les archives de St-Martin un faux testament de Charlemagne imprimé sans aucune réflexion par les Sainte Marthe dans la première édition du *Gallia christiana*, t. IV, p. 100, par Raoul Monsnyer, p. 59 et au tome II des *Mélanges curieux* du père Labbe, page 53; une copie provenant vraisemblablement de Du Bouchet passa dans les mains de Baluze qui la collationna sur l'original. (Arm. de Bal., t. 76, f. 223). Cet original avait été vu en 1698 par Mabillon et au jugement de ce savant, pouvait avoir à cette époque environ six cents ans d'existence, ce qui porterait à la fin du XI° siècle l'époque de la fabrication de cette fausse pièce, différentes circonstances viennent donner un grand poids à cette opinion, d'abord le style de la pièce et la mention de l'archevêque Turpin et de Guillaume au court nez comme signataires de la pièce dénotent bien le XI° siècle, en second lieu Charlemagne par ce testament daté soit disant de l'an 794, confirme toutes les possessions du monastère d'Athane ou St-Yriex de la Perche et le soumet entièrement à le juridiction du chapitre de St-Martin, or précisément en 1090, il y eut de vifs débats entre les religieux de St-Yriex et ceux de St-Martin pour ce droit de juridiction.

26. — Vers 803. — Lettre de Charlemagne à Alcuin et aux chanoines de Saint-Martin, leur enjoignant de rendre à Théodulphe, évêque d'Orléans, un de ses clercs, qui, après une juste condamnation de son évêque, s'était réfugié dans l'église de Saint-Martin (s. d.)

Baluze, *capitulaires*, t. I, col. 413.
Annal. eccles. de Lecointe, t. VII, p. 525.
Dom Bouquet, t. V, p. 628.

27. — Vers 804. — Alcuin, abbé de Saint-Martin, donne à l'abbaye de Cormery, le lieu appelé Ponts-sur-Seine, et y fonde un prieuré, en y joignant certains biens dépendant de Saint-Martin, ou qu'il tenait de la libéralité de Charlemagne et d'un particulier nommé Léotard (s. d.).

Dom Housseau, n° 20. — *Arm. de Bal.*, t. 47, p. 148. — Mabillon, *Acta. SS Benedict.*, S. IV, part. I, p. 177. — *Ann. Benedict.*, lib. XXVII, n° 3. — *Patrologie latine*, édit. Migne, t. C, col. 71, et t. CI, col. 1432. — *Cartul. de Cormery*, édit. Bourassé, n° 4.

28. — 9 avril 806. — Bulle du pape Léon III, qui, à la prière de Gulfard II, abbé de Saint-Martin, confirme les priviléges d'exemptions accordés aux religieux de Saint-Martin, tant par ses prédécesseurs Adéodat et Grégoire que par les évêques des différentes provinces où sont situées les possessions du monastère. — N° I.

29. — Année 813. — Donation faite au monastère de Saint-Martin et à l'abbé Fridegise, par le comte Helingaud, pour le repos des âmes de ses ancêtres de la villa d'Allemant, située dans le pays de Meaux, dans la vigueric de Queudes et de Broussi, et de la villa de Saudoy avec toutes ses dépendances. — N° LIV.

30. — 30 août 816. — Louis-le-Débonnaire confirme les religieux de Saint-Martin et de Cormery dans la possession de tous leurs biens et dans les priviléges d'exemptions et d'immunités qui leur ont été accordés. — N° XXVII.

31. — 30 août 816. — Louis-le-Débonnaire, à la demande de l'abbé Fridegise, confirme les religieux de Saint-Martin dans la possession de leurs biens et dans les privilèges d'exemptions et d'immunités à eux accordés par les rois ses prédécesseurs et par Charlemagne son père. — N° IV.

32. — 30 août 816. — Louis-le-Débonnaire accorde aux religieux de Saint-Martin le libre parcours sur les rivières de ses états pour douze navires. — N° XIX.

33. — 30 août 816. — Louis-le-Débonnaire exempte les religieux de Saint-Martin de tout droit de péage ou de tonlieu pour les chars et les bêtes de somme du monastère. — N° LXV.

34. — Vers 816 ou 817. — Louis-le-Débonnaire mande à tous les comtes et officiers départis dans ses états de faire observer les privilèges d'immunités que lui et Charlemagne ont accordés aux religieux de Saint-Martin. — N° CXIII.

35. — 1er juillet 817. — Louis-le-Débonnaire renouvelle la confirmation qu'il avait accordée l'année précédente aux religieux de Saint-Martin de leurs possessions et de leurs privilèges d'exemptions et d'immunités. — N° XVI.

36. — 1er juin 818. — Testament des frères Adjuteur et Haganon, chanoines de Saint-Martin, en faveur de leur monastère. — N° XXXVI.

37. — 7 mars 820. — Louis-le-Débonnaire règle la constitution de l'abbaye de Cormery, et fixe à cinquante le nombre des religieux qui doivent y vivre. — N° XXXIV.

38. — 10 mars 828. — Pepin, roi d'Aquitaine, fait rentrer les religieux de Saint-Martin en possession de la *villa* de Marsat en Auvergne. — N° XV.

39. — 10 mars 831. — Louis-le-Débonnaire, à la prière de Fridegise, abbé de Saint-Martin, confirme les donations faites

par ses prédécesseurs à l'abbaye de Cormery, ainsi que le règlement donné par lui à la dite abbaye. Il confirme spécialement la donation faite par Fridegise de la *villa* de Bournan.

Data vi (v, Duchesne) idus martii, anno, Christo propitio, xviii imperii domini Ludovici piissimi augusti, indictione viii.

Actum Aquis grani Palatio regio.

Arm. de Bal., t. 17, f° 150 (copie). — D. Houss, n° 22 et 30. — *Cart. de Corm.* n° 9. — Gaig., vol. 678, p. 229, *anal.* — *Ann. Bened.*, t. 2, p. 515. — D. Bouq., t. 6, p. 572. — *Gallia Christ.*, t. 14, instr., p. 17-18.

40. — 4 novembre 831. — Louis-le-Débonnaire confirme les religieux de Saint-Martin dans l'exemption du droit de juridiction de l'archevêque de Tours, et leur concède le droit de choisir eux-mêmes leur abbé. — N° LXI.

41. — 14 novembre 832. — Louis-le-Débonnaire fait rentrer les religieux de Saint-Martin en possession de certains biens qui avaient été injustement aliénés ou donnés en bénéfice, et règle l'emploi des offrandes faites au tombeau de Saint-Martin. — N° XX (1).

42. — Août 841. — Amalric, maître-école de Saint-Martin, donne ses biens à St-Martin et à l'abbé Adalard, sous la condition que ces biens seront affectés à perpétuité à l'entretien

(1) Cinq jours après, le 19 novembre, Louis le Débonnaire était au lieu nommé *Caduppa villa* et donna en faveur de Marmoutier, un diplôme confirmatif de certaines possessions situées dans le Blésois et le Dunois. Hist. mss. de Marm. par dom Martenne. Part. ii, t. i, p. 22. — Le diplôme de 832 est le dernier donné par Louis le Débonnaire en faveur de St-Martin. Ce prince en délivra cependant un à l'abbaye de Cormery, le 16 juin 837 et le 1er octobre 838. Pepin son fils, roi d'Aquitaine, en accorda un au même monastère. Cartul. de Cormery, édit. Bourassé, n°s 11 et 12).

des maîtres-écoles pour qu'ils puissent exercer gratuitement leurs fonctions. — N°s XXXV et CXVII (1).

43. — 5 janvier 845. — Charles-le-Chauve confirme et renouvelle le diplôme par lequel Louis-le-Débonnaire, renouvelant celui de Charlemagne, règle l'emploi des revenus du monastère, et établit la manse des chanoines. — N° XLVI.

44. — 5 janvier 845. — Charles-le-Chauve confirme l'institution de la gratuité des écoles créée par le chanoine Amalric et l'abbé Adalard. — N° XLVII.

45. — 5 janvier 845. — Charles-le-Chauve confirme aux chanoines de Saint-Martin la possession de la ville de Courçay, leur accorde le droit de léguer leur maison comme ils l'entendront, et les exempte du droit de gîte. — N° XLI.

46. — 27 décembre 845. — Charles-le-Chauve confirme les chanoines de Saint-Martin dans leurs priviléges d'exemptions et d'immunités. — N° XXI.

47. — 27 décembre 845. — Charles-le-Chauve renouvelle son diplôme du 5 janvier précédent (N° XLVI), par lequel il

---

(1) Nous ne possédons aucun diplôme de Charles-le-Chauve en faveur de St-Martin de l'année 843, il était cependant à Tours le 23 février de cette année et il donna dans le monastère de St-Martin un diplôme par lequel il confirme aux religieux de Cormeri et à l'abbé Audacher la possession de Veigné et de Theneuil domaines à eux donnés par Adalard, abbé de St-Martin. Cart. de Corm. Édit. Bourassé, n. 14, Il y était encore le 27 et le 29 décembre de la même année, à la première de ces dates il donna dans le monastère de St-Martin un diplôme en faveur des religieux de Ferrières, dom Bouq., t. VIII, p. 448, et à la seconde un diplôme confirmatif des immunités de l'abbaye de Marmoutier, dom Bouq., t. VIII, p. 439.

En 844, Charles-le-Chauve vint encore passer les fêtes de Noël au monastère de St-Martin, Il y donna le 30 décembre un diplôme accordant aux religieux de Cormeri différents droits de marché dans la ville de Cormeri. Cart. de Cormeri. Édit. Bourassé, n. 16.

confirmait l'attribution des biens faite à la manse des chanoines. — N° LXVI (1).

48. — juin 845 ou 846. — Donation faite aux chanoines de Saint-Martin par Ursmar, archevêque de Tours, de tous ses biens, à la condition d'en jouir sa vie durant. — N° XXXVIII.

49. — Mai 846. — Donation faite par le comte Eudes et par sa femme Guandilmode, des biens qu'ils possédaient dans le Dunois et dans le Blésois. — N° CI (2).

50. — 13 mars 849. — Donation faite par Charles-le-Chauve au monastère de Saint-Martin et à l'église de Notre-Dame, construite près du dit monastère, de certains biens situés dans le pays de Senlis. — N° XXXIII.

51. — 1er mai 849. — Charles-le-Chauve confirme les chanoines de Saint-Martin dans la possession de la villa d'Antogné, et fixe à deux cents le nombre des chanoines. — N° XIII.

52. — 21 juin 849. — Charles-le-Chauve, à la demande du comte Vivien, confirme la donation en précaire faite à Adalmannus, d'un bien que le père du dit Adalmannus avait jadis obtenu du chapitre en précaire. — N° C.

53. — 11 octobre 849. — Charles-le-Chauve donne au comte Eudes, son fidèle, la ville de Nogent-en-Othe avec ses dépendances. — N° L.

54. — 6 novembre 851. — Charles-le-Chauve concède en bénéfice à Wichard, chanoine de Saint-Martin, la celle de

---

(1) Le même jour 27 décembre 845, où Charles-le-Chauve étant dans le monastère de St-Martin donna ces deux diplômes, il en accorda un autre par lequel il soumit le prieuré de Cunaux-sur-Loire aux religieux de St-Philibert, dom Bouq., t. VIII, p. 483.

(2) Charles-le-Chauve était à St-Martin le 23 février 848, il y donna ce même jour un diplôme en faveur de l'archevêque de Sens. dom Bouq., t. VIII, p. 487.

Sainte-Colombe, pour en jouir sa vie durant. — N° LXXX (1).

55. — 22 août 854. — Charles-le-Chauve, ayant égard à ce que les Normands avaient brûlé et détruit le monastère de Saint-Martin, confirme de nouveau les priviléges et immunités des chanoines et déclare renouveler expressément, par la présente pancarte, les chartes et diplômes qui avaient péri. — N° LVII.

56. — Juin 857. — Norbert, recteur de Saint-Epain, plaide contre Authert, Amalgaire et sa sœur Agintrude, pour certains biens situés à Maubaisset, qu'ils détenaient injustement. — N° CX.

57. — 17 novembre 857. — Charles-le-Chauve renouvelle son diplôme du 22 août 854, confirmant les chanoines de Saint-Martin dans leurs possessions et priviléges d'exemptions. — N° VIII.

58. — 858-867. — Lettre du pape Nicolas I, confirmant les donations et exemptions du monastère de Saint-Martin, déclarant prendre les chanoines sous sa protection spéciale, et invitant les fidèles à les secourir dans les malheurs que leur ont fait subir les Normands. — N° CXXXV.

59. — 7 novembre 860. — Les évêques composant le concile de Tusey, diocèse de Toul, à la demande de l'abbé Hilduin, qui représente le testament original de Saint-Yrier, confirme les possessions du monastère, principalement celles situées dans le Poitou. — N° LXXXIII.

(1) Charles-le-Chauve était à Tours le 15 février 851, ce même jour étant au monastère de St-Martin il confirma par un diplôme la donation de certains biens faite au monastère de Cormeri, par le comte Vivien, abbé de St-Martin, dom Bouquet, t. VIII, p. 507.
C'est vraisemblablement à la fin de cette même année 851, année où mourut le comte Vivien qu'il faut placer la lettre de Loup abbé de Ferrières, à Hilduin abbé de St-Martin, par laquelle il lui recommande son parent Audacher, abbé de Cormeri. — *Opera Lupi Ferrariensis*, p. 145. — Duchesne, *Hist.*, t. II, 775. — Dom. Bouq., VII. 509.

60. — 7 novembre 860. — Les évêques réunis en concile à Tusey, diocèse de Toul, confirment la rénovation faite par Hérard, archevêque de Tours, des priviléges d'exemptions et d'immunités accordés au monastère de Saint-Martin par ses prédécesseurs Crotbert, Berton, Ibbon, etc. — N° CXXXVI.

61. — 23 avril 862. — Charles-le-Chauve fait restituer à la manse des chanoines les biens qui en avaient été distraits, énumère ces biens, et confirme les dispositions de ses prédécesseurs instituant la manse. — N° XIV.

62. — 26 avril 862. — Charles-le-Chauve confirme les chanoines de Saint-Martin dans leurs priviléges d'exemptions et d'immunités. — N° XLIII.

63. — 10 mai 862. — Charles le-Chauve donne aux chanoines de Saint-Martin le manse qui avait appartenu à Bernard-le-Voleur, situé en Touraine, dans la viguerie de Sonzay. — N° LXXIII.

64. — 20 août 862. — Privilége des évêques réunis en concile à Pistres, confirmant, à l'instance de l'archevêque Hérard, les chanoines de Saint-Martin dans la possession de la *villa* de Leré, à eux donnée par le roi Charles-le-Chauve, pour leur servir de refuge en cas d'invasion des Normands. — N° LXXXXI.

65. — Mai 865. — Echange de terres situées dans le Blésois entre le comte Robert et Actard, évêque de Nantes. — N° LX.

66. — 27 décembre 867. — Charles-le-Chauve, à la prière de l'abbé Hugues, donne au monastère de Saint-Martin la celle de Chablis, située dans le pays de Tonnerre. — N° LII.

67. — 30 janvier 869. — Charles-le-Chauve prend sous sa protection spéciale les *villæ* de Leré en Berry et de Marsat en Auvergne, qui avaient souvent servi aux religieux de lieux de refuge, lors des invasions des Normands. — — N° XLIX.

68. — 871 ou 872 (1). — Le comte Boson et Bernard, exécuteurs testamentaires du comte Eudes, donnent à Saint-Martin la *villa* de Nogent en Othe, avec deux chapelles et toutes leurs dépendances. — N° CXLV.

69. — 12 juillet 877. — Charles-le-Chauve confirme l'échange de certaines terres, fait entre Hugues, abbé de Saint-Martin et de Chablis, et Arnoult, abbé de Saint-Martin d'Autun, et l'échange fait entre le dit Hugues et les religieux de Saint-Germain d'Auxerre. — N° CXIV.

70. — 12 juillet 877. — Charles-le-Chauve confirme l'échange de certaines terres, fait entre l'abbé et les religieux de Saint-Martin et de Chablis et l'abbesse et les religieuses de Saint-Julien d'Auxerre. — N° XII.

71. — 1er août 877. — Charles-le-Chauve donne aux chanoines de Saint-Martin la *villa* de Melecey, en Chalonnais, avec la faculté d'y élever un monastère. — N° XLVIII.

72. — Avril 878. — Échange entre Hugues, abbé de Saint-Martin, et le vicomte Atton, de certains biens situés dans les vigueries de Doulus et d'Abilly. — N° CII.

73. — 29 mai 878 (2). — Réclamations d'Adalmarus, avoué de Saint-Martin, devant les *missi dominici*, contre le chapitre de Saint-Maurice, au sujet de la *villa Cassellœ*, située en face de Montlouis. — N° CXVIII.

74. — 20 juin 878. — Louis-le-Bègue fonde son anniver-

---

(1) Entre l'année 871 et l'année 877, les archives de St-Martin ne renfermaient aucun diplôme, les invasions normandes et les pérégrinations du chapitre sont les causes de cette lacune regrettable.

(2) A la date de ce plaid, le 29 mai 878, Louis-le-Bègue était à Tours, deux jours après, le 31 mai, il y donnait un diplôme par lequel il restaurait la Celle de St-Flavien, au diocèse de Langres, dom Bouquet., t. IX, 402

Du reste Louis-le-Bègue resta à Tours, pendant les mois de juin et de juillet, puisqu'il y était encore le 20 juin, que le 4 juillet il y donna un diplôme, par lequel il prenait sous sa protection les monastères de Ste-Croix et de Ste-Radégonde, (dom. Bouq., IX, 401), et un autre le 24 juillet 878.

saire et ceux de son père et de sa mère, en donnant à l'église de Saint-Martin la ville de Merlaut, située dans le pays de Changy. — N°s LI, LIX et LXXII.

75. — 24 juillet 878. — Louis-le-Bègue déclare exempt de toute juridiction, autre que celle du chapitre, le bourg que les chanoines reconstruisent autour de l'église de Saint-Martin. — N° LIII.

76. — 5 septembre 878. — Louis-le-Bègue, à la prière de l'abbé Hugues, confirme les chanoines de Saint-Martin dans la possession de Chablis, de Melecey, de Merlaut et de Nogent en Othe, et renouvelle leurs priviléges d'exemptions et d'immunités. — N°s XI, XLIV et LXXV.

77. — Décembre 878. — Biens donnés en précaire à Garibalde et à sa femme Ragantrude. — N°s XXV et LXX.

78. — Janvier 879. — Guichard, doyen de Saint-Martin, plaide au tribunal du comte et réclame contre Guillaume, auquel l'abbé Hugues avait donné en bénéfice la terre de Martigny, disant que cette terre était de la dotation des écoles de Saint-Martin. — N° CXVIIII.

79. — 882 ou 883. — Carloman, à la demande de l'abbé Hugues, confirme les chanoines de Saint-Martin dans la possession de leurs biens et dans leurs priviléges d'exemptions et d'immunités. — N° LXXI.

80. — 13 février, 883. — Bulle du pape Marin, qui concède au chapitre de Saint Martin le droit d'user du rite romain.

Datum apud urbem veterem, idibus februarii, pontificatus nostri anno 1°;

Pap. Masson., *De Episc. Roman.*, f° 255, v°.

81. — 4 mars 883. — Bulle du pape Marin, qui concède au chapitre de Saint-Martin le droit d'excommunier sans appel tous ceux qui envahiraient ou usurperaient les biens de Saint-Martin.

Pagination incorrecte — date incorrecte
NF Z 43-120-12

68. — 871 ou 872 (1). — Le comte Boson et Bernard, exécuteurs testamentaires du comte Eudes, donnent à Saint-Martin la *villa* de Nogent en Othe, avec deux chapelles et toutes leurs dépendances. — N° CXLV.

69. — 12 juillet 877. — Charles-le-Chauve confirme l'échange de certaines terres, fait entre Hugues, abbé de Saint-Martin et de Chablis, et Arnoult, abbé de Saint-Martin d'Autun, et l'échange fait entre le dit Hugues et les religieux de Saint-Germain d'Auxerre. — N° CXIV.

70. — 12 juillet 877. — Charles-le-Chauve confirme l'échange de certaines terres, fait entre l'abbé et les religieux de Saint-Martin et de Chablis et l'abbesse et les religieuses de Saint-Julien d'Auxerre. — N° XII.

71. — 1er août 877. — Charles-le-Chauve donne aux chanoines de Saint-Martin la *villa* de Melecey, en Chalonnais, avec la faculté d'y élever un monastère. — N° XLVIII.

72. — Avril 878. — Échange entre Hugues, abbé de Saint-Martin, et le vicomte Atton, de certains biens situés dans les vigueries de Doulus et d'Abilly. — N° CII.

73. — 29 mai 878 (2). — Réclamations d'Adalmarus, avoué de Saint-Martin, devant les *missi dominici*, contre le chapitre de Saint-Maurice, au sujet de la *villa Cassellœ*, située en face de Montlouis. — N° CXVIII.

74. — 20 juin 878. — Louis-le-Bègue fonde son anniver-

---

(1) Entre l'année 871 et l'année 877, les archives de St-Martin ne renfermaient aucun diplôme, les invasions normandes et les pérégrinations du chapitre sont les causes de cette lacune regrettable.

(2) A la date de ce plaid, le 29 mai 878, Louis-le-Bègue était à Tours, deux jours après, le 31 mai, il y donnait un diplôme par lequel il restaurait la Celle de St-Flavien, au diocèse de Langres, dom Bouquet., t. IX, 402

Du reste Louis-le-Bègue resta à Tours, pendant les mois de juin et de juillet, puisqu'il y était encore le 20 juin, que le 4 juillet il y donna un diplôme, par lequel il prenait sous sa protection les monastères de Ste-Croix et de Ste-Radégonde, (dom. Bouq., IX, 101), et un autre le 24 juillet 878.

saire et ceux de son père et de sa mère, en donnant à l'église de Saint-Martin la ville de Merlaut, située dans le pays de Changy. — N⁰ˢ LI, LIX et LXXII.

75. — 24 juillet 878. — Louis-le-Bègue déclare exempt de toute juridiction, autre que celle du chapitre, le bourg que les chanoines reconstruisent autour de l'église de Saint-Martin. — N⁰ LIII.

76. — 5 septembre 878. — Louis-le-Bègue, à la prière de l'abbé Hugues, confirme les chanoines de Saint-Martin dans la possession de Chablis, de Melecey, de Merlaut et de Nogent en Othe, et renouvelle leurs priviléges d'exemptions et d'immunités. — N⁰ˢ XI, XLIV et LXXV.

77. — Décembre 878. — Biens donnés en précaire à Garibalde et à sa femme Ragantrude. — N⁰ˢ XXV et LXX.

78. — Janvier 879. — Guichard, doyen de Saint-Martin, plaide au tribunal du comte et réclame contre Guillaume, auquel l'abbé Hugues avait donné en bénéfice la terre de Martigny, disant que cette terre était de la dotation des écoles de Saint-Martin. — N⁰ CXVIIII.

79. — 882 ou 883. — Carloman, à la demande de l'abbé Hugues, confirme les chanoines de Saint-Martin dans la possession de leurs biens et dans leurs priviléges d'exemptions et d'immunités. — N⁰ LXXI.

80. — 13 février. 883. — Bulle du pape Marin, qui concède au chapitre de Saint Martin le droit d'user du rite romain.

Datum apud urbem veterem, idibus februarii, pontificatus nostri anno 1⁰;

Pap. Masson., *De Episc. Roman.*, f⁰ 255, v⁰.

81. — 4 mars 883. — Bulle du pape Marin, qui concède au chapitre de Saint-Martin le droit d'excommunier sans appel tous ceux qui envahiraient ou usurperaient les biens de Saint-Martin.

Datum apud urbem veterem iv nonas martii, pontificatus nostri anno 1°.

Pap. Masson, *de Epic. Rom.*, f° 256, r°.

82. — 884. — Biens donnés en précaire à Hildegaire, vicomte de Limoges. — N° CIX.

83. — Avril 886. — Le comte Eudes, abbé de Saint-Martin rend au chapitre les biens situés en Italie et qui avaient été détournés de la manse des chanoines. — N° LXXXI.

84. — Mai 886. — Échange entre Eudes, abbé de Saint-Martin, et Frothaire, abbé de Saint-Julien de Brioude, de biens situés en Berri et en Auvergne. — N° LXXVII.

85. — 22 août 886. — Charles-le-Gros confirme les possessions et les priviléges d'exemptions et d'immunités du chapitre de Saint-Martin, ainsi que l'institution de la manse des chanoines. — N° LXXIV.

86. — 24 octobre 886. — Charles-le-Gros confirme la donation faite par Charlemagne et Germund, un de ses fidèles, de la ville aux juifs dans le pays Chartrain. — N° XXXII.

87. — 887. — Décret d'un concile, tenu en Italie, confirmant la restitution faite par le comte Eudes des biens situés en Italie. — N° CIV.

88. — 16 juin 887. — Charles-le-Gros confirme le chapitre de Saint-Martin dans la possession des biens situés en Italie et qui lui avaient été restitués par le comte Eudes. — N° XXXI et LVI.

89. — 17 juin 887. — Charles-le-Gros confirme un échange de serfs fait entre les chanoines de Saint-Martin et le nommé Aldegaire. — N° LXVII.

90. — 888 ou 889. — Ramnulfe II, comte de Poitou, donne au chapitre de Saint-Martin, pour le repos des âmes de son père Ramnulfe, et de sa mère et de ses oncles Gauzbert et Ebolus, son alleu dit *Aleriacum*, situé dans le pays de Briou, dans la viguerie de Savigné, sur la Charente, avec une église

dédiée à Saint-Pierre et ses dépendances; plus un autre alleu situé en Poitou, dans la viguerie de Sauves, près de Doussai, avec une église de Saint-Sauveur. Les chanoines Fulrade, doyen, et Bernon, trésorier, lui rendent ces mêmes biens en précaire et y ajoutent la *villa* de Doussai, pour en jouir sa vie durant et celle de son fils Ebolus. — La fin de cette pièce manque.

Arm. de Bal., t. 76, f° 153 et 158.

91. — 888 ou 889. — Le chapitre de Saint-Martin donne en précaire à Ramnulfe II, comte de Poitou, la villa de Doussai avec trois alleus situés en Poitou, et dans le pays de Briou, n° XCVII.

92. — 10 octobre 890 ou 891. — Confirmation par Ebolus, comte de Poitou, de la donation faite par son père Ramnulfe, à Saint-Martin, de trois alleus, situés en Poitou et confirmation de l'acte de précaire fait par le chapitre au dit Ramnulfe. — N° XVII.

93. — 894-896. — Donation faite à Saint-Martin par Adacius, archevêque de Bourges, d'une quarte de terre située en Berri, dans la viguerie dite *Abunacensis*. — N° LXXXIIII.

94. — 13 juin 891. — Erfredus, prévôt de Mayet, vient avec Adalmarus, avoué de Saint-Martin, au Mans, se plaindre au comte Béranger de ce que Patericus, son vassal, détenait injustement le bien de Saint-Martin. Béranger répondit que Patericus était plutôt le vassal du comte Robert que le sien, que néanmoins s'il tenait quelque chose de lui au détriment du chapitre, il entendait qu'il fût fait droit à ses réclamations. Patericus, loin de se soumettre à cette sentence, se répandit en menaces. Erfredus et Adelmarus vinrent alors à Tours, auprès du comte Robert, lui dire que les chanoines étaient dans l'intention de se plaindre au roi Eudes, qui pour lors était à Tours, de son vassal Patericus, qui détenait injustement le bien des chanoines et duquel ils ne pouvaient obtenir justice. Le comte Robert répondit qu'il n'était pas nécessaire

de se plaindre au roi, qu'il était leur abbé et qu'en cette qualité son devoir était de leur faire rendre justice. Cela dit, il prononça un jugement en faveur de leur bon droit.

In civitate Turonus, anno IV regnante domno Odone rege, idus junii.

Arm. de Bal., t. 76, f° 160. — *Gall. Christ.*, t. XIV, instr., n° 37.

95. — 22 mars 891 ou 892. — Gauzvnin, doyen et prévôt de Suèvre, Bernon, trésorier, Odulric, maître-école, et autres chanoines de Saint-Martin, s'étant rendus à Suèvre, pour entendre les plaintes et juger les procès concernant la dite prévôté, reçurent les réclamations des hommes attachés aux quatre manses tenus en précaire, des chanoines de Saint-Martin, par un nommé Richert, jadis vassal et homme lige d'Adalald, archevêque de Tours. Les chanoines, apprenant combien le dit Richert usait mal de sa possession, en maltraitant les serfs outre mesure, lui retirèrent sa concession. Richert, ainsi dépouillé, se rendit auprès du roi Eudes et du comte Robert, leur exposant comment il avait été dépouillé au nom de leur autorité; mais les chanoines ayant prouvé qu'ils n'avaient jamais pu percevoir le cens indiqué par la concession et que le dit Richert maltraitait cruellement les serfs, il fut jugé qu'il avait perdu tout droit à la concession de sa terre.

Data est autem hæc notitia XI kal. aprilis, in civitate Turonis, anno III Odone regnante pacifico rege.

Arm. de Bal., t. 76, f° 92. — Lesueur, f° 198 (anal.)

96. — 15 octobre 893. — Le roi Eudes, à la prière du comte Robert son frère, donne l'alleu de Vontes, situé en Touraine, à son fidèle Ebolus. — N° XXXIX.

97. — 30 août 894. — Robert, abbé de Saint-Martin, à la demande d'Odulric, maître-école, confirme les biens affectés à la dotation des écoles de Saint-Martin. — N° LXXXXVIII.

98. — 22 mai 895. — Fulcrade donne au chapitre de Saint-Martin un alleu en Touraine, dans la viguerie de Neuvy, à Valentinai. — N° LXXXXIV.

99. — 29 juillet 895. (1) — Garnegaudus, vicomte, et sa femme Hélène donnent au chapitre de Saint-Martin les églises de Saint-Lubin et de Saint-Denis-sur-Loire, avec plusieurs biens situés dans la viguerie de Suèvre.— N°s LXVIII et XCV.

100. — 10 novembre 895. — Donation faite aux chanoines de Saint-Martin par Erberne, archevêque de Tours et son frère Adalald, d'un alleu situé dans le pays de Dunois, dans la viguerie de Varize. — N° CXII.

101. — 2 janvier 896. — Le roi Eudes confirme les biens affectés à la manse des chanoines et les priviléges d'exemptions et d'immunités du monastère de Saint-Martin. — N° XXX.

102. — 15 février 896. — Béranger, roi des Lombards et des Romains, restitue au monastère de Saint-Martin et lui confirme la possession des biens situés en Italie, qui lui ont été donnés par Charlemagne. — N° CXV.

103. — 27 mars 897. — Robert, abbé de Saint-Martin, restitue à la manse des chanoines de Saint-Martin la ville de Doussai, située en Poitou. — N° LV.

104. — 29 septembre 898. — Donation faite par Ardradus, frère du vicomte Atton, au chapitre de Saint-Martin, de la villa *Baina*, située dans l'Orléanais.

Data est autem hujus donationis auctoritas III kal. octobris, in basilica B. Martini, ad ipsam sepulturam, ubi isdem sepeliebatur Ardradus, anno I regnante domno Karolo rege.

Arm. de Bat., t. 76, f° 58.

---

(1) Le 14 juillet 895, le roi Eudes était à Tours; à cette date il donna, étant dans la cité, à Rainon, évêque d'Angers, et au chapitre de cette ville le village d'Épinal, près Montfort dom Housseau, n. (III).

105. — 22 mai 899. — Robert, abbé de Saint-Martin, restitue aux chanoines du dit lieu, la celle de Saint-Clément avec toutes ses dépendances. — C'est là le premier acte de cette restitution, pour laquelle il fut donné, l'année suivante, un acte de renouvellement ou de confirmation, beaucoup plus ample et plus détaillé, et dont il existait trois originaux dans les archives de Saint-Martin.

Acta est hujus restitutionis auctoritas xi kal. junii, firmata in castello Blesensi et subter datata Turonis, regnante domno Karolo rege anno ii.

Arm. de Bal., t. 76, f° 152.

106. — 900. — Gautier et son neveu Geoffroy confirment la dotation de l'infirmerie de Saint-Martin, établie près du dit monastère, en lui affectant certains biens situés en Touraine, dans la viguerie de Monnaie, et en Poitou dans la viguerie de Sauves.

Anno iii regni Caroli simplicis.

Lesueur, p. 196 (extrait).

107. — 13 septembre 900. — Robert, abbé de Saint-Martin, restitue aux chanoines de Saint-Martin la celle de Saint-Clément avec tous les biens affectés à l'hôpital des pauvres. — N°ˢ XXIII et LXXVIII.

108. — 14 septembre 900. — Biens donnés en précaire par les chanoines de Saint-Martin au noble Gui et à sa femme Emma, veuve du comte Ebolus. — N° XXII.

109. — 30 avril 903. — Charles-le-Simple confirme les priviléges d'exemptions et d'immunités du chapitre de Saint-Martin, les biens affectés à la manse des chanoines et l'exemption du droit de provision pour les nouveaux prébendés. — N° V.

110. — 1ᵉʳ mars 904. — Gautier et sa femme Girberge donnent à Saint-Martin leur alleu de Joué, près de Londun, et reçoivent du chapitre cet alleu en précaire avec plusieurs autres biens. — N° LXIII.

111. — 15 juin 904. — Charles-le-Simple confirme les biens possédés par les chanoines de Saint-Martin. — N° XLV.

112. — 13 juillet 904. — Charles-le-Simple confirme au chapitre de Saint-Martin la remise du droit de provision des prébendes fait par le comte Robert. — N° XL.

113. — 5 juillet 905. — Donation faite au chapitre de Saint-Martin, par Archambault et sa femme Ingilrade, de plusieurs biens situés en Touraine dans la viguerie d'Esvres, à la Fontaine, à Lignères, etc. (1).

Data est autem hujus cessionis auctoritas iii nonas julii, missa videlicet sancti Martini ante altare ipsius, post horam primam, et firmata iii julii ad Lucas Castrum, in prato, anno viii Karoli regis.

Arm. de Bal., t. 76, f° 59. — Dom Houss., n° 131 bis, anal.

114. — 906. — Lettre d'Alphonse, roi d'Espagne au chapitre de Saint-Martin, l'encourageant dans l'intention où il était de fortifier le bourg et l'église de Saint-Martin — N° XC.

115. — 20 février 907. — Archanaldus, maître-école de Saint-Martin, réclame comme étant de la dotation des écoles es biens détenus en précaire par les neveux de Guichard, adis doyen et maître-école de Saint-Martin.

Data est autem hæc noticia x kal. martii Turonis, in pleno fratrum capitulo, anno adhuc in x regnante domno Karolo rege.

Arm. de Bal., t. 76, f° 47.

116. — Mai 908. — Bulle du pape Sergius III, confirmative des exemptions et priviléges du monastère de Saint-Martin. — N° CXXXVII.

(1) En 898, ce même Archambault avait donné à Marmoutier la terre de *Maigné* sur la Choisille, pour servir à l'entretien de son fils Gérard, chanoine du dit lieu, dom Martenne. *Hist. mss de Marmoutier*, Part. ii, t. i, p. 28.

117. — 908. — Acte par lequel Robert, chanoine et trésorier de St-Martin, règle et fixe les droits des religieux de St-Martin et de Marmoutier sur le lieu de Mequeroil, *Mercuriolus*.

Orig. archiv. d'Indre-et-Loire.

118. — 30 octobre 909. — Donation faite au chapitre de St-Martin par les exécuteurs testamentaires de Gauzuin, doyen, et conformément à ses dernières intentions, d'un alleu situé en Touraine, dans la viguerie de Montlouis. — N. LXXXV.

119. — 13 novembre 912. — Robert, abbé de Saint-Martin et de Marmoutier, sur la demande des chapitres réunis des deux abbayes, confirme l'indépendance de l'abbaye de Marmoutier et déclare mal fondées les prétentions d'Erberne, archevêque de Tours, qui voulait réunir à sa manse les biens de cette abbaye.

Data autem hujus decreti et definitionis auctoritas III idus novembris, in civitate Turonis, anno xv regnante domno Karolo rege.

Hist. ms. de Marm., par dom Martenne, partie II, t. I, p. 29.

120. — 30 mai 914. — Biens donnés en précaire à Gumbert et à sa femme Bertais. — N° CXX.

121. — 31 décembre 914. — Thetolon, doyen, Robert, trésorier, et le chapitre de Saint-Martin donnent en main-ferme à Gui, grangier de Saint-Martin, deux aires de moulin sur la Choisille. — N° CVI.

122. — 1ᵉʳ juin 915. — Le chapitre de Saint-Martin donne en précaire à Gundoin et à son frère Ingelger certains biens situés dans le pays d'Avallon. — N° LXXXII.

123. — 3 novembre 915. — Donation en précaire faite par le chapitre à Robert, trésorier de Saint-Martin, de la villa de Martigni. — N° LXII.

124. — 1ᵉʳ décembre 918. — Charles-le-Simple, à la demande

de l'abbé Robert, exempte de toute juridiction, autre que celle de l'abbé et des religieux, les habitants du nouveau bourg fortifié de Saint-Martin. — N° III.

125. — 27 juin 919. — Charles-le-Simple confirme les possessions et les exemptions du chapitre de Saint-Martin. — N° VII.

126. — 25 mars 920. — Échange de plusieurs pièces de terre entre Theotolon et Adam, granger de Saint-Martin.

Data sunt autem hæc commitationes intra castrum sancti Martini, Turonis, in pleno fratrum capitulo, DCCCCXX, et regni domni Karoli XXIII, VII kal. aprilis.

Arm. de Bal., t. 76, f° 93.

127. — juin 921. — Donation de Pierre et de sa femme Garberge de différents biens situés en Limousin, que les chanoines leur rendent en précaire. — N° LXXXVI.

128. — 1er juin 922. — Statuts du chapitre de Saint-Martin, touchant la récitation du symbole de saint Athanase et les prières à faire lors de la mort d'un chanoine. — N° CXLIV.

129. — 18 décembre 923. — Wautier, trésorier de Saint-Martin, donne à Gérard, abbé de St-Gérard-de-Brogne du consentement de Hugues, abbé de Saint-Martin, cinq manses situés dans la villa *Fabl*, sous la charge d'un cens annuel.

Actum Cœnobio sancti Martini, XV kal. januarias, anno I, regnante Rodulfo, indictione XII.

Arm. de Bal., t. 76, f° 87.; Haureau, *Gallia Christ.*, t. XIV, instr., n° 40.

130. — 926. — Biens donnés en précaire par le chapitre de Saint-Martin à l'abbé Hugues et à la reine Emma, situés dans le pays de Melun et dans le Beauvoisis. — N° CIII.

131. — Mai 925 ou 926. — Sentence de Robert, archevêque de Tours, ordonnant l'épreuve du feu sur le différend existant

entre Rainon, curé de Saint-Saturnin de Pussigni, et Geoffroi, curé de Saint-Vincent d'Antogni. — N° LXIV.

132. — 21 mai 926. — Réclamation faite à Poitiers, en présence du comte Ebolus, par le chapitre de Saint-Martin, des biens dépendant de Coursai et d'Antogné, situés dans le pays de Thouars et usurpés par le vicomte Savari. — N° CXVI.

133. — 8 avril 927. — Deodatus et sa femme Girberge, exécuteurs testamentaires de Gaubert leur cousin, donnent à Saint-Martin, un alleu situé en Berri, dans le faubourg de Saint-Aignan. — N° LXXXXIII.

134. — 3 mai 930. — Hugues, abbé de Saint-Martin, sur la réclamation des chanoines, leur rend la *villa* de Monnaie, qui avait été usurpée par les abbés. — N° LXXVI.

135. — 930 ou 931. — Fulcrade et Deda sa femme donnent à Saint-Martin, pour entretenir le luminaire, un alleu situé *in villa Levissem in pago Guestrachii*. — Anno VII regni Rodulfi regis.

Cette pièce, mentionnée par dom Lesueur, f° 198, v°, ne nous est pas parvenue.

136. — 24 mars 931. — Le roi Raoul confirme les biens, possessions et priviléges de Saint-Martin (1). — N° VI.

137. — 26 mars 931. — Hugues, abbé de Saint-Martin donne au chapitre du dit lieu son alleu de Châtillon-sur-Indre, en Berri, et celui de Morignan, en Touraine. — N° LXIX.

138. — 15 avril 932. — Bernier, doyen, et le chapitre de Saint-Martin, donnent en précaire, à la princesse Emma, fille du roi Robert, la *villa* de Mons, située dans le pays de Melun, avec les sept églises qui en dépendent. — N° LXXXXVI.

---

(1) La table des diplômes porte à l'année 927 un diplôme du roi Raoul, « quo immunitates concedit utrique monasterio Turonensi Sti Martini. » Ce diplôme imprimé dans dom Bouquet, tome IX, p. 571, ne concerne que l'abbaye de Marmoutier

139. — 14 septembre 937. — Hugues, abbé de Saint-Martin, donne en précaire au chapitre du dit lieu ses alleus de Lachi et de Sezannes, à la condition d'en jouir sa vie durant. N° LXXXXII.

140. — 14 septembre 937. — Hugues, abbé de Saint-Martin, donne au monastère de Saint-Martin ses alleus de Lachi et de Sezannes, et reçoit ces mêmes biens en précaire avec la ville de Mons et les sept églises qui en dépendent. — N° LVIII.

141. — Janvier 938. — Épitre du pape Léon VII, à Hugues, abbé de Saint-Martin, touchant le relâchement de la discipline dans le monastère de Saint-Martin. — N° CXXXVIII.

142. — 28 octobre 938. — Louis IV, d'outre-mer, confirme le monastère de Saint-Martin dans la possession de tous ses biens et renouvelle ses priviléges d'immunités. — N° CXLI.

143. — 31 mars 940. — A la demande de Théotolon, archevêque de Tours, le chapitre de Saint-Martin accorde une prébende au monastère de Saint-Julien.

Dans le corps de l'acte on lit : « Anno dominicæ incarnationis DCCCXL, » et à la fin : « Data est autem hæc auctoritas II kal. aprilis, Turonis, in castello Sancti Martini, in pleno fratrum capitulo, anno III, regnante Ludovico rege.

Dom. Houss., n° 169. — *Arm. de Bal.*, t. 84, p. 145, v° et t. 76, f° 83. — *Monast. Benedict.*, t. 20, p. 162. — Mabillon, *Ann. Bened.*, t. III p. 710.

144. — 7 janvier 941. — Hugues, abbé de Saint-Martin restitue aux chanoines du dit lieu, les biens affectés à la *Porterie* du monastère. — N° CXI.

145. — 4 mai 954. — Biens donnés en précaire par le chapitre de Saint-Martin au vassal Robert et au sous-diacre Gaubert. — N° X.

146. — 27 décembre 954. — Biens donnés en précaire par Ingelbault, recteur de la chapelle de Saint-Jean, construite

dans le cloître de Saint-Martin, à Daniel et à sa femme Isemberge. — N° CVIII.

147. — 7 mars 957. — Donation en main-ferme, faite par le chapitre de Saint-Martin au prêtre Raoul, d'une terre dépendant de la villa de Thuré, située au lieu dit le Pué. — N° CVII.

148. — 26 mars 957. — Thibault, comte de Tours, abandonne aux chanoines de Saint-Martin un serf qu'il détenait injustement. Thibault son fils consent à cette restitution et signe la charte.

Data est ergo hujus noticiæ auctoritas VII kal. aprilis, Turonis, castello scilicet Sancti Martini, ante sanctum ipsius sepulchrum, anno adhuc III regni Lhotarii regis.

D. Houss., n° 179 et 180.

149. — An 957. — Le comte Thibault abandonne au chapitre de Saint-Martin les coutumes qu'il exigeait sur les terres de Vancé, de Joué, de Martigni et de Berthenay. — N° CXLIII.

150. — 17 avril 966. — Vivien, prêtre et chanoine de Saint Martin, fonde une procession solennelle, qui se fera chaque année dans l'oratoire de Saint-Georges, situé près de l'église de Saint-Etienne. — N° CV.

151. — 7 février 972. — Hugues, duc des Francs, comte de Tours et abbé de Saint-Martin, confirme la donation faite par Adelelme, un de ses fidèles, au nommé Frotaire, surnommé Frodricus, de huit arpents de terre et de pré dépendant du domaine de l'abbaye de Saint-André et situés dans le pays de Tours, à Chemillé.

Data est VII idus februarii, anno XVIII regnante Lhotario rege.

D. Houss., n° 214.

152. — Vers 978. — Acte par lequel Eraclius, évêque de Liége, confesse avoir été guéri par l'intercession de Saint-Martin, et, en reconnaissance de cette guérison, établit une

confraternité entre l'église de Liége et celle de Saint-Martin de Tours (s. d.).

Monsnier, *De statu sancti Martini*, p. 189. — Chapeauville, *Gesta pontif. Tung. et Leod.* t. 1, p. 194. — *Miræi opera diplomatica*, t. 1, p. 653.

Cet acte de confraternité est porté deux fois dans la table des diplômes, à l'année 963 et à l'année 978.

153. — Vers 978. — Donation au chapitre de Saint-Martin, par la comtesse Letgarde, de la ville de Chalaustre, pour le repos des âmes de Thibault, son mari, et de Richilde, mère de ce dernier. — N° CXLII.

154. — 21 mai 978. — Hugues, doyen de St-Martin, et Hervé, trésorier et prévot de Liguell, s'accordent au sujet des bois défrichés dans l'étendue de la prévoté de Liguell. Hugues renonce aux prétentions qu'il devait sur les dits bois.

Anno regni Lhotarii regis xxiv, xii kalend junias.

Inventaire des titres du doyenné de St-Martin. — Arch. d'Indre-et-Loire (extrait). (1)

155. — An 979. — Donation faite à Saint-Martin par le comte Hilduin et sa femme Helvis, de la villa de Noyant, avec l'église dédiée à saint Denis, située dans le pays du Mans. — Cet acte de donation ne nous a pas été conservé, nous ne le connaissons que par l'analyse suivante, donnée par dom Lesueur.

« Nogentum villa cum ecclesia sancti Dionisii, cum alodo, feodo, mancipiis, vineis, pratis, etc., in pago Cenomannico, per Hilduinum comitem et Helvidem ejus uxorem Deo et sancto Martino pro remedio animarum suarum et suorum parentum datur. — Anno 979. — f° 198.

156. — 987. — Hugues Capet confirme les possessions et les priviléges d'immunités du chapitre de Saint-Martin. — N° IX.

(1) Dans cet inventaire, cet acte est daté de l'an 983, mais comme on indique également la 24e année du roi Lothaire, il faut le rapporter à l'année 978.

157. — Août 995. — Acte par lequel Guillaume, prévôt de Saint-Martin, et Hervin, curé de Notre-Dame de Suèvre échangent plusieurs colliberts.

Au commencement de la pièce se trouve la date suivante : Primo regnante Roberto, in anno ubi Bertæ uxoris suæ maritali connubio adhibitus est.

Data in mense Augusto, VIII anno regnante Hugone rege.
Arm. de Bal. t. 76, p. 165. — D. Houss., n° 268. — Mabillon, *Ann. Bened.*, t. IV, app., p. 690.

158. — 29 septembre 996. — Bulle du pape Grégoire V confirmant les priviléges de Saint-Martin, énoncés dans les actes d'Adéodat et de Nicolas, ses prédécesseurs. — N° CXXX.

159. — Vers 997. — Lettre de Gerbert, archevêque de Reims, à Archambault, archevêque de Tours, au sujet d'un clerc qui avait refusé sa bénédiction (s. d.).

Duchêne. *Hist. de Fr.*, t. II, p. 841. — *Rec. des Hist. de Fr.*, t. X, p. 424.

160. — Vers 997. — Lettre de Gerbert écrite au nom des évêques réunis en concile à Cormery, aux clercs de l'église de Saint-Martin, au sujet de leur révolte contre Archambault, archevêque de Tours (s. d.).

Duchesne, *Hist. de Fr.*, t. II, page 842. — *Hist. de Fr.*, t. X, p. 425.

161. — Vers 997. — Lettre d'Abbon, abbé de Fleury, aux chanoines de Saint-Martin et à Hervé, trésorier, pour les engager à maintenir les immunités de leur monastère (s. d.).

Abbon, *Appologet.*, p. 404. — *Singul. Hist. et litter.*, t. 2, p. 21. — *Hist. de Fr.*, t. X, p. 437.

162. — 1er mai 998. — Othon, empereur des Romains, confirme les possessions du monastère de Saint-Martin situées en Italie. — N°s XXIV et XXVI.

163. — Vers 1001. — Lettre d'Amblard, abbé de Solognac,

à Hervé, trésorier de Saint-Martin, en lui envoyant le livre de la vie de saint Éloi, évêque (s. d.).

Arm. de Bal., t. 77, f° 186. — Mabillon, *Ann. Benedict.*, t. 5, p. 155. — *Hist. de Fr.*, t. x, p. 192.

164. — 19 mars 1001. — Sulpice, prévôt de Ligueil, partant pour Rome, abandonne plusieurs mauvaises coutumes qu'il était dans l'usage d'exiger des habitants de sa prévôté.

Data est autem hæc notitia xiv kal. aprilis, in pleno fratrum capitulo, anno v regnante Rotberto rege.

Arm. de Bal., t. 76, f° 248.

165. — An 1002. — Boniface, Albert, Azzon, Otbert et le marquis Hugues renoncent aux prétentions qu'ils élevaient sur les possessions de Saint-Martin situées en Italie. — N° XXVIII.

166. — 1003-1006. — Charte des doyen et chapitre de Saint-Martin, qui cèdent aux religieux de Marmoutier l'île de Saint-Cosme avec le prieuré que Hervé, trésorier, y avait fait construire à la condition que les religieux de Marmoutier entretiendraient au moins douze religieux dans le dit prieuré pour y vaquer aux différents offices religieux (s. d.).

Dom Houss., n° 341. — Mabillon, *Ann. Bened.*, t. 4, append. p. 695, n° 20.

167. — 1006-1022. — Lettre de Richard, abbé de Saint-Médard de Soissons, à Ulger, doyen, et à Hervé, trésorier, portant rénovation de l'acte d'association de prières entre les religieux de Saint-Médard et le chapitre de Saint-Martin de Tours (s. d.).

C'est à tort que le *Gallia Christiana*, édit 1, t. 4, fixe à l'an 1025 la date de cette lettre. Hervé est mort en 1022.

Arm. de Bal., t. 77, p. 201. — *Monast. Bened.*, t. 26, p. 75. — Orig. F. latin, n° 12,875, f° 583. — *Thesaurus Anecdot.*, t. 1, col. 128, ad ann. circa 1010. — Monsnyer, *Hist. de Saint-Martin*, p. 205.

168. — 1007 — 1022. — Concession faite par les chanoines de St-Martin à Richard sous-prévot de la dite église pour lui et deux de ses héritiers après lui, à titre de main-ferme, d'une église appelée *Moreta* près de St-Epain avec toutes ses dépendances et deux moulins moyennant dix sous de redevance annuelle.

— Ulger doyen, Hervé, trésorier, Gascelin, prévot, Aufroy, chamberier, Hugues, archidiacre, figurent dans cet acte.

Inv. de la prévoté de St-Epain, aux archives d'Indre-et-Loire (extrait).

169. — 1021 ou 1022. — Les doyen et chapitre de Saint-Martin transigent avec Isembert, évêque de Poitiers, au sujet des redevances dues pour les églises situées dans son diocèse. — N° CXLVI.

170. — 1023 à 1024. — Foulques, comte d'Anjou, et Gausbert, son fils, remettent aux chanoines de Saint-Martin les coutumes ou exactions qu'ils exigeaient des biens de Saint-Martin, situés en Anjou, dans le Maine et en Touraine (s. d.).

Arm. de Bal., t. 76, f° 253. — Dom Houss., n° 8,733, extrait.

171. — 6 février 1023 ou 1024. — Ulger ou Odulger, doyen, et Sulpice, trésorier, donnent en précaire à Vautier plusieurs terres dépendant de la prévoté de Saint-Epain.

Data est viii id. februarii, in capitulo sancti Martini regnante Roberto rege.

Arm. de Bal., t. 76, f° 167.

172. — 19 novembre 1031. — Serment de fidélité prêté aux chanoines de Saint-Martin pour les biens de leur monastère situés en Italie.

Anno ab incarnatione Domini nostri J.-C. 1031, xiii kal. decembris, indict. ii.

Dom Houss. n° 268 bis.

173. — 14 novembre 1052. — Henri, roi de France, à la demande de Gausbert, Guillaume et Hugolin, fils de Geoffroy

de Sainte-Maure, accorde la liberté à un des serfs de leur père nommé Salacon.

Actum est Aurelianis, octavo decimo kal. decemb., anno incarnati Verbi MLII, regnante Hainrico rege XXII.

Res. Saint-Germ. — *Monast. Benedict.*, t. 20, p. 172, *origin.* — *Gallia Christ.*, t. 14, pièces just., n° 51.

174. — 19 janvier 1056-1057. — Charte par laquelle Henri, roi de France, certifie que Gausbert de Sainte-Maure, clerc, lui a demandé, du consentement du comte Geoffroy, de sa mère Aremberge et de Hugues, son frère, d'accorder la liberté à un de ses hommes, nommé Ainard, ce qu'il a fait, *more regio, excusso scilicet de palmo denario.*

Actum Turonis XIV kal. Februarii, anno incarnati Verbi MLVI.

Arm. de Bal. t. 76, f° 238. — Dom Housseau, n° 577. — Dom Fonteneau, t. 17, p. 467.

175. — 1064 à 1066. — Geoffroy, trésorier de Saint-Martin, convaincu, par l'épreuve du fer chaud, de l'injustice de ses prétentions, renonce à la réclamation qu'il faisait des serfs Maurice, Raoul et Regnault, comme appartenant au trésor de Saint-Martin. Il reconnaît que les dits serfs sont la propriété du chapitre, et en signe de cette reconnaissance, il fait déposer par Auger, viguier et Geoffroi de Grillemont, le jour de la fête des saints Innocents, entre les mains d'Ermenulfe, un morceau de Bois (s. d.)

Arm. de Bal., t. 76, p. 165. — Dom Houss., n° 303.

176. — 1067-1070. — Raoul, doyen, Regnault, trésorier, et le chapitre de Saint-Martin vendent à plusieurs manants et marchands de Chateauneuf une pièce de terre située sur la place Saint-Martin, pour y établir des étaux, à la charge d'un cens annuel, payable moitié au chapitre de Saint-Martin et moitié au trésorier.

Arm. de Bal., t. 76, f° 168.

177. — 1061 - 1073. — Bulle du pape Alexandre II, insti-

tuant un collége de dix chanoines et autant de prébendes dans l'église de Saint-Pierre-Puellier, avec la clause que le nombre des chanoines ne pourra être augmenté qu'autant que les revenus seront eux-mêmes augmentés.

Lesueur, f° 193 (anal.)

178. — 9 mars 1069. — Rainaut, fils de Ramnulfe, restitue le monastère de Moustier-Roseille, à Saint-Yrier et à Saint-Martin, avec plusieurs biens et dépendances, tels que l'église de Saint-Julien à Limoges, etc., et afin que ce monastère soit restauré et remis en son état primitif.

Facta est restauratio ista in mense martio, vivente Philippo Francorum rege et Icterio episcopo in Lemovica urbe præsidente, feria II, luna xv.

Arm. de Bal., t. 76, p. 214 et 215.

179. — 26 mai 1079. — Acte par lequel Gui, archevêque de Bourges, certifie qu'il a consacré le grand autel de Moustier-Roseille, le jour de la fête des saints Philippe et Jacques.

Datum apud Ambaz dictæ diœcesis, VII kal. junii, anno Domini MLXXIX.

Arm. de Bal., t. 76, f° 234.

180. — 1080. — Accord conclu entre le chapitre de Saint-Martin et les religieux de Saint-Julien, au sujet d'un terrain sablonneux situé entre le monastère de Saint-Julien et la Loire, vulgairement appelé *grava*, la grève, et que les bourgeois de Châteauneuf avaient subrepticement envahie. Hoc autem factum est anno dominicæ incarnationis 1080.

Cartul. de Saint-Julien, F. latin, 5443, f° 94.

181. — 1081. — Lettre du pape Grégoire VII aux habitants de la Touraine et de l'Anjou, leur enjoignant de s'abstenir de tout rapport avec le comte d'Anjou, excommunié par l'archevêque de Tours, et les exhortant à soutenir l'archevêque (s. d.)

Recueil sur Saint-Martin, p. 136. — Blondel, *De Formula regnante Christo*, p. 34. — Maan, *Eccles. Turon.*, p. 249. —

Concil. de Labbe, t. x, p. 293. — *Concil.* de Hardouin, t. vi, part. i, col. 1496.

182. — 1081. — Lettre du pape Grégoire VII aux chanoines de Saint-Martin, leur enjoignant de faire réinstaller avec honneur l'archevêque de Tours, dont ils avaient machiné l'expulsion, et de rendre au chapitre de Saint-Maurice les biens qui lui appartiennent (s. d.)

Mabillon, *Ann. Bened.*, t. v, p. 176. — Dom Liron, *Singul. Histor.*, t. ii, p. 35.

183. — An 1081. — Notice contenant le récit des discordes mues entre le chapitre de Saint-Martin et Raoul, archevêque de Tours. — N° CXXVIII.

184. — 1078-1084. — Geoffroi, doyen de Saint-Martin, et Foucher, prévôt de Suèvre, donnent au chapitre de Saint-Martin trois serfs, Giles, Foulques et Evrard, et leur sœur Eremberge, dépendant de la prévôté de Suèvre (s. d.)

Arm. de Bal., t 76, p 170.

185. — 9 janvier 1083. — Thibault, comte de Champagne, rend à Saint-Martin les serfs issus par alliance de ses propres serfs et de ceux de Saint-Martin, lesquels il avait indument affranchis, et veut qu'à l'avenir le présent acte serve de loi pour la possession des serfs de Saint-Martin dans le pays Chartrain.

Data v idus januarii, indict. vi, anno a Passione Domini, mlxxiii, regni autem Philippi xxiii.

Mabillon, de *Re diplom.*, p. 587.

186. — Vers 1081-1086. — Guillaume de Mirebeau contestait aux chanoines de Saint-Martin, la possession d'une maison de pierre, située sur la place de Saint-Martin, devant les boutiques des changeurs, sous prétexte qu'elle avait été bâtie par son aïeule Agnès; les parties s'en rapportent au jugement de Dieu et l'épreuve de l'eau bouillante décida la cause en faveur des chanoines, (s. d.)

Dom Houss., n° 746. — *Arm. de Bal.*, t. 76, f° 132.

187. — 14 septembre 1085. — Achard, maire de Ligueil, abandonne, en présence des chanoines de St-Martin aux habitants de Ligueil certaines coutumes qu'il prétendait que son père avait possédée dans le territoire du dit lieu à cause de sa mairie. En signe de son abandon, Achard laisse sur l'autel un couteau à manche noir et blanc.

Idibus septembris, die exaltationis Stæ-Crucis indictione VIII.

Inventaire du doyenné de St-Martin, p. 5, aux archiv. d'Indre-et-Loire.

188. — 1086. — Geoffroi, doyen, Hardouin, trésorier, et les chanoines de Saint-Martin, à la prière de Geoffroi, comte de Vendôme, accordent au chanoine Jérémie certaines maisons situées dans leur cloître, pour qu'il en jouisse sa vie durant et sous la condition qu'à sa mort, elles feront retour au chapitre.

Factum est hoc anno incarnationis Domini MLXXXVI, Philippo regnante anno vigesimo nono.

Arm. de Bal., t. 76, f°ˢ 159 et 170.

189. — 3 février 1086. — Remise, faite au chapitre de St-Martin par le doyen Geoffroy, de certaines coutumes dont ses prédécesseurs avaient joui dans le territoire de Ligueil. Achard de Noizay, *de Nausiaco* et Raoul des Ruaux, *de Areolis*, maires de Ligueil, qui tenaient féodalement ces coutumes du doyen consentent à cette donation et pour marque de déguerpissement, ils laissent des couteaux sur le tombeau de St-Martin.

Factum est hoc anno ab incarnatione Domini MLXXXVI, III nonis februarii.

Inventaire des Chartes du doyenné de St-Martin. charte 3. (extrait) aux archiv. d'Indre-et-Loire.

190. — 20 février 1087. — Geoffroi, doyen de Saint-Martin, fait remise pleine et entière à Raoul de Grillemont, maire de Ligueil, de la coutume qu'il tenait de lui en fief, savoir qu'un

garçon ne pouvait épouser une fille dans toute l'étendue du territoire de Ligueil, que l'un et l'autre n'eussent auparavant averti le maire, qui, pour droit, recevait un cochon.

Factum est hoc anno ab incarnatione Domini MLXXXVI, decimo kal. martii.

Dom Houss., n° 885. — Inventaire des titres du doyenné de St-Martin, charte 4, p. 6, arch. d'Indre-et-Loire (extrait).

191. — Vers 1087. — Hugues, seigneur de Sainte-Maure, qui avait arbitrairement taxé les hommes de Saint-Epain, appartenant aux chanoines de Saint-Martin, et qui avait été excommunié par l'archevêque Raoul, reconnait sa faute en présence du doyen Geoffroi et des chanoines, et promet de ne plus recommencer (s. d.)

Dom Houss., n° 804. — Dom Fonteneau, t. 17, p. 469. — Arm. de Bal., t. 76, f° 234.

192. — 1090-1106. — Aalis, abbesse de Jouarre, donne, du consentement de son chapitre, aux chanoines de Saint-Martin Élisabeth de Turci, femme de Renard le pannetier, «panificis,» avec sa postérité, en échange d'Eméline, fille d'Henri de Gandeluze (s. d.)

Orig., Arch. d'Indre-et-Loire.

193. — 1090. — Les religieux de Saint-Yrier rendent au monastère de Saint-Martin et au doyen Pierre les biens dont ils lui déniaient depuis longtemps la possession et se soumettent à sa juridiction. Les chanoines, en reconnaissance de cette soumission, donnent aux religieux de Saint-Yrier une des prébendes de leur chapitre et font avec eux une association de prières.

Data MLXXXX anno ab incarnatione Domini, indictione XI, imperii Philippi regis francorum anno XXXIII.

Arm. de Bal., t. 76, f° 225.

194. — 1091. — Hugues, marquis de Lombardie, fils du marquis Azon, venant à Tours, fait satisfaction et renonce aux usurpations qu'il avait faites sur les biens de St-Martin en

présence de Pierre, doyen, de Gautier, trésorier, et de Robert, maitre-école.

Factum hoc millesimo anno et LXXXXI ab incarnatione Domini, indictione XIV, anno XXXIIII Philippi regis.

Arm. de Bal., t. 76, f° 14.

195. — 1092. — Le chapitre de Saint-Martin contracte une association de prières avec les religieux de Plein-Pied, diocèse de Bourges.

Datum MLXXXXII ab incarnatione Domini, indict. XV.

Arm. de Bal., t. 77, f° 274.

196. — 1092. — Charte par laquelle les doyen et chapitre de Saint-Martin concèdent à quelques chanoines l'île et l'église de Saint-Cosme, pour y vivre régulièrement sous la direction d'un doyen.

Redditum..., MLXXXXII anno a Nativitate Domini, indict. XV, anno XXXV imperii Philippi, epacta IX.

Arm. de Bal., t. 76, f°. — *Rec. sur Saint-Martin*, p. 11.

197. — 3 février 1096. — Robert, comte de Flandre, renonce au cens annuel qu'il voulait exiger des religieux de Saint-Martin, pour une terre située dans le pays d'Arras.—N° CXLVII.

198. — 14 mars 1096. — Bulle du pape Urbain II, donnée à Tours, par laquelle il réunit au Saint-Siége les fonctions épiscopales du monastère de Saint-Martin et déclare que les religieux ne doivent recevoir personne processionnellement, si ce n'est le pape, le roi et l'archevêque de Tours, une fois en sa vie. — N° CXXIX.

199. — 29 mars 1096. — Bulle du pape Urbain II, donnée à Poitiers, qui reforme les abus et les habitudes simoniaques qui s'étaient introduits dans l'église de Saint-Martin. — N° CXXVI.

200. — 30 mars 1096. — Bulle du pape Urbain II, accordant le différend mu entre l'abbaye de Cormery et le chapitre

de Saint-Martin, touchant la juridiction et le droit de suprématie du chapitre sur l'abbaye. — N° CXXXI.

201. — 30 mars 1096. — Bulle du pape Urbain II, notifiant à tous les archevêques et évêques des Gaules, qu'il a pris les chanoines de Saint-Martin sous sa protection spéciale et leur enjoignant de veiller à ce qu'il ne soit porté aucun préjudice aux biens du chapitre situés dans leurs diocèses respectifs. — N° CXXVII.

202. — 1096 ou 1097. — Bulle du pape Urbain II, confirmant les droits du chapitre de Saint-Martin sur les biens à lui légués par Saint-Yrier.

Arm. de Bal., t. 283, p. 27 (anal.)

203. — 1er décembre 1098. — André, chanoine de Saint-Martin, donne au chapitre, pour fonder son anniversaire, la moitié des maisons de pierre et de bois qu'il possède dans le bourg de Châteauneuf, auprès des remparts et la meilleure des boutiques de drapier qu'il possédait au dit lieu.

Data kal. decemb., anno ab incarnatione Domini MLXXXXVIII, tertio anno a combustione templi, indictione VII.

Dom Houss., n° 1024, 8622 et 8649 (anal.) — *Arm. de Bal.*, t. 76, f° 146 et 147, deux copies.

204. — 6 mai 1101. — Les chanoines de Saint-Martin unissent au prieuré de Saint-Cosme, qu'ils ont récemment fondé, les revenus des prébendes du chapitre de Saint-Perpet de Solari, en Lombardie.

Data MCI a Nativitate Christi anno, indictione IX, pridie nonas maii.

Arm. de Bal., t. 76, f° 17.

205. — 1109 ou 1110 (1). — Hélias, comte du Mans, sur les réclamations des chanoines de Saint-Martin, se désiste des pré-

---

(1) Le *Chronicon Andegavense* imprimé par Labbe, (Biblioth. nova, t. 1, p. 376), place la mort d'Hélie en juillet 1110. Cette charte doit donc être antérieure à cette date.

tentions qu'il élevait sur Chenu et sur plusieurs autres biens du chapitre situés dans le Maine.

Arm. de Bal., t. 76, p. 169. — *Gallia Christiana*, 2ᵉ édit., t. XIV.

206. — 1112 ou 1113. — Foulques, comte d'Anjou et de Touraine, ayant violé les droits du chapitre et le respect dû aux saints, en entrant de vive force dans le cloître et dans la maison d'un chanoine, fait amende honorable dans l'église de Saint-Martin tête et pieds nuds, (s. d.).

Arm. de Bal., t. 76, f° 254. — Dom Houss., n° 1318.

207. — 1115. — Renouvellement de l'acte d'association de prière et de confraternité entre les chanoines de Saint-Martin et l'abbé et les religieux de Marmoutier. Les chanoines cèdent bénévolement une prébende aux religieux de Marmoutier.

Arm. de Bal., t 76, f° 372. — Dom Houss., n° 1336. — *Origin.*, F. latin, f° 584.

208. — 1118. — Guillaume, abbé de Pontigni, déclare que son église, après avoir eu de longs débats avec les chanoines de Saint-Martin de Tours, au sujet de sa maison de Chablis, a conclu un accord par lequel les moines de Pontigni posséderont sans contestation leur maison de Chablis, située entre trois chemins, avec l'ouche et les appentis qui en dépendent, mais que pour les trente-six arpents de vigne situés dans la seigneurie de Saint-Martin, au même lieu de Chablis, ils paieront dix muids de vin de rente au prévôt et à l'obédiancier de Saint-Martin.

Actum ab incarnatione Domini anno MCXVIII.

Original scellé, *Archiv. d'Indre-et-Loire*. — Max. Quentin, *Cartulaire général de l'Yonne*, I, p. 234-235.

209. — 30 octobre 1118. — Bulle du pape Calixte II, confirmative de l'abandon fait par l'archevêque de Tours de tous ses droits sur les églises de Ligueil, de Courçai, de Sublaine, de Vancé, de Joué, de Charentillé, de Notre-Dame-d'Oé et de

Saint-Pierre-le-Puellier, moyennant un cens annuel de cent sols. — N° CXXV.

210. — 1119. — Eudes, doyen, Gauthier, trésorier, Sichard, maitre-école, et le chapitre de Saint-Martin s'accordent avec les religieux de Saint-Eparche d'Angoulême au sujet de l'église de Salles, diocèse de Périgueux, dont ils se disputaient la possession.

Actum est autem anno incarnati Verbi MCXVIII. — d'après un *vidimus original* de 1292.

F. latin., n° 12875, f° 585.

211. — 1119. — Bulle du pape Calixte II, confirmative des priviléges accordés à Saint-Martin par les papes Adéodat, Léon, Adrien, Sergius, Grégoire et Pascal, et par les archevêques de Tours, Crothert, Ibbon, Hérard, etc. — N° CXXIV.

212. — 1119. — Gislebert, archevêque de Tours, s'accorde avec le chapitre de Saint-Martin au sujet du droit de relevation des sept églises de Ligueil, de Joué, de Vancé, de Courçai, de Sublaines, de Charentilly, de Notre-Dame-d'Oé. — N° CXXIII.

213. — 1119. — Louis VI, le Gros, à la demande des chanoines de Saint-Martin, leur confirme la donation, à eux faite par la reine Bertrade, du bourg et de l'église de Saint-Pierre-le-Puellier, avec la moitié de certains droits dépendant du domaine de la reine Bertrade. — N° CXXII.

214. — 1119-1124. — Les doyen et chanoines de Saint-Martin donnent le bourg de Saint-Pierre-le-Puellier au chanoine Guillaume pour en jouir sa vie durant (s. d.).

Dom Houss., n° 1283.

215. — 1122-1133. — Haton, évêque de Troyes, à la demande de Geoffroy, maitre-école de Saint-Martin, et du prévôt Raoul, accorde à ceux-ci, le droit de nommer le curé de *Manso* (s. d.).

Arm. de Bal., t. 77, f° 233.

216. — 1124. — Fromond, abbé, et le chapitre de Saint-Faron de Meaux échangent Belicie, femme d'Odoard de *Turceio*, avec ses fils et ses filles, contre Auguis, femme de Clément de Gaudeluz, appartenant au chapitre de Saint-Martin.

Anno ab incarnatione Domini MCXXIIII, indictione II.

Arm. de Bal., t. 76, f° 172.

217. — 1127 — Eudes, doyen, Gauthier, trésorier, Foucher, préchantre, Geoffroy, maitre-école, et le chapitre de Saint-Martin, accordent aux pauvres religieux vivant conventuellement à Chanteloup, près Ligueil, dix sous de cens et la dîme de huit charruées de terre avec le droit de pasnage pour leurs porcs.

Factum est autem illud anno ab incarnatione Domini MCXXVII.

Dom Housseau, n° 1490.

218. — 1127. — Épitre d'Hildebert, archevêque de Tours, adressée au pape Honorius II, et par laquelle il intercède en faveur des chanoines de Saint-Martin, qui, en défendant leurs droits, avaient encouru son indignation (s. d.).

Hildeberti opera, col. 134.

219. — 1128. — Gérard, cardinal et évêque d'Angoulême, prononce une sentence d'accord entre les chanoines de Saint-Martin et les religieux de Saint-Jouin, au sujet de l'église de Doucé.

Facta Turonis, in cimiterio Sancti Juliani, anno MCXXVIII domino Honorio papa secundo.

Arm. de Bal., t. 77, f° 251.

220. — 19 novembre 1128. — Bulle par laquelle Honorius II confirme la sentence prononcée par Gérard, évêque d'Angoulême, sur le différend existant entre les chanoines de Saint-Martin et les religieux de Saint-Jouin au sujet des dîmes de Doucé.

Datum Laterani xiii kal. decembris.

Arm. de Bal., t. 76, f° 272.

221. — 19 décembre 1129. — Bulle du pape Honorius II, qui déclare prendre sous sa protection spéciale les biens des chanoines de Saint-Martin et renouveler en leur faveur les actes de ses prédécesseurs.

Datum Laterani xiv kal. januarii, indict. vii, pontificatus autem domini Honorii II papæ v. — N° CXXXIX.

222. — 1er avril 1129. — Girard, évêque d'Angoulême et légat du Saint-Siége, enregistre la bulle du pape Honorius II et investit les chanoines de Saint-Martin des dîmes de Doucé dans la personne de Foucher, préchantre.

Datum Engolismæ, kal. aprilis, anno ab incarnatione Domini mcxxxviii (erreur dans la date; c'est mcxxviii, ce qui porte au 1er avril 1129, nouv. style, car cette année est la dernière du pontificat d'Honorius II. Gérard, au reste est mort en 1135.)

Arm. de Bal., t. 77, f° 259.

223. — 1129. — Geoffroy, comte d'Anjou, promet au doyen et aux chanoines de Saint-Martin de les défendre contre les prétentions et les aggressions de Sulpice d'Amboise qui maltraitait les chanoines et voulait percevoir les revenus du bourg Saint-Pierre, appartenant aux religieux.

Anno mcxxix.

Jura ecclesiæ Sancti-Martini propugnata p. 220.— *Arm. de Bal.*, t. 77, f° 268. — Dom Houss., n° 1436.

224. — 28 octobre 1131. — Bulle du pape Innocent II, confirmant le chapitre de Saint-Martin dans la possession de ses biens et renouvelant en sa faveur les priviléges qui lui ont été accordés par ses prédécesseurs. — N° CXL.

225. — 1126. — 1136 — G   , évêque de Soissons, reconnaît que c'est à lui seul que Raoul, prévôt de Chalaustre, a concédé, à charge d'un cens annuel de cent sous, les terres

de Cursai et de *Lvxiaco*, et que ses successeurs n'auront aucun droit à la dite concession (s. d.).

Arm. de Bal., t. 77, f° 255.

226. — 20 décembre 1131. — Serment de fidélité prêté par Boniface, marquis de Montferrat, entre les mains de Robert de Gennes, chanoine de Saint-Martin et syndic général de tous les biens du dit chapitre en Italie, à raison des terres et domaines que le dit Boniface tenait du chapitre.

Anno ab incarnatione Domini nostri J.-C. mcxxxi, xiii kal. decembris, indict. viii.

Mabillon, *Ann. Bened.*, t. iv, p. 694.

INDEX

DES NOMS DES PERSONNES

CONTENUS DANS LES CHARTES ET DIPLOMES

DE SAINT-MARTIN

ANTÉRIEURS A L'ANNÉE 1131 (1).

ABBO, abbas Floriacensis, 161.
ACHARDUS DE NAUZIACO, major de Ligogalo, 187.
ACHARDUS, præpositus, 180.
ACTARDUS, episcopus, 48.
ACTARDUS episcopus Namnetensis, 65.
ADACIUS, archiepiscopus Bituricensis, 93.
ADALALDUS, archiepiscopus Turonensis, 83, 87, 95.
ADALALDUS, episcopus, frater Erberni, 100.
ADALARDUS, abbas Sancti Martini, 42, 78, 97.
ADALARDUS, filius Ædemonis, 90.
ADALARDUS, 148.
ADALBERTUS, filius Beringarii, 27.
ADALBERTUS, marchio, 102.
ADALELMUS, decanus Majoris Monasterii, 119.
ADALELMUS, diaconus, 107, 115.
ADALELMUS, de Sembliciaco, 180.
ADALMANNUS, levita, 52.
ADALMARUS, advocatus B. MARTINI, frater Roberti thesaurarii, 73, 94, 121.
ADALMARUS, scriptor, 138, 145, 148.
ADAM, granicarius Sancti Martini, 126, 128.
ADELELMUS, 151.
ADEMARUS, comes, 83.
ADEODATUS, papa, 10, 11, 12, 21, 28, 60, 116, 130, 158, 183, 211, 224.
ADERBAL, scriptor cartæ, secundicerius scolæ minister, 194, 193, 203, 204.
ADJUTOR, frater Haganonis, donator, 36, 136, 142, 156.
ADRIANUS Ier, papa, 21, 116, 211 224.
ADULFUS, Barcilonensis episcopus, 59.
Æneas, Parisiensis episcopus, 59 60, 61.
AGINTRUDIS 56.
AGNES, avia Guillelmi de Mirebello, 186.
AGIUS, Aurelianensis episcopus, 59 60.
AHILRICUS, primicerius scolæ Sancti Martini, 99.

---

(1) Les chiffres placés à la suite des noms désignent les numéros d'ordre de l'index chronologique.

AIGIRICUS, abbas Sancti Martini, 6, 10.
AIMERICUS, filius Arduini, 151.
AIMERICUS, vicecomes, 132.
AIMO, abbas Cormaricensis, 105, 107, 118.
AIMO, vassallus dominicus, 144.
AIRALDUS DE CLUNIACO, archidiaconus 178.
ALADALDUS, archiepiscopus Turonensis, 73.
ALADARDUS, locumtenens Ragenarii comitis palatii, 73.
ALADARDUS, advocatus Sancti Martini, 78.
ALBERTUS, presbyter, scriptor cartæ, 65.
ALBERTUS, canonicus Sancti Cosmæ, 204.
ALBERTUS, marchio Italiæ, 165.
ALBERICUS, vicecomes Aurelianensium, 148.
ALBINUS, 25, 26, 37.
ALCUINUS, abbas Sancti Martini, 25 bis, 27, 38.
ALDEGARIUS, levita, 89.
ALDEGARIUS, nepos Guichardi decani, 115.
ALDEGARUS, canonicus, consobrinus Gunduini, 122.
ALEDRAMNUS, comes, 140.
ALEXANDER II, papa, 177.
ALFONSUS, rex Hispaniæ, 114.
ALGERIUS, vicarius, 175.
ALOLDUS, abbas Sancti Vedasti, 197.
AMALGARIUS, 56.
AMALRICUS, magister scolæ, 42, 44, 78, 97.
AMALRICUS, legislator, 113.
AMALVINUS, dux Burdelensium, 114.
AMATUS, Ellorensis episcopus, 183.
AMBLARDUS, abbas Soliniacensis, 163.
AMELIUS, frater Rotgerii, 178.
ANDESINDUS, Helenensis episcopus, 59, 60.
ANDREAS, canonicus Sancti Martini, 203.
ANSELMUS Aurelianensis episcopus, 119.
ANSER (*Var*. Ansa), fundator monasterii Sermionensis, 17.
ANSINUS, clericus, scriptor cartæ, 16.
ARBERTUS, fidelis Hugonis ducis, 137.
ARBERTUS, præcentor, 145.
ARCHAMBALDUS, 49.
ARCHAMBALDUS donator, 113, 121.
ARCHAMBALDUS, archiepiscopus Turonensis, 159, 160, 164.
ARCHAMBAUDUS, decanus, 156.
ARCHANALDUS scriptor cartæ, secundicerius scolæ, deinceps magister scolæ, 95, 97, 98, 99, 103, 104, 105, 106, 107, 108, 110, 113, 115, 118, 119, 120, 123, 126, 132, 134, 137, 138.
ARCHEMBALDUS, filius Ulgerii, 175.
ARCHEMBALDUS, frater Gosfridi, 184.
ARCHERIUS, 121.
ARDRADUS, vicecomes frater Attonis, 95, 98, 103, 104, 125.
ARDUINUS, Vellavensis episcopus, 59, 60.
ARDUINUS, canonicus, 132.
ARDUINUS decanus, 145, 147.
ARDUINUS, 151.
AREDIUS (SANCTUS), 5.
AREGARIUS, clericus, scriptor cartæ, 56.

ARENBURGIS, mater Gausberti de Sancta Maura, 174.
ARNULFUS, abbas Sancti Martini Æduensis, 69.
ASCHERIUS, Parisiorum episcopus, 107.
ATTO I, vicecomes Turonensis, 72, 83, 94, 104.
ATTO II, frater Ardradi, vicecccomitis, 104, 105, 106, 107.
ATTO, episcopus Virdunensis, 59.
AUTBERTUS, 56.
AUTBERTUS, archiclavis Sancti Martini, 77.
AUTLANDUS, abbas Sancti Martini, 16, 18, 43.
AZON, marchio Italiæ, 165.

BADILO, abbas B. Martini Æduensis, 69
BADILO, ædituus ecclesiæ Turonensis, 131.
BARTHOLOMEUS subdiaconus, 118.
BARTHOLOMEUS abbas majoris monasterii, 180.
BARTHOLOMEUS, archiepiscopus Turonensis, 173, 183.
BARULDUS archisignator, 151.
BEATRIX, regina, uxor Roberti I, regis, 137.
BERENGARIUS, Romanorum et Longobardorum rex, 102, 162.
BERENGARIUS, cambellanus decani, 186.
BERINGERIUS, comes, 94.
BERINGERIUS, clericus, 171.
BERINGERIUS, camerarius, 176.
BERINGERIUS, magister scolæ, 176, 180, 183, 184.
BERINGARIUS, canonicus Sancti Cosmæ, 204.
BERLAICUS, præcentor Sancti Martini, 145.

BERNARDUS, comes, latrocinator, 63.
BERNARDUS, amicus Odonis comitis, 68.
BERNARDUS, comes, 144.
BERNERIUS, decanus, 134, 138, 139, 140.
BERNO, archiclavis Sancti Martini, 90, 91, 92, 95, 97, 99.
BERNO, Aurelianensium episcopus, 107.
BERTA, regina, uxor Roberti regis, 157.
BERTACHARUS, abbas, 12.
BERTAIS, uxor Gumberti, 120.
BERTERIUS, præpositus, 115.
BERTILDIS, 36.
BERTRADA, regina, 213.
BERTUS, episcopus Turonensis (var. Berthonus), 11, 12, 60.
BOHERIUS, scriptor, 20.
BONIFACIUS, marchio Italiæ, 165.
Boso, comes, 68, 74.
BRAIDINGUS (alias Baraldinus), Matisconensis episcopus, 59, 60.
BURCHARDUS, comes, 95, 113, 151.
BURCHARDUS, canonicus, 145.
BURCARDUS, capicerius, 188.
BURCARDUS, cantor et magister scolæ B. Mauricii, 183, 193, 194, 203.

CALIXTUS II, papa, 200, 209, 211.
CARIBERTUS, rex, 3, 4.
CARLOMANNUS, avunculus Caroli Magni, 23.
Carolus Magnus, 17, 18, 19, 23, 25, 26 bis, 26, 28, 30, 31, 34, 35, 37, 38, 46, 47, 59, 60, 64, 83, 88, 97, 101, 109, 111, 125, 140, 162.
Carolus Calvus, 43, 44, 45, 46, 50, 51, 52, 53, 54, 55, 56,

57, 58, 59, 61, 62, 63, 64, 65, 66, 67, 69, 70, 71, 74, 76, 79, 83, 85, 86, 90, 91, 101, 103, 116, 125, 136, 139, 140, 144.

Carolus Grossus, 83, 85, 86, 87, 88, 89, 116, 144.

Carolus Stultus, 104, 105, 106, 109, 111, 112, 116, 120, 123, 124, 125.

Christianus, Autissiodorensis episcopus, 59, 60, 64.

Christianus, subdecanus, 175, 176.

Clara, uxor Francilionis episcopi, I.

Clarembaldus Silvanectensis episcopus, 213.

Clementia, comitissa, uxor Roberti, comitis Flandriæ, 197.

Clotarius, rex, 3.

Crotbertus, episcopus Turonensis (var. Crotpertus), 9, 10, 11, 12, 60, 214, 224.

Dagobertus, rex, 7, 8, 12.
Dalania, 17.
Daniel, 146.
Declana, avia Helingaudi, 29.
Dedra, uxor Fulcradi, 135.
Deodatus, donator, 133.
Dumfradus, presbyter, 93.

Ebolus, filius Ramnulfi II, 90, 91, 92, 96.

Ebolus, frater Ramnulfi II, 90, 92.

Ebolus, comes, 132.
Ebolus, 108.
Ebroinus, scriptor cartæ, 137.
Elisabetha de Tusciaco, serva, 192.
Emelina de Gandolu.
Eraclius, episcopus Leodiensis, 152.
Erardus, archiepiscopus Turonensis (Voyez Herardus).

Erbernus, archiepiscopus Turonensis, 100, 103, 107, 108, 116, 118, 119.

Erbertus, comes, 120, 144.
Ercambertus, Catalacensis episcopus, 59, 64.
Ercambertus Baionensis episcopus, 59, 60.
Eremburgis, serva, 184.
Erfredus, prepositus, 94.
Erlaldus, senescallus Caroli magni, 38.
Erlandus, levita et nepos Gauzuini decani, 148.
Erlannus, 126.
Erlannus, subdecanus, 145.
Erluinus, Constanciensis episcopus, 64.
Ermengarius, magister scolæ, 97.
Ermenteus, Aurelianensium episcopus, 144, 148.
Ernaldus de Insula, 171.
Ernaldus, comes, 144.
Ernulfus, canonicus Sancti Martini, 144, 145.
Erveus, comes, 149.
Erveus, 145.
Erveus de Losduno, 205.
Eudo Brito, 184.
Eugerius, canonicus Sancti Martini, 197.
Euphronius, episcopus Turonensis, 4.
Evrardus, servus, 184.

Farmannus, præpositus, 132.
Farmannus, ædituus, 134, 138, 139, 140, 143.
Frambertus, presbyter, 27.
Francilio, episcopus Turonensis, I.
Fraudebertus, decanus Turonensis, 73.
Fridegisus, abbas Sancti Mar-

tini, 29, 31, 30, 32, 33, 34, 35, 36, 37, 38, 39, 40, 41, 43, 52.

FRIDOLDUS, Narbonensis episcopus, 59, 60.

FROTARIUS, Burdegalensis archiepiscopus, 59, 60.

FROTHARIUS, archiepiscopus Bituricensis, 84.

FROTHERIUS, episcopus Pictavorum, 132.

FROMUNDUS, abbas Sancti Faronis, 216.

FULCHERIUS Vindocinensis, 175.

FULCHERIUS, subdecanus, 180, 183, 184, 186, 188, 193, 194.

FULCHERIUS, nepos Fulcherii subdecani, 186.

FULCHERIUS, Namnetensis episcopus, 107.

FULCHERIUS, præpositus, 184.

FULCHERIUS DE SODODRIO, 188.

FULCHERIUS, granicarius, 188.

FULCHERIUS, camerarius, 203.

FULCHERIUS, præcentor, 204, 205, 213.

FULCHERIUS, magister scolæ, 202, 204, 205.

FULCO, 83, 95.

FULCO, vicecomes, 104, 105, 107, 113.

FULCO, comes Andegavorum, 118, 119, 120, 137.

FULCO, comes Andegavensis, 144, 170, 180.

FULCO, avus Fulconis comitis, 170, 171, 183.

FULCO, comes Andegavensis, 205.

FULCO, nepos Guidonis granicarii, 121.

FULCO, servus, 184.

FULCRADUS, 98.

FULCRADUS, donator, 135.

FULRADUS, decanus Sancti Martini, 90, 91, 92.

FULRIDUS, donator, 23.

GALTERIUS LODONI, 184, 188.

GALTERIUS, præpositus, 175.

GALTERIUS, nepos Gauffridi decani, 186.

GALTERIUS, thesaurarius, V. Gauterius.

GARBURDIS, uxor Petri, 127.

GARIBALDUS ou GERBALDUS, 77, 108.

GAUBERTUS, donator, consobrinus Deodati, 133.

GAUBERTUS ou GAUZBERTUS, subdiaconus et frater Gaufredi canonici, 145.

GAUBERTUS, canonicus, 145.

GAUFREDUS, filius Ingilgerii, canonicus, 122.

GAUFREDUS, clericus, nepos Gauberti, 145.

GAUFREDUS DE PRULIACO, 173.

GAUFRIDUS, decanus, Voyez Gausfridus.

GAUFRIDUS, cantor Sancti Martini, avunculus Raginaldi thesaurarii, et decanus B. Mauricii et postea episcopus Andegavensis, 180, 183.

GAUFRIDUS, decanus Cenomannensis et canonicus, 205.

GAUFRIDUS, comes Andegavensis, 173, 174.

GAUFRIDUS, comes Vindocinensis, 188.

GAUFRIDUS Martellus, 183.

GAUFRIDUS DE SANCTA MAURA, 173.

GAUFRIDUS DE ALUIA, 183.

GAUFRIDUS, Carnotensis episcopus, 213.

GAUFFRITUS DE GRISLOMONTE, 175.

GAUSBERTUS, comes, 119.

GAUSBERTUS, frater Ramnulfi II,

90, 92.
GAUSBERTUS, vasallus, 123.
GAUSBERTUS, filius Gaufridi de Sancta Maura, clericus, 173, 174.
GAUFREDUS filius Fulconis, comitis, 170.
GAUSFREDUS, miles, rector monasterii, 157.
GAUSFRIDUS, decanus Sancti Martini, 180, 183, 184, 186, 188, 189, 190.
GAUSFRIDUS, presbyter, 131.
GAUSFRIDUS, canonicus, 145.
GAUSFRIDUS, præpositus, 175.
GAUSFRIDUS, præcentor, 176, 181.
GAUTERIUS, canonicus, 145.
GAUTERIUS ou GALTERIUS, thesaurarius Sancti Martini, 193, 194, 203, 204, 205, 220.
GAUZELINUS, pater Helingaudi, 29.
GAUZLINUS, comes, 113, 119, 120.
GAUZOHELMUS ou GAUZOILMUS, 22.
GAUZUINUS, decanus Sancti Martini, 95, 97, 98, 108, 110, 115, 118.
GENFREDUS, clericus, scriptor, 36.
GERARDUS, filius Archambaudi, clericus, 113.
GERARDUS, abbas monasterii Sancti Petri de Bronio.
GERARDUS, Engolismensis episcopus, 220.
GERBALDUS, comes. *Voy.* Garibaldus, 85, 139 140.
GERBERTUS, archiepiscopus Remensis, 159, 160.
GERMUNDUS, 86.
GERVASIUS, Cenomannensis episcopus, 183.
GILIUS, Servus, 184.
GILLEBERTUS, Carnotensis episcopus, 64.

GIRALDUS, abbas de Ham, 197.
GIRARDUS, episcopus Morinorum, 197.
GIRBERGA, uxor Gualterii, 110.
GIRBERGA, uxor Deodati, 133.
GIRBERTUS, abbas Sti Juliani, 180.
GISLA, filia Berengarii regis, 102.
GISLEBERTUS, archiepiscopus Turonensis, 200, 209, 212.
GODEFRIDUS DE RUPIBUS, 175.
GODELSADUS, Cabilonensis episcopus, 59, 60
GOFFRIDUS, thesaurarius, 175.
GOFFRIDUS, ou GAUFREDUS, subdecanus, 203, 204, 205.
GOFFRIDUS, subcentor, 184, 203.
GOFFRIDUS CLAREMBALDUS, 186, 188.
GOMEDRAMNUS, scriptor cartæ, 132.
GREGORIUS, papa, 28, 116, 211, 224, 183.
GREGORIUS V, papa, 130, 158.
GREGORIUS VII, papa, 181, 182, 183.
GRIMALDUS, decanus Turonensis, 48.
GRISIA, uxor Gaufridi comitis, 73.
GUALTERIUS, alumnus Sancti Martini, et episcopus Aurelianensis 87.
GUALTERIUS, 107, 113.
GUALTERUS, hospitalarius, 115.
GUALTERIUS, archiclavis Sancti Martini, 126, 129, 132.
GUALTERIUS, Parisiorum episcopus, 144.
GUALTERIUS, canonicus Sancti Martini, 144.
GUALTERUS, vassallus et donator, 106, 110.
GUANDALBERTUS, 83, 95.
GUANILO, 148.
GUARINUS, vasallus, 113.

— 211 —

Guarnegaudus, vicecomes, 83, 95, 99, 105, 106, 107, 109, 113, 125.
Guendilmodis, uxor comitis Odonis, 49, 68.
Guichardus, decanus Sancti Martini et magister scolæ (*Var.* Wichardus, 42, 44, 47, 78, 97, 115.
Guichardus, diaconus, nepos Guichardi decani 115.
Guido, vassallus, 108.
Guido, granicarius, 121.
Guido, canonicus, 150.
Guido, Saxonensium episcopus, 144.
Guido, Bituricensis archiepiscopus, 170.
Guido Berlandus, archidiaconus, 178.
Guillelmus, vassallus, 78.
Guillelmus, filius Gaufridi de Sancta Maura 173.
Guillelmus, comes Avernensis, 178.
Guillelmus, cancellarius, 194.
Guillelmus de Mirebello, 186.
Guillelmus, cellerarius, 203, 204, 205.
Guillelmus, canonicus Sancti Cosmæ, 204.
Guillelmus, Pontiniacensis abbas, 208.
Gulfardus I, abbas Sancti Martini, 17, 20.
Gulfardus II, abbas Sancti Martini (*Var.* Gulfradus), 28, 35, 41, 43.
Gumbertus, avunculus Ardradi, vicecomitis, 104.
Gumbertus, donator, 120.
Gunbertus, Ebroicensis episcopus, 59, 60.
Gundoson, venditor, 46.
Gunduinus, nepos Guichardi decani, 115.
Gunduinus, levita, 122.
Guntarius, Agripinensis episcopus, 59, 60.
Guntelmus, subdiaconus, alumnus Roberti ædituiconsobrinus ejus, 123.
Guntelmus, archiclavis, 144.
Guntramnus, abbas Sancti Martini, 12.
Guntramnus, episcopus Turonensis, 13.

Hacsinnus, præpositus, 42.
Hado, Viennensis episcopus, 59, 60.
Haduis, uxor Hugonis ducis, 139, 140.
Hagano (*Var.* Haimo, Banno), 36, 136, 142, 156.
Hagresindana, mater Helingaudi comitis, 29.
Haimo. v. Hagano, v. Banno.
Hamelinus de Langiaco, germanus Radulfi archiepiscopi, 183.
Hardoinus, thesaurarius, 188.
Harisinda, uxor Gauzohelmi, 22.
Helena, uxor Guarnegaudi, 99.
Helias, comes Cenomannensis, 205.
Helingaudus, comes, 29.
Helingaudus, avus Helingaudi comitis, 29.
Henricus I, Rex, Hetricus, Hainricus, 173, 174.
Herardus, abbas, 48.
Herardus, archiepiscopus Turonensis, 58, 59, 60, 64, 211, 224.
Hermentrudis, regina, 66, 71, 74.
Herveus, thesaurarius, 150, 151.
Herveus II, thesaurarius Sancti

Martini, 161, 163, 164, 167, 168, 169, 170, 171.
HERVICUS, advocatus B. Martini, filius Adalmari et nepos Roberti thesaurarii, 120, 121, 126.
HERVINUS, presbyter, 157.
HILDEBERTUS, sacerdos, 118.
HILDEBERTUS, episcopus Cenomannorum, 205.
HILDEBRANDUS, Sagiensis episcopus, 64.
HILDEGARDIS, regina, 17.
HILDEGARDIS, uxor Fulconis comitis, 170.
HILDEGARIUS, Meldensis episcopus, 59, 60, 64.
HILDUINUS, abbas Sancti Martini et comes, 56, 59, 60.
HILDUINUS, comes, 155.
HILMERADUS, Ambianensis episcopus, 64.
HILTFREDUS, abbas monasterii Sancti Petri, 36.
HINCMARUS, Remorum archiepiscopus, 59, 60, 64.
HITERIUS. — *Voy.* Iterius, 17.
HLUDOVICUS *V.* Ludovicus.
HONORIUS II, papa, 220, 224.
HUBALDUS, 24.
HUBERTUS DE NOVIENTO, 171.
HUCBERTUS, abbas Santi Martini, 62, 63, 136, 142, 156.
HUGO, episcopus, filius Letgardis, 153.
HUGO, decanus Sancti Martini, 154.
HUGO, thesaurarius Sancti Martini, 183.
HUGO, archiepiscopus Turonensis, 198.
HUGO, abbas Sancti Dionisii Remensis, 197.
HUGO filius Rotgerii comitis, 137.
HUGO frater Gauzberti de Sancta Maura, 174.
HUGOLINUS, filius Gaufridi de Sancta Maura, 173.
HUGO, Remensium archiepiscopus, 144.
HUGO, Diensis episcopus, 183.
HUGO Brito, 188.
HUGO, marchio Italiæ, 165.
HUGO, marchio Longobardiæ, filius Azonis, 194.
HUGO I, abbas Sancti Martini, 66, 67, 68, 69, 70, 72, 76, 77, 78, 79, 82, 89, 101, 109, 114, 125, 132, 136.
HUGO II, filius Roberti II, abbas, 120, 129, 130, 134, 136, 137, 138, 139, 140, 141, 142, 144, 146.
HUGO, dux, comes Turonici pagi, 151.
HUGO, Francorum, rex, 151, 156.
HUMBALDUS Cellerarius, 188.
HUMFRIDUS Morinensis episcopus, 59, 60.

IBBO, episcopus Turonensis, 12, 60, 214, 224.
ILDEGERIUS, vicecomes Lemovicinorum, 82.
IMMA, uxor Aitonis, vicecomitis, 72.
IMMA, uxor Guidonis, 108.
IMMA, regina, Roberti regis filia, 130, 138.
INGANARDUS, Pictavensis episcopus, 56, 60.
INGELBALDUS rector abbatiolæ, Sancti Johannis, 146.
INGILGERIUS frater Gunduini, 122.
INGILRADA, uxor Archambaudi, 113.
INGOBERGA, regina, 2.
INNOCENTIUS II, papa, 224.
ISAAC, Lingonensis episcopus, 59, 60.
ISAIAS, Namnetensium epis-

copus, 119.
ISARNUS, scriptor cartæ, 73.
ISEMBERGA, uxor Danielis, 146.
ISEMBERTUS, episcopus Pictavensis, 169.
ISENBARDUS, episcopus Aurelianensis, 173.
ITERIUS, episcopus Lemovicensis, 178.
ITHERIUS, abbas Sancti Martini (*Var.* Autherius), 17, 18, 19, 21, 22, 23, 24, 25, 37, 38, 39, 41, 43.
Ivo, præcentor Sancti Martini, 126.
Ivo, 145.
Ivo rex, 184.

JACHELINA, soror Gausberti de Sancta Maura, 174.
JACHELINUS, frater Guillelmi de Mirebello, 184.
JACOB, abbas Cormaricensis, 39.
JEREMIAS, 188.
—JOHANNES, canonicus, 145.
JOHANNES, thesaurarius, 147.
JOHANNES, Aurelianensis episcopus, 213.
JOHANNES, abbas de Monte Sancti Eligii, 197.
JONAS Eduorum episcopus, 59, 60.
JOSCELINUS Cellerarius, 176.
JOSEPH, Turonorum archiepiscopus, 148.
JUDITH imperatrix, 40, 66, 74, 76, 77, 138, 139, 140.

KARLEMANNUS, rex, 79.
Karolus (*Voy.* Carolus).

LANDRICUS, 148.
LAUNUS, æquanisivæ sedis episcopus, 59, 60.
LEDRAMNUS, sacerdos, 118.

LEO IX, papa, 183.
LEO III, papa, 28, 116, 183, 211, 224.
LEO VII, papa, 141.
LEODRAMNUS, diaconus, 134.
LEOTARDUS, 27.
LETALDUS filius Guidonis, canonicus Sancti Martini, 108.
LETHARDUS, 145.
LETARDUS, secretarius, 180, 183, 184, 188.
LETARDUS, canonicus Sancti Cosmæ, 204.
LETBRANNUS, filius Erluini, major Pseudoforensis curtis, 148.
LETGARDIS, comitissa, 153.
LEUTARDUS, servus, 89.
LUDOVICUS Pius, imperator, 30, 31, 32, 33, 34, 35, 37, 38, 39, 40, 41, 45, 46, 47, 16, 66, 71, 78, 79, 125, 136.
LUDOVICUS BALBUS, imperator, 72, 73, 74, 75, 76, 79, 85, 101, 109, 111, 114, 125.
LUDOVICUS IV, 141, 142.
LUDOVICUS VI, rex, 211, 213.

MAGENARIUS, 90, 91, 92.
MAIMBERTUS, scriptor cartæ, 94.
MARCHOARDUS, miles, quondam monachus, 173.
MARINUS, papa, 80, 81.
MILO, magister scolæ, 42, 44, 78, 97.
MUMMOLENUS, abbas, 12.

NEFINGUS, sacerdos, 134.
NEFINGUS, decanus, 143, 144.
NICOLAUS, canonicus Sancti Cosmæ, 204.
NICOLAUS I, papa, 58, 85, 116, 130, 158, 183.
NORTBERTUS ou NOTBERTUS, presbyter Sancti Spani, 56.

ODALRICUS, vassallus Adacii, 93.
ODILARDUS, canonicus, 145.
ODILMARUS, canonicus, 115.
ODO, comes, 49, 53, 68, 76, 79, 85.
ODO, comes et abbas Sancti Martini, filius Roberti, 83, 84, 87, 88, 89.
ODO, rex, 92, 94, 95, 96, 98, 99, 101, 103, 105, 106, 107, 108, 109, 111, 112, 136, 141, 143, 156.
ODO ou OTHO, decanus, 164.
ODO, decanus, 205, 213, 220.
ODO presbyter de Sodobria, 184.
ODO, comes, filius Letgardis, comitissæ, 153.
ODO Belvacensis episcopus, 64.
ODO, præcentor, 188.
ODULGERIUS ou ULGERIUS, decanus, 167, 168, 169, 170, 171.
ODULRICUS, subdiaconus, scriptor, 83.
ODULRICUS ODALRICUS, magister scolarum Sancti Martini, 95, 97.
OSBERTUS, filius Magenarii, 90, 91, 92.
Otbertus, marchio Italiæ, 165.
OTGERIUS, Ambianensium episcopus, 107.
OTHO, capicerius, 183, 184, 193, 204.
Otho decanus Sancti Martini, 138.
OTHO III, imperator, 162.

PALADIUS, frater Pantaleonis, 24.
PANTALEON, 24.
PASCALIS, papa, 214, 224.
PATERICUS Vassallus, 94.
PELAGIA, mater Aredii, 5.

PETRUS, donator, 127.
PETRUS Ticio, 183, 184, 188.
PETRUS, decanus, 193, 194, 203, 204.
PETRUS de CALVOMONTE, 188.
Philippus I, rex, 213.
PIPINUS, pater Caroli magni, 19, 23, 25 bis, 30, 31, 32, 40.
PIPINUS, rex Aquitaniæ, 38.

RADULFUS, Fulcardi filius, archiepiscopus Turonensis, 180, 183, 205.
RADULFUS, decanus, 175, 176.
RADULPHUS DE BURGULIO, 186, 188.
RADULFUS DE GRISLOMONTE, 190.
RADULFUS DE AREOLIS, 189.
RAGANARDUS, diaconus, 20.
RAGANTRUDIS, uxor Garibaldi, 77.
RAGEMBALDUS, presbiter, scriptor, 77.
RAGENARIUS, comes Palatii, 63.
RAGINALDUS, 24.
RAGINALDUS, thesaurarius, 176, 180, 183, 184.
RAGINALDUS DE CANCELLIS, 183.
RAGINALDUS DE SENECHAI, 186.
RAGINELMUS, Tornacensis episcopus, 59, 60.
RAINALDUS, decanus, 150.
RAINALDUS, præpositus, 115.
RAINALDUS, missus, 146.
RAINALDUS, pater Rainonis, 131.
RAINALDUS, canonicus Sancti Martini, 144.
RAINALDUS, archiclavis, 156.
RAINALDUS, filius Ramnulfi, vicecomes Albazonensis, 178.
RAINALDUS, Andegavensis episcopus, 206.
RAINARDUS, scriptor, 49.
RAINARDUS, vicecomes, 109.

Rainardus, canonicus Sancti Cosmæ, 204.
Rainardus succentor, 188.
Rainerius, archidiaconus Turonensis, 131.
Raino, Andegavensis episcopus, 107.
Raino, canonicus, 145.
Raino, filius Rainaldi, 131.
Ramnulfus, pater Rainaldi, 178.
Ramnulfus, decanus Sancti Aredii 178.
Ramnulfus I, pater Ramnulfi II, 90.
Ramnulfus II, comes Aquitaniæ, 90, 91, 92.
Ramnulfus major, archidiaconus et prepositus Sancti Martini, 183.
Ratmaudus, aurifex, 176.
Remigius, Lugdunensis archiepiscopus, 59, 60.
Ricbertus, vassallus, 95.
Richardus, Bituricensium archiepiscopus, 148.
Richardus, episcopus, filius Richildis, 153.
Richardus, archiclavis, 145.
Richardus, prepositus Sancti Martini, 168.
Richardus, abbas Sancti Medardi Suessionensis, 167.
Richildis, 153.
Robertus I, comes, abbas Sancti Martini, 65, 83, 88.
Robertus II, abbas Sancti Martini, frater Odonis regis, 90, 91, 92, 94, 95, 96, 97, 99, 101, 102, 103, 105, 107, 108, 109, 110, 111, 112, 115, 116, 119, 120, 123, 124, 125, 131, 136, 137, 138, 142, 144, 156.
Robertus, rex, 157, 158, 164, 171.
Robertus archiepiscopus Turonensis, 131.

Robertus de Archiaco, 183.
Robertus ou Rohodus, vassallus, donator, 145.
Robertus, canonicus, 145, 170.
Robertus, cellerarius, 184.
Robertus, scolæ magister, 188, 193, 194.
Robertus, comes Flandriarum, 197.
Roderirus cellerarius, 180.
Rodulfus, rex, 136.
Rodulfus, Bituricensis archiepiscopus, 59, 60, 64.
Rodulfus, canonicus, 147.
Rodulfus, vassallus dominicus, 144.
Rogerus, castellanus de Insula, 197.
Roscelinus de Compendio, 205.
Rotbertus, edituus Sancti Martini et frater Adalmari, 115, 117, 119, 120, 121, 122, 123.
Rotbertus, elemosinarius.
Rotbertus de Vindocino, 186, 188.
Rotgerius, comes, 137.
Sabamannus, prepositus Sancti Martini, 56.
Savaricus, Toarcensium vicecomes, 132.
Seguinus, abbas Sancti Aredii, 178.
Sergius III, papa, 116, 183, 211, 224.
Sichardus, magister scolæ, 206, 213.
Sigbertus, 27.
Sigebertus, rex, 4, 5.
Sigelaus, clericus, 20.
Signaldus, archidiaconus Turonensis, 73.
Siwaldus, decanus, 42.
Stabilis, Arvernensis episcopus, 59, 60.
Stadilo, episcopus Lemovicensis, 59, 60.

STEPHANUS, papa, 183.
STEPHANUS, præpositus, 205.
SULIO, canonicus, 175.
SULPICIUS, thesaurarius, 171
SULPITIUS, prepositus Lugogali, 164.

Tescelinus, canonicus, 180.
TESMUNNUS, 123.
TETBAUDUS, filius Goscelini de Chinonio, 173.
TETBALDUS, Turonorum vicecomes, 118, 137.
TETBALDUS, comes, 144, 148, 149.
TETBALDUS, filius Tetbaldi comitis, 148, 149.
TETBALDUS DE RUPIBUS, 175.
TETBERGA, uxor vicecomitis Ildegerii, 82.
THEODACRUS, 73.
THEODULFUS, episcopus Aurelianensis, 26.
THEOTOLO ou TETOLO, scriptor, præcentor, decanus, et deinceps archiepiscopus Turonensis, 115, 116, 148, 120, 121, 122, 123, 126, 129, 132, 143, 144.

ULGERIUS, decanus. Voy. Odulgerius.
URBANUS II, papa, 198, 199, 201, 202, 224.
URSMARUS, archiepiscopus Turonensis, 48.

VALENTINIANUS, 5.
VICHARDUS, sacerdos Sancti Martini, Voy. Guichardus, 54.
VICTOR II, papa, 183.
VIVIANUS, abbas Sancti Martini, 44, 46, 47, 49, 51, 52, 125.
VIVIANUS, canonicus, 145, 150.
VIVIANUS, secretarius, 184.
VUENILO, episcopus Senonensis, 64.

WALBERTUS, abbas Majoris Monasterii, 119.
WALTERIUS, præcentor, 171.
WALTARIUS, archiclavis Sancti Martini Voy. Gualterius.
WANILO, Senonensis archiepiscopus, 59, 60.
WIDOLANDUS, abbas, Sancti Martini. Voy. Autlandus.
WILLELMUS, Sancti Martini prepositus, 157.
WILLELMUS de Sancta MAURA, 174.
WILLELMUS BASSUS, clericus, 182.
WILLELMUS SANCTONENSIS, 188.
WILLELMUS, cellerarius, Voy. Guilielmus, 203.
WUILLELMUS CORCERELLUS ou TORTERELLUS, 180, 183.
WULFARDUS, abbas, voy. Gulfardus.

YRMENTRUDIS, regina, Voy. Hermentrudis.

ZAMBERTUS, episcopus Atrebatensis, 197.

INDEX

DES NOMS DE LIEUX

CONTENUS DANS LES CHARTES ET DIPLOMES

DE SAINT-MARTIN

ANTÉRIEURS A L'AN 1130.

ABILIACENSIS VICARIA. — La viguerie d'Abilly, canton de la Haye-Descartes, arrondissement de Loches (Indre-et-Loire), 72.

ABUNAUCENSIS VICARIA, in pago Bituricensi, 93.

ADRISCIACUS, VILLA, 64.

ÆDUENSIS CIVITAS. — La ville d'Autun (Saône-et-Loire), 69.

AGRIPINENSIUM PROVINCIA, 59, 60.

AGULIACENSIS VICARIA. — Vide Anguliacensis vicaria, 48.

ALAMANNIA, PATRIA, DUCATUS. — Le duché d'Allemagne, 16, 23, 59.

ALAMANNUS, VILLA. — Allemant, canton de Sezannes, arrondissement d'Epernay (Marne), 29.

ALBINIACUS, VILLA. — Aubigny-sur-Nère, chef-lieu de canton, arrondissement de Sancerre (Cher), 18, 43, 47.

ALERACUS. — Leray, hameau, commune de St-Pierre-d'Exideuil (Vienne), 90, 91, 92.

ALNARIÆ. — L'Aulnay, habit. près de Cheverny (Loir-et-Cher), 42.

ALNETUS, ANETUS (1). — Aulnay, canton de Montcontour, arrondissement de Loudun (Vienne) ou Aunay-sous-Auneau, canton d'Auneau (Eure-et-Loire)? 48, 43, 47.

ANALIÆ, COLONIA. — Asnière, près Fontenay, canton de Brulon (Sarthe), 61.

ANDEGAVUS PAGUS. — Le pays d'Anjou, 24, 36, 61, 136, 142, 156.

ANGER, FLUVIUS. — L'Indre, rivière qui traverse la Touraine et tombe dans la Loire, 39, 108, 123.

ANGULIACENSIS VICARIA. — La viguerie d'Angle, village détruit (Indre-et-Loire), 48, 110.

ANGULARIS. — Angle, ville aujourd'hui détruite, située au confluent de la Creuse et de la Vienne, 18, 43, 47.

ANSENI VILLA, 52.

---

(1) Toutes les fois que nous n'avons pu déterminer un nom de lieu avec certitude, nous avons fait suivre les solutions que nous avons cru pouvoir proposer d'un point d'interrogation.

— 218 —

ANTONIACUS CUM ECCLESIA SANCTI VINCENTII. — Antogny, arrondissement de Chinon (Indre-et-Loire), 131.

ANTONIACUS. — Antogné, canton de Montreuil-Bellay, arrondissement de Saumur (Maine-et-Loire), 18, 24, 37, 43, 47, 51, 61, 109, 111, 125, 132, 136, 142, 156, 169.

AQUISGRANUM, PALATIUM REGIUM — Aix-la-Chapelle, 30, 31, 32, 34, 35, 37, 38.

AQUITANIA. — L'Aquitaine, 12, 19, 25 bis, 30, 31, 35, 55, 57, 59, 60, 76, 79, 85, 101, 109, 111, 125, 136, 142, 156.

ARCES. — Arx, hameau, canton d'Esvres (Indre-et-Loire), 24.

ARCIACINSIS PAGUS. — Le pays d'Arcis-sur-Aube, chef-lieu d'arrondissement (Aube), 29.

ARCIACUS. — Arçay, canton et arrondissement de Loudun (Vienne), 24.

ARELATENSIUM PROVINCIA. — La province ecclésiastique d'Arles, 39, 60.

AREOLÆ, COLONIA. — Les Reaux, ferme, commune de Ligueil (Indre-et-Loire), 61.

ARIASININSIS PAGUS. — Le pays d'Arcis-le-Ponsart, canton de Fismes, arrondissement de Reims (Marne)? 29.

ARVERNICUS PAGUS OU PAGUS ARVERNENSIS. — Le pays d'Auvergne, 38, 67, 109, 111, 125.

ATEIA, VILLA. — Athée, commune du canton de Bléré (Indre-et-Loire), 115.

ASTIENSIS PAGUS. — Le pays d'Asti ou l'Astésan, en Piémont, 204.

ATRIACUS. — Ertré, canton d'Alençon (Orne), 108.

ATTANENSE MONASTERIUM. — Le monastère de Saint-Yrieix-de-la-Perche, chef-lieu d'arrondissement (Haute-Vienne), 5.

ATTANUM. — Ancien nom de Saint-Yrieix-de-la-Perche, chef-lieu d'arrondissement (Haute-Vienne), 5.

ATTEIAS, VILLA. — Athie-sur-Montréal, canton de l'Isle-sur-Serein, arrondissement d'Avallon (Yonne), 70, 82.

AUGUSTODUNENSIS PAGUS. — Le pays d'Autun ou Autunois, 66.

AURELIANENSIS PAGUS. — L'Orléanais ou pays d'Orléans, 101, 125, 156.

AURELIANENSIS PORTA. — La porte d'Orléans à Tours, 125, 126.

AURELIANIS. — La ville d'Orléans, 92, 99, 101, 173.

AUSTRIA. — Portion de la France comprise entre la Meuse et le Rhin ou le royaume d'Austrasie. 19, 25 bis, 31, 32, 35, 55, 57, 76, 79, 85, 101, 109, 111, 125, 136, 142, 156.

AUSTROBANNENSIS PAGUS. — L'Ostrevant, dans la Flandre, aujourd'hui partie du département du Nord, 120.

AVALENSIS PAGUS. — L'Avallonnois ou pays d'Avallon (Yonne), 66, 69, 122.

AVESA, COLONIA. — Avoise, canton de Sablé, arrondissement de la Flèche (Sarthe), 61.

AVILIACUS, alias ANILIACUS. — Avilly, hameau, commune de Saint-Léonard, canton de Senlis (Oise), 50.

AVRILEI. — Vrillé, hameau, commune de Neuillé-le-Noble (Indre-et-Loire), 171.

AXEDUS, 18, 43-47.

Baina villa. — Baignaux, près Lumeau, canton d'Orgères, arrondissement de Châteaudun (Eure-et-Loire? 104, 125, 156.

Baion villare. — Baillonville, commune de Maresches (Nord)? 18, 43.

Baliniacus, villa. — Balagny-sur-Onette, commune de Chamant, canton de Senlis (Oise), 50.

Balneacus, Belnacus. — Bannay, canton et arrondissement de Sancerre (Cher). Vide Belnacus, 84, 109, 111, 125, 136, 142, 156.

Banciacensis vicaria, 120.

Banioli. — Bannes, canton de Fère-Champenoise, arrondissement d'Epernay (Marne), 29.

Banioli, 126.

Barale villa. — Baralle, près de Cambrai (Pas-de-Calais), 197.

Basconna, villa. — Baccon, canton de Meung-sur-Loire, arrondissement d'Orléans (Loiret), 125, 156.

Bauleo villa. — Bullainville, canton de Bonneval (Eure-et-Loire), 49.

Belciacus, colonia. — Beaucé, écart d'Avoise (Sarthe), 64.

Belconius, Belcontus. — Vide Basconna villa, 18, 43.

Belgica. — La Belgique ou les provinces Belges, 12, 60.

Bellus mons, prope Turonos. — Beaumont-lèz-Tours, ancienne abbaye de femmes, près Tours (Indre-et-Loire), 109.

Bellus mons, colonia. — Beaumont, habit., commune de Mer (Loir-et-Cher), 61.

Belnacus. — Vide Balneacus.

Belvacensis pagus. — Le Beauvaisis ou pays de Beauvais, 77, 139.

Berbizilli, 61, 101, 109, 136, 142, 156.

Bergamascus. — Bergame, ville de Lombardie, capitale de la Bergamasque, 17.

Bernegannum, villa. — Bertegon, canton de Monts, arrondissement de Loudun (Vienne), 110.

Besa, 171.

Betiniag. — Saint-Martin-de-Valette, près de Nontron (Dordogne)? Vide Birbiniacus, 127.

Birbiniacus. — Saint-Martin-le-Point, à peu de distance de Nontron (Dordogne)? vide Betiniag, 127.

Bituricensis pagus. — Le Berri, 67, 84, 93, 133, 136, 137, 142, 156.

Biturigensium provincia. — La province ecclésiastique de Bourges, 59, 60.

Bladalaicus. — Blalai, au S.-E. et près de Mirebeau (Vienne), 14, 18, 59, 61, 101, 109, 111, 125, 136, 142, 156, 169.

Blasma, 18.

Blesensis pagus. — Le Blaisois ou pays de Blois, 24, 36, 42, 49, 65, 99, 136, 142, 156.

Blesum castrum, Blisum. — Blois (Loir-et-Cher), 99.

Blidricus villa, 36.

Bona, alias Loona, 18, 43, 47.

Bonitta ou Bonitus, colonia, 64.

Bracbantisse pagus. — Le Brabançois ou pays de Brabant (Belgique), 120.

Braciacensis vicaria. — La viguerie de Braye-sous-Faye, canton de Richelieu, arrondissement de Chinon (Indre-et-Loire)? 92.

BRAGONNUM. — Brion, arrondissement de Bressuire, canton de Thouars (Deux-Sèvres)?

BRAGIUM ou BIAGIUM. — Bray-sur-Onette, commune de Rully, canton de Senlis (Oise)? 50.

BRAICUS, VILLA. — Bré, habit., commune de Dierre (Indre-et-Loire), 36.

BRIA, VILLA. — Broyes, canton de Sezannes, arrondissement d'Epernay (Marne), 29.

BRIGOGALUS, BRIGOIALUS, BRIGOUDUS. — BRUGOGALUS, BURGOGALUS. — Saint-Epain, canton de Sainte-Maure (Indre-et-Loire), 15, 18, 43, 47, 56, 59, 101, 136, 142, 156.

BRINOALUS. — Voy. BRIGOGALUS.

BRIOCENSIS PAGUS. — Le pays de Brioux-sur-Boutonne, aujourd'hui chef-lieu de canton, arrondissement de Melle (Deux-Sèvres), 90, 91, 92.

BRIONNUS. — Brion, canton de Beaufort, arrondissement de Beaugé (Maine-et-Loire)? 18, 43.

BRISACENSIS FINIS. — Brescia, ville de Piémont, 17.

BRISIGAUSINSIS ou BRISIGAVIA PAGUS. — Le Brisgau ou pays de Brisach, sur la rive droite du Rhin, 16, 23.

BRITTANIOLÆ. — La Bertignère, commune de Chedigny (Indre-et-Loire), 61.

BRITTANNAICUS, BRITINIACUS. — Berthenay, commune du canton de Tours (Indre-et-Loire), 142, 144, 149, 150.

BRITUARIA, 27.

BROCIACINSIS VICARIA. — La viguerie de Broussy (le grand), canton de Fère-Champenoise, arrondissement d'Epernay (Marne), 29.

BRONIUM, MONASTERIUM. — Le monastère de Saint-Gerard-de-Brogne-sur-le-Burnot, à 41.S.-S.-O. de Namur, canton de Fosse (Belgique), 129.

BRUCIACENSIS PAGUS. — Le pays de Broussy, canton de Fère-Champenoise, arrondissement d'Epernay (Marne), 22.

BURDEGALENSIUM PROVINCIA. — La province ecclésiastique de Bordeaux, 59, 60.

BURGOGALUS, BRUGOLIUM, VILLA, cum ecclesis *Sanctorum Martini et Martiali*. — Brigueil-le-Chantre, arrondissement de Montmorillon, canton de La Tremouille (Vienne), 64, 109, 111, 125.

BURGOGALUS CUM CAPELLIS *Sancti Hispani* et *Sancti Martini*, ville *Brigogalus*. — Saint-Epain, canton de Sainte-Maure (Indre-et-Loire), 64, 109, 111, 125.

BURGUNDIA. — Le royaume de Bourgogne, 19, 25bis, 30, 31, 35, 55, 57, 60, 76, 79, 85, 101, 109, 111, 125, 186, 142, 156.

BUTTARIÆ, COLONIA ou ABUTTARIAS, la Buttière hameau, commune de Bossay (Indre-et-Loire), 64.

BUXEDUS, COLONIA. — Lieu dit le Pont-de-Bossay, écart de Précigné (Sarthe), 61.

BUXARIÆ. — La Bussière, commune d'Athée (Indre-et-Loire), 61.

CABILONENSIS PAGUS. — Le pays de Châlons-sur-Marne. (Marne), 74, 114.

CABRINIACENSIS CONDITA. — La viguerie de Cheverny, (Loir-et-Cher), 42.

CADERNIACUS, QUADERNIACUS, CAVERNIACUS. — Chavagnes, canton de Thouars, (Deux-Sèvres), ou Chevigné, commune de Saint-Georges-sur-Loire (Maine-et-Loire)? 136, 142, 156.

CADOLINSIS PAGUS. — Le pays de Châlons-sur-Marne (Marne). 29.

CADRIACUS, 18, 43, 47.

CALIXTA, CALESTRIA, CALIXTA NOVA cum ecclesia Sancti Georgii. — Châlautre-la-Grande, canton de Villiers-St-Georges, arrondissement de Provins (Seine-et-Marne), 111, 126, 153, 225.

CAMARILIACUS, COLONIA. — Chamaillé, commune de Courçay (Indre-et-Loire), 64.

CAMBORTENSIS CONDITA. — La viguerie de Chambourg, 24.

CAMERACENSIS PAGUS. — Le pays de Cambray ou Cambraisis, 197.

CAMILIACUS. — Chemillé, chef-lieu de canton, arrondissement de Cholet (Maine-et-Loire). Propriété qui devint ensuite le domaine de Marmoutier, 18, 43, 47.

CAMILIACUS, VILLA. — Chemillé, château, commune de Langeais (Indre-et-Loire), 151.

CAMONIA VALLIS alias CAUMONIA. — La vallée de Côme, en Italie, 17, 83, 87, 88, 162.

CAMPUS ROTONDUS, 36.

CAMSIACENSIS PAGUS. — Le pays de Changy, canton de Vitry-le-François (Marne), 74.

CANAVARIÆ. — Chennevière, village, commune de Blévy, canton de Châteauneuf (Eure-et-Loire), 95.

CANAVÆ, CANABUS. — Chanvre, commune de Pérusson, (Indre-et-Loire), 64, 109, 125, 136, 142, 156.

CANAVETUS, COLONIA, 64, 156.

CANIACUS. — Channay, canton de Château-la-Vallière, arrondissement de Tours (Indre-et-Loire)? 18, 43, 47.

CANTAGRELLUM, 153.

CANTUS LUPUS. — Chanteloup, hameau, commune de Ligueil (Indre-et-Loire), 247.

CANTUS PICÆ. — Chantepie, hameau de la commune de Joué, arrondissement de Tours, (Indre-et-Loire), 136, 142, 156.

CANUTIUS, CANUPTIUS, CATNUTIUS. — Chenu, canton du Lude, arrondissement de la Flèche (Sarthe). Vide *Catnutius*, 18, 43, 47, 64, 170.

CAPLEIA, CABLEIA. — Chablis, chef-lieu de canton, arrondissement d'Auxerre (Yonne), 66, 76, 79, 85, 104, 109, 114, 122, 125, 136, 142, 156.

CAPLEIENSE MONASTERIUM. — Le monastère de Chablis, 69, 70, 208.

CAPRARIÆ, 151.

CANAVO VILLA, 27.

CARANTUM. — La Charente, 90, 91, 92.

CARCANNACUS, VILLA. — Charcenay, hameau de la commune de Fondettes, arrondissement de Tours (Indre-et-Loire), 121.

CARISIACUS, CARISIAGUS, PALATIUM REGIUM. — Querzy (Aisne), 49, 50, 51.

CARNISIACUS VILLA.—Charnizay, arrondissement de Loches, canton de Preuilly (Indre-et-Loire), 123.

CARNOTINUS PAGUS. — Le pays Chartrain, 85.

CARUS. — Le Cher, rivière qui se rend dans la Loire, 32, 97, 136, 142, 156.

CASELLÆ, VILLA. — Le port de Montlouis, sur la Loire, en face le village de ce nom (Indre-et-Loire), 73.

CASSIACUS, 18, 43, vide Cuciacus.

CASTALANA CONDITA.—La viguerie de Châteaudun (Eure-et-Loir), 49.

CASTANETUS, CASTANOLUS.—Châtenay, château, commune de St-Saturnin, ou Châtelain (Mayenne)? 18, 43, 47, 61, 101, 109, 114, 125, 136, 142, 156.

CASTELLIO. — Châtillon-sur-Loire, chef-lieu de canton, arrondissement de Gien (Loiret, 137.

CASTELLUM SANCTI MARTINI.—Le Château-neuf, à Tours, 124, 126, 145, 148, 150, 198, 200, 203.

CASTELLUM RUDE SANCTI MARTINI. — Le Château-neuf, à Tours, 123, 138.

CASTRUM SANCTI MARTINI. — Le Château-neuf à Tours, 136, 137, 142, 156.

CATENACENSIS CONDITA. — Chetigné, commune de Distré (Maine-et-Loire), 36.

CATINIACUS. — Chatigny, château, commune de Fondettes (Indre-et-Loire), 42, 78, 97, 108, 123.

CATNUCIUS, CANUTUS. — Chenu, canton du Lude, arrondissement de la Flèche (Sarthe,) 101, 109, 114, 125, 136, 142, 156, 205.

CAUSILA RIV. — La Choisille, ruiseau du département d'Indre-et-Loire qui tombe dans la Loire, 121.

CAVANIÆ, COLONIA. — Chavagne, commune d'Auverse, canton de Noyant, arrondissement de Baugé (Maine-et-Loire), 61.

CENOMANNICUS PAGUS. — Le Maine ou pays du Mans, 24, 61, 101, 109, 114, 125, 136, 142, 156.

CHANTRA, VILLA, 16.

CHARENTILLETUS.—Charentilly, canton de Neuillé-Pont-Pierre (Indre-et-Loire), 200, 209, 212.

CHIRICHEIM.—Kircheim, canton de Vasselonne (Bas-Rhin)? 88, 89.

CIBRIACUS, COLONIA. — Givray, commune d'Athée (Indre-et-Loire), 61.

CILICIACUS, SCILICIACUS.—Sully, écart. de Mirebeau (Vienne), 90, 91, 92.

CIVERARIÆ CUM ECCLESIA SANCTI GEORGII. — Chevrières, canton d'Estrées-St-Denis, arrondissement de Compiègne (Oise), 77, 139.

CIVRIACUS, COLONIA. — Civray, commune de la Celle-Guenand, (Indre-et-Loire), 61.

CLAROMONT, VICARIA. — La viguerie de Clermont-Ferrand (Puy-de-Dôme), 38.

CLASIA, FLUV. — La Claise, rivière qui tombe dans la Vienne, 72.

COLIDONIA, VILLA. — Coulon, habit., écart d'Antogné, arrondissement de Saumur,

canton de Montreuil-Bellay (Maine-et-Loire), 37.
COLLORIO VILLA, 27.
COLONIA. — Coulaines, écart de Mayet (Sarthe), 156.
COLONICA, VILLULA, 52.
COLUMBERIUM CASTRUM. — Colombiers, canton et arrondissement de Châtellerault (Vienne), 132.
COLUMBUM, 24.
COLONNUS, 61.
COMISIACUS, COMISIACENSIS FINIS, CUMISIACUS. — Comissey, canton de Cruzy-le-Châtel, arrondissement de Tonnerre (Yonne), 69, 70, 101, 109, 111, 125, 136, 142, 156.
COMPENDIUM, PALATIUM REGIUM. — Le palais de Compiègne, 111.
CONDATUM. — Candé, château, commune de Mons (Indre-et-Loire), 123.
CONEDA VICUS. — Cosne, chef-lieu d'arrondissement (Nièvre), 67.
COPEDINSIS VICARIA. — La viguerie de Queudes, canton de Sezanne, arrondissement d'Epernay (Marne), 29, 139, 140.
COPRISTANNUM, 23.
CORBONENSIS VICARIA. — Vide CORTONENSIS VICARIA, 84.
CORMARICUS. — Cormery, canton de Montbazon, arrondissement de Tours (Indre-et-Loire), 24.
CORMARICUS (cella Sancti Pauli quæ dicitur). — Le monastère de Cormery, 25, 37.
CORMARICENSE MONASTERIUM. — Le monastère de Cormery, 31, 39.
CORTONENSIS VICARIA, male CORBONENSIS VICARIA. — La viguerie de Sancerre (Cher), 84.
COVEDINSIS PAGUS. — Vide COPEDINSIS VICARIA.
CRESIACUS, VILLA. — Cru? (Maine-et-Loire), commune de Meigné, canton de Doué-la-Fontaine, 36.
CROIA, 70.
CROVIACUS, COLONIA, cum oratorio. — Crouy, commune du canton de Bracieux (Loir-et-Cher), 61.
CRUCILIA, CURCILIA. — Crouzilles, canton de l'Ile-Bouchard, arrondissement de Chinon (Indre-et-Loire), 18, 43, 47.
CURBENCIA, 171.
CUCIACUS, COLONIA. — Cussay, canton de la Haye-Descartes, arrondissement de Loches (Indre-et-Loire), 61.
CURCELLE. — Courcelles, écart de Chatinoy-le-Royal (Saône-et-Loire), 136, 142, 156.
CURCIACUS. — Courçay, canton de Bléré, arrondissement de Tours (Indre-et-Loire), 42, 43, 47, 61, 109, 111, 125, 142, 156, 170, 200, 209, 212.
CURCIACUS. — Curçay, canton des Trois-Moutiers, arrondissement de Loudun (Vienne), 18, 45, 47, 61, 101, 109, 132, 136, 142, 156, 167.
CURCINIACUS. — Courçay, canton de Bléré, arrondissement de Tours (Indre-et-Loire), 24.
CURCOLMUM. — Courcome, canton de Villefagnan, arrondissement de Rufec (Charente), 90, 92.
CURTIS AGOLDI. — Courtioux, commune de La Saulsotte, canton de Villenoxe (Aube), 153.

CURTIS BOSONIS. — Courbouzon, canton de Mer, arrondissement de Blois (Loir-et-Cher), 63.

CURTIS CALMONIS, COLONIA. — Courtamon, hameau, commune de Vouvray, canton de Château-du-Loir, arrondissement de Saint-Calais (Sarthe), 61.

CURTIS MUCIONIS, COLONIA. — Courmarceau, écart de Luceau, canton de Château-du-Loir, arrondissement de Saint-Calais (Sarthe), 61.

DELFIACUS, 43, 47, 48.

DOCIACUS. — Doussai, canton de L'Encloître, arrondissement de Châtellerault (Vienne), 18, 43, 47, 61, 90, 91, 92, 101, 103, 109, 111, 125, 136, 142, 156, 169, 219, 220, 222.

DOFIO, VILLA, 27.

DOLUS, DOLENSIS VICARIA. — Dolus, canton et arrondissement de Loches (Indre-et-Loire), 72.

DOMUS DEI, 109, 125.

DRONIUS, 84.

DUNENSIS PAGUS. — Le Dunois ou pays de Châteaudun (Eure-et-Loir), 24, 49.

DUNUM CASTRUM. — Châteaudun, chef-lieu d'arrondissement (Eure-et-Loir), 49.

DUODECIM PONTES. — Ponts-sur-Seine, canton et arrondissement de Nogent-sur-Seine (Aube), 27.

ERMENTARIA. — Mantarville, commune de Sainville, canton d'Auneau (Eure-et-Loire), 24.

ESCA, FLUV. — L'Oise, rivière qui tombe dans la Seine, 77.

ESMANCIA, RIVUS. — La Manse, ruisseau du département d'Indre-et-Loire, qui tombe dans la Vienne, 171.

EVENA, RIVULUS. — L'Evre ou l'Evrois, ruisseau du département d'Indre-et-Loire qui tombe dans l'Fstrigneul, 151.

EVENINSIS VICARIA, CONDITA. — La viguerie d'Esvres, canton de Montbazon, arrondissement de Tours (Indre-et-Loire), 24, 42, 113.

EVERDUNENSIS VICARIA. — La viguerie d'Averdon, canton d'Herbault, arrondissement de Blois (Loir-et-Cher), 65.

EXIDOLIUM. — Vide SANCTI MEDARDI CELLA.

EXOVINSIS CONDITA, mauvaise lecture pour CROVINSIS CONDITA. — Craon, chef-lieu de canton, arrondissement de Château-Gontier (Mayenne), 36.

FABRICÆ. — Forges, hameau, commune d'Esvres (Indre-et-Loire), 24.

FABT, VILLA. — Fosse, jadis Folz, près Namur (Belgique), 129.

FAGETUS, COLONIA. — Fay, habit., commune de Volandry, canton et arrondissement de Baugé (Maine-et-Loire), 61.

FAIA, VILLA. — Faite, habit., commune d'Antogny (Indre-et-Loire), 131.

FAIA, VILLA. — Faye-la-Vineuse, canton de Richelieu (Indre-et-Loire), 145.

FALINACENSIS VICARIA, pour SALVIACENSIS VICARIA. Vide

Ferciacus villa. — Fercé, hameau absorbé par un des faubourgs de Cormery (Indre-et-Loire), 24, 37.

Ferroco. — Ferreux, canton de Romilly-sur-Seine, arrondissement de Nogent-sur-Seine (Aube), 27.

Flaviniacensis vallis, 27.

Floriacus, colonia. — Fleury, hameau de la commune de Suèvres, canton de Mer, arrondissement de Blois (Loir-et-Cher), 61.

Fontanæ, villa. — La Fontaine, commune d'Esvres (Indre-et-Loire), 42, 113.

Fontanæ, colonia. — La Fontaine écart de Suèvres (Loir-et-Cher) 61.

Fontenelle. — Les Fontaines, maison isolée, commune de Mayet (Sarthe), 156.

Francia. — Pays compris entre la Seine et la Meuse, 59, 60, 69, 85, 88, 111, 125.

Fraxinus, villa, 131.

Gabrium, villa. — Saint-Lubin, en Vergonnais, arrondissement et canton de Blois (Loir-et-Cher), 65.

Galatia, provincia. — La Galatie, province d'Espagne, 114.

Gallia, 88, 109.

Galuinæ — Gelannes, près Pont-sur-Seine (Aube), 27.

Gaudiacus, villa. — Joué, commune de Ceaux, canton de Loudun (Vienne), 110.

Gaudiacus. — Joué, canton et arrondissement de Tours (Indre-et-Loire), 142, 144, 149, 156, 200, 212.

Gaudiacus, villa. — Jouy-le-Chatel, canton de Nangis, arrondissement de Provins, (Seine-et-Marne), 153.

Gaudomarus. — Gandumas, commune de Saint-Médard-d'Exideuil (Dordogne), 5.

Gebriacus. — Le grand et le petit Geay, commune de Courçay (Indre-et-Loire), 61.

Genestogalus, Geneforgallus. — Geneteil, commune de Chigné, canton de Noyant, arrondissement de Baugé (Maine-et-Loire), 18, 61, 101, 109, 111, 125, 136, 142, 156, 170.

Genevas, 65.

Genuliacus. — Genouillac, canton de Saint-Claude, arrondissement de Confolens (Charente), 5.

Germania. — La Germanie, 76, 79, 85.

Glanle, villa. — Langout, hameau, commune de Verrue, canton de Monts-sur-Guesne (Vienne)? 145.

Goilis. — Guillon-sur-Serain, chef-lieu de canton, arrondissement d'Avallon (Yonne), 69.

Griciense fundum, 5.

Grislomons. — Grillemont, commune de la Chapelle-Blanche (Indre-et-Loire), 212.

Grussus, Grussius. — Greux, commune de Montlouis, arrondissement de Tours (Indre-et-Loire), 20, 36.

Guatrenal, villa. — Watermael, arrondissement de Bruxelles, canton d'Overryssche (Belgique), 120.

Guisius, villa, 66.

Guisling villa, 120.

Hantra, fluvius, 16.

Hasbanensis pagus. — La

Hesbaye ou pays de Namur (Belgique), 129.
HELARIUS — L'Allier, rivière qui tombe dans la Loire, 32.
HERISTALLUM, PALATIUM REGIUM, 125.
HESA, HOSA, FLUV. — L'Oise, rivière qui tombe dans la Seine, 139.
HILARIUM, 24.
HILVIO, VILLA, 22.
HOB, voyez ODATUS.
HOSPITALE SANCTI MARTINI. — L'hospice de Saint-Martin, 20, 36.
HOSPITALE NOBILIUM. — L'hospice de Saint-Martin, réservé aux nobles, 61, 79, 85, 105, 109, 115, 125, 156.
HOSPITALE PAUPERUM. — L'hospice de Saint-Clément, à l'usage des pauvres, 61, 79, 85, 105, 106, 107, 109, 116, 125, 156.

IGRUA, 27.
ILINIACENSIS VICARIA. — La viguerie d'Isle-sur-Serain (Yonne), 69.
ILLA LANDA. — La Lande, habit., commune de Souzay, arrondissement de Tours (Indre-et-Loire), 63.
ILLE MANSUS. — Le Meix-Saint-Epoing, canton d'Esternay, arrondissement d'Epernay (Marne), 29, 85.
ILLA RIVARIA, ILLA RIPARIA. — La grande et la petite Rivière, commune et canton de Monts-sur-Guesnes, arrondissement de Loudun (Vienne), 136, 142, 156.
INFIRMORUM CAPELLA IN MONASTERIO SANCTI MARTINI. — L'infirmerie de la collégiale de Saint-Martin à Tours, 145.
INSULA AD SANCTUM COSMAM ou INSULA SANCTI COSMÆ. — Vide SANCTUS COSMAS, 108, 166.
ISSANDON ou YSSANDON CASTRUM. — Yssanson, canton d'Ayen, arrondissement de Brives (Corrèze), 5.
ITALIA. — L'Italie, 30, 31, 35, 55, 57, 59, 76, 79, 83, 85, 88, 162.

JUDEIS VILLA. — Les Juifs, commune de Prasville (Eure-et-Loir), 49.
JULIACUS DOMUS. — Juillac, commune de Genouillac (Charente), 5.

LANCIANÆ, VILLA. — Valenciennes (Nord), 120.
LANCIONENSIS VICARIA. — La viguerie d'Alençon (Orne), 108.
LANDA (*silvula quæ dicitur*). — Les Landes, écart de Luceau, canton de Château-du-Loir, arrondissement de Saint-Calais (Sarthe), 61.
LATCIO. — La Chapelle-Lasson, canton d'Anglure, arrondissement d'Epernay (Marne), 29.
LAUDIACENSIS VICARIA. — La viguerie de Montlouis, arrondissement de Tours (Indre-et-Loire), 20.
LAUDUNUM CASTRUM. — Laon (Aisne), 25 bis, 124, 132.
LAURIACUS, 18.
LEDORS, VILLA. — Liours, commune de la Saulsotte (Aube), 153.
LEDUS, LIDUS. — Le Loir, rivière qui se jette dans la Loire, 32, 49, 64.

LEMOVICINA CIVITAS. — La ville de Limoges (Haute-Vienne), 5.
LEMOVICENSIS PAGUS. — Le Limousin, 127.
LIANA, 17, 88, 162,
LIGER. — La Loire, fleuve qui se jette dans l'Océan à Saint-Nazaire, 32, 61, 64, 65, 67, 73, 97, 108, 123, 125, 136, 142, 156.
LIGERITUS, FLUV. — Le Loiret, rivière qui tombe dans la Loire, 63.
LIGURIÆ COMITATUS. — La Ligurie, province d'Italie, 17.
LINARIÆ. — Lignière, ferme, commune de Veigné (Indre-et-Loire), 113.
LINARIÆ, COLONIA. — Linières-Bouton, canton de Noyant, arrondissement de Baugé (Maine-et-Loire), 61.
LINARILIÆ. — Lignières, canton d'Azay-le-Rideau, arrondissement de Chinon (Indre-et-Loire), 20.
LINERIS, VILLA. — Ligners, commune de Verrue, canton de Monts-sur-Guesne (Vienne), 145.
LINGONENSIS ECCLESIA. — La Province ecclésiastique de Langres, 59, 60.
LIRADUS. — Leré, chef-lieu de canton, arrondissement de Sancerre (Cher), 59, 61, 64, 67, 76, 85, 101, 109, 111, 125, 136, 142, 156.
LOCUS, COLONIA. — Locé, écart à l'E. de Restigné, canton de Bourgueil (Indre-et-Loire), 61.
LONGOBARDIA. — La Lombardie, province d'Italie, 204.
LUBLA, VILLA, 100.
LUCIACUS. — Lussac, canton de Saint-Claud, arrondissement de Confolens (Charente), 5.

LUGDUNENSIS VICARIA. — La viguerie de Loudun, chef-lieu d'arrondissement (Vienne), 140.
LUGDUNENSIS PROVINCIA. — La province ecclésiastique de Lyon. 59, 60.
LUGOGALUS, LIGOGALUS, LICALOGUS. — Ligueil, chef-lieu de canton, arrondissement de Loches (Indre-et-Loire), 18, 47, 61, 109, 111, 125, 136, 142, 154, 156, 164, 170, 200, 209, 217, 242.
LUINIACUS, COLONIA, 61.
LUNITES (*Limites?*) — Linthes, canton de Sezannes (Marne), 29.
LUPIACUS. — Louans, canton de Ligueil, arrondissement de Loches (Indre-et-Loire), 18.
LUPCHIACUS, LATCHIACUS. — Lachi, canton de Sezannes, arrondissement d'Epernay (Marne), 139, 140.

MACERIÆ. — Mazère, habit., commune de Reignac (Indre-et-Loire), 61.
MADRINIACUS, COLONIA. — Marigny-Marmande, commune du canton de Richelieu (Indre-et-Loire), 61.
MAGITTUS. — Mayet, chef-lieu de canton, arrondissement de la Flèche (Sarthe), 18, 61, 101, 109, 111, 125, 136, 142, 156.
MAGNIACUS, VILLA. — Maigné, village aujourd'hui détruit, qui était situé en face de la Membrolle (Indre-et-Loire),
MAIRACUS, MARIACUS. — Méré, hameau, commune du Pont-de-Ruan. (Indre-et-Loire), 123.

MALEBUXIS, VILLA. — Maubuis-set (lieu dit), commune de St-Epain (Indre-et-Loire), 56
MANSILE ORDONUM. — Ordon, écart de la commune de Chalaustre-la-Grande (Seine-et-Marne), 153.
MANSIONES, VILLA. — La Grande-Maison, commune de Dolus (Indre-et-Loire), 72.
MARCIACUS, VILLA. — Marsat, canton de Clermont-Ferrand (Puy-de-Dôme), 38, 61, 67, 79, 84, 85, 109, 111, 125.
MARINIACUS, VILLA. — Le grand et le petit-Marigny, commune d'Esvres (Indre-et-Loire), 42, 115.
MARINIACUS — Marigné, canton de Romilly-sur-Seine (Aube), 27.
MARMORICO, VILLA. — Villers-Marmery, canton de Verzy, arrondissement de Reims (Marne), 27.
MARNIACO. — Marnay, canton et arrondissement de Nogent-sur-Seine (Aube), 27.
MAROIALUS. — Mareuil, canton de Saint Aignan, arrondissement de Blois (Loir-et-Cher), 18
MARTINIACUS, VILLA, *cum capella Sancti Martini*. — Martigny-sur-Loire, commune de Fondettes (Indre-et-Loire) 42, 76, 78, 97, 101, 108, 123, 125, 136, 142, 149, 156.
MASCON. — Saint-Martin de Macon, canton de Thouars, arrondissement de Bressuire (Deux-Sèvres), 169.
MATRICULA SANCTI MARTINI. — La fabrique de Saint-Martin de Tours, 55, 57.
MAZDUM ou Mardon, 39.
MAUDUNUM, 156.

MEDANA. — La Mayenne, rivière, 32.
MEDONNA, MEDONIA. — Monnaie, canton de Vouvray, arrondissement de Tours (Indre-et-Loire), 101, 109, 111, 121, 125, 136, 142, 156, 170.
MELCIACUS. — Ce nom est peut-être le résultat d'une mauvaise lecture et doit désigner MARCIACUS, Marsat, en Auvergne, 18.
MELDEDONUS, BERIA. — Le ruisseau de Saint-Martin-le-Beau, arrondissement de Tours (Indre-et-Loire), 118.
MELDICUS, MELDACENSIS, MELDENSIS PAGUS, COMITATUS. — Le Mulcien ou pays de Meaux, 29, 139, 140.
MELODUNENSIS PAGUS, MELIDUNENSIS. — Le pays de Melun, 22, 61, 77, 125, 136, 138, 139, 142, 156.
MEMBRARIOLÆ. — La Membrolle, arrondissement de Tours (Indre-et-Loire), 18.
MERCURIOLUS. — La prairie de Mequeroil, dans l'île Saint-Côme (Indre-et-Loire), 117.
MERILA, 18.
MERLAUS, VILLA. — Merlaùt, canton de Vitry-le-François (Marne), 74, 79, 85, 101, 109, 111, 125, 136, 142, 156.
MILICIACUS, VILLA. — Melecey, canton de Givry, arrondissement de Châlon-sur-Saône (Saône-et-Loire), 74, 76, 79, 85, 101, 109, 111, 125, 136, 142, 156.
MINCIADÆ LACUS. — Le lac de Garde, d'où sort le Mincio, 17, 162.
MODONA — Mosnes, canton d'Amboise, arrondissement de Tours (Indre-Loire), 64.

Modullum — Muides, canton de Bracieux, arrondissement de Blois (Loir-et-Cher), 95.

Mogre, fluvius. — Le Morin, petite rivière qui traverse le département de l'Oise, 29.

Moguntinensium provincia. — La province ecclésiastique de Mayence, 59, 60.

Molinis, villa. — La Molière sur la Choisille, commune de Mettray (Indre-et-Loire) 121.

Molono. — Maulou, commune de Beauvilliers, canton de Voves (Eure-et-Loire)? 95.

Monasteriolum, 71.

Monasterium in civitate Turonensi, 101, 109, 111, 125.

Mons, villa. — Mons, canton de Dannemarie, arrondissement de Provins (Seine-et-Marne), 61, 77, 85, 101, 109, 111, 125, 136, 138, 139, 140, 142, 156.

Mons. — Monts, canton de Montbazon, arrondissement de Tours (Indre-et-Loire), 123.

Mons Agebodi. — Mont-l'Evêque, canton et arrondissement de Senlis (Oise)? 50.

Mons Gracianus, 27.

Mons Gungiselus, 22.

Mons Laudiacus, villa, condita, vicaria. — La ville et la viguerie de Montlouis, arrondissement de Tours (Indre-et-Loire) 36, 73, 118.

Mons Morinus. — Localité située dans le canton de Mayet, aujourd'hui détruite. On trouve encore Veaumorin, hameau de la même commune (Sarthe), 156.

Mons Orfildi, 110.

Mons Tresaltis et ecclesia sancti Andochii, 122.

Moreta, ecclesia, 168.

Morevinsis pagus. — Le Montois (Seine-et-Marne), 29, 153.

Moriniacus. — Morignan, commune de Manthelan (Indre-et-Loire), 137.

Muliacensis vicaria. — La viguerie de Maillé ou Luynes, arrondissement et canton de Tours (Indre-et-Loire), 20.

Mulnitus, colonia. — Meunay, écart de Rilly, canton de Montrichard, arrondissement de Blois (Loir-et-Cher), 61.

Nantolium. — Nanteuil, près Montrichard (Loir-et-Cher), 137.

Narbona civitas. — Narbonne, 53.

Narbonensium provincia. — La province ecclésiastique de Narbonne, 59, 60.

Navicellæ. — Nazelles, canton d'Amboise, arrondissement de Tours (Indre-et-Loire), 4.

Negiacus. — Neuillac, commune d'Asnières, arrondissement d'Angoulême (Charente), 5.

Neriacus. — Neré, écart de Monnaie (Indre-et-Loire), 106.

Neriniacus villa, Nirmiacus cum ecclesia Sancti Martini, Niziacus, 66, 125.

Noentus — Nouans-le-Fuzelier (Loir-et-Cher), canton de la Motte-Beuvron ou Nouans (Indre-et-Loire), canton de Montrésor, arrondissement de Loches, 18.

Neustria. — Le royaume de Neustrie, qui s'étendait de la Meuse à la Loire, 19, 25 bis, 30, 31, 35, 55, 57, 76, 79, 85, 101, 109, 111, 125, 136, 142, 156.

NOGASTRUM CASTRUM. — Nouâtre, canton de Sainte-Maure, arrondissement de Chinon (Indre-et-Loire), 131.

NOGARIOLÆ. — Noyent, arrond¹ de Provins(Seine-et-Marne),27

NONNIACA DOMUS. — Nonac, canton de Mont-Moreau, arrondissement de Barbezieux (Charente), 5.

NOVA VILLA, 18.

NOVA VILLA, COLONIA, 64.

NOVIENTUS. — Noyant, chef-lieu de canton, arrondissement de Baugé (Maine-et-Loire), 18, 101, 109, 111, 125, 136, 156, 170.

NOVIENTUS. — Nogent-en-Othe, canton d'Aix-en-Othe, arrondissement de Troyes (Aube), 53. 68, 76, 79, 85, 101, 109, 111, 125, 136, 142, 156.

NOVIENTUS. — Noui, commune de Montlouis, arrondissement de Tours (Indre-et-Loire), 118.

NOVIOCENSIS VICARIA. — La viguerie de Neuvy-le-Roy, arrondissement de Tours (Indre-et-Loire), 98.

ODATUS, ODACUS. — Notre-Dame-d'Oë, arrondissement de Tours (Indre-et-Loire), 64, 101, 109, 111, 125, 136, 142, 156, 200, 209, 212.

ODONIS CURTIS. — Houdancourt-sur-Oise, canton d'Estrées-Saint-Denis, arrondissement de Compiègne (Oise), 77, 139.

ORBIACUS. — Orbé (le haut et le bas), à l'est de Thouars et sur la route de Thouars à Loudun (Deux-Sèvres), 131.

ORTLUCUS, ORLUCUS. — Orlu, canton d'Auneau (Eure-et-Loir) ou Orlu, canton de Perols (Corrèze)? 18.

OTMENSIS PAGUS, VICARIA, alias OTINENSIS. — Le pays d'Othe, 53, 68.

OXOMINSIS PAGUS. — L'Hiémois, dont le chef-lieu était Hiesmes ou Exmes (Orne), 108.

PADUS, FLUV. — Le Pô, fleuve d'Italie, 17, 162.

PAGNIACUS. — Peigné, commune de Saint-Epain (Indre-et-Loire), 109, 111, 125.

PANTIACUS. — Saint-Firmin-sur-Loire, canton de Châtillon-sur-Loire ou Saint-Brisson, ou Saint-Martin-sur-Ocre, arrondissement et canton de Gien (Loiret). Vide POMETUM, 137.

PAPIA CIVITAS. — Pavie, ville de Piémont, 17, 162.

PARISIUS. — Paris (Seine), 86.

PATERNACUS. — Pernay, canton de Neuillé-Pont-Pierre, arrondissement de Tours (Indre-et-Loire), 24.

PATIACO — Pacy-sur-Seine, arrondissement de Provins (Seine-et-Marne), 27.

PATRICIACUS, PARRICIACUS, PADRICIACUS. — Parcé, canton de Sablé, arrondissement de La Flèche (Sarthe), 18, 64, 101, 109, 111, 125, 136, 156, 170.

PAULIACUS, 36.

PAUSSINIACUS VILLA. Vide PUSSINIACUS.

PAXEDUM. — Pezay, écart N.-O. de Saint-Denis-sur-Loire (Loir-et-Cher), 99.

PELGIACUS. — Pigy, écart de Chalaustre-la-Grande (Seine-et-Marne), 153.

Penuer. — La Penière, écart de Verneil (Sarthe)? 156.
Petia villa ou Apeiz, 120.
Pictavis. — Poitiers (Vienne), 92, 132.
Pictavus ou Pictavensis pagus. Le Poitou, 24, 37, 45, 90, 91, 92, 103, 110, 136, 142, 145, 158.
Pictavensis Episcopatus. — L'évêché de Poitiers, 169.
Piscaria curtis. — Peschiera en Italie, 17, 162.
Pistæ. — Pitres, canton de Pont-de-l'Arche, arrondissement de Louviers (Eure), 64.
Pociacus, 18.
Podentiniacus. — Pontigné, canton et arrondissement de Baugé (Maine-et-Loire), 18.
Pometum. — Saint-Brisson ou Saint-Martin-sur-Ocre, arrondissement et canton de Gien, ou Saint-Firmin-sur-Loire, canton de Châtillon-sur-Loire, arrondissement de Gien (Loiret), 137.
Ponte lapidensi (*vicaria de*), 36.
Pontis saxonis porta. — La Porte-Petrucienne ou du Pont-de-Pierre au Château-neuf à Tours, 150.
Pontio, Palatium imperiale. Ponthion, canton de Thiéblemont, arrondissement de Vitry-le-Français (Marne), 69, 70.
Popolenum, 125.
Portus. — Ports, canton de Sainte-Maure, arrondissement de Chinon (Indre-et-Loire), 18, 61, 109, 111, 125, 136, 142, 156.
Pratum luci. — Nom d'une prairie dans l'île Saint-Cosme (Indre-et-Loire), 97, 108.
Prisciniacus. — Précigné, canton de Sablé, arrondissement de La Flèche (Sarthe), 18, 81, 101, 109, 111, 125, 136, 142, 156, 170.
Proliacus. — Preuilly, chef-lieu de canton, arrondissement de Loches (Indre-et-Loire), 72.
Provincia. — La Provence ou l'ancienne province Romaine, 19, 25 bis, 30, 31, 35, 55, 57, 59, 60, 76, 79, 85.
Prunarii. — Les Pruniers, aujourd'hui le Chêne-d'Orlin, canton de Ste-Maure (Indre-et-Loire), 109, 111, 125.
Prunetum. — Prunay, près de Mery-sur-Seine (Aube), 27.
Pseudoforus, Pseudoforensis curtis. — Suèvres. Vide Sodobria, 109, 111, 125, 128, 148.
Puizaium villa. — Le Pué, commune de Neuillé-Pont-Pierre (Indre-et-Loire, 147.
Pussiniacus et ecclesia Sancti Saturnini, Paussiniacus villa. — Pussigny, canton de Sainte-Maure, arrondissement de Chinon (Indre-et-Loire), 110, 131.
Puteum flodulfi. — Puyfrou, commune de Chalaustre-la-Grande (Seine-et-Marne), 153.
Puteum mundatum. — Puy-Prosé, habit. de la commune de Fondettes (Indre-et-Loire), 42, 78, 97, 108, 123.

Reliacus, colonia. — Rillé, ferme et écart de la Bruère, canton du Lude, arrondisse-

ment de la Flèche (Sarthe), 61.
REMENSIS CAMPANIA. — La campagne de Reims, 27.
REMIS. — Reims, chef-lieu d'arrondissement (Marne), 200.
REMORUM PROVINCIA. — La province ecclésiastique de Reims, 59, 60.
RESTINIACUS, RESTIGNIACUS. — Restigné, canton de Bourgueil, arrondissement de Chinon (Indre-et-Loire), 61, 101, 109, 141, 125, 136, 142, 156.
RESTIS. — Retz, hameau situé sur la Loire, près de Montsoreau (Maine-et-Loire), 18, 45.
RILIACUS, COLONIA. — Rilly, canton de Montrichard, arrondissement de Blois (Loir-et-Cher), 61.
RODOMINSIS VICARIA. — La viguerie du Pont-de-Ruan, canton de Montbazon, arrondissement de Tours (Indre-et-Loire), 108, 123.
RODORA. — Moutier-Roseille, canton de Felletin, arrondissement d'Aubusson (Creuse) 55, 57.
ROFIACUS. — Rouffiac de Saint-Martial-la-Meneele ou d'Aubeterre, canton d'Aubeterre, arrondissement de Barbezieux ou Rouffiac, canton de Plassac (Charente), 5.
ROMA. — La ville de Rome, 162.
ROMANIA. — La Romagne, 88, 162.
ROTHOMAGENSIUM PROVINCIA. — La province ecclésiastique de Rouen, 59, 60.
RUBRIDUS VILLA. — Rouvres, commune du canton de Betz (Oise), 50.
RUBRUS. — Reuvre, canton de Sezannes, arrondissement d'Epernay (Marne), 29.
RUBRUS COLONIA. — Le grand et le petit Rouvre, commune de Courçay (Indre-et-Loire), 61.
RUSCOIALUM, 24.
SADOBRINSIS VICARIA. Vide SODOBRIUM.
SALA MALEDICTA, 109, 123.
SALDOA, SALDOVA, SALDOS. — Saudoy, canton de Sezanne, arrondissement d'Epernay (Marne), 29, 85, 101, 109, 141, 125, 136, 142, 156.
SALVENSIS VICARIA. — Saint-Jean de Sauves, canton de Montcontour, arrondissement de Loudun (Vienne), 92.
SANCTI ANDREÆ CELLA vel ABBATIA. — L'église de Saint-André Tours, 55, 57, 125, 151.
SANCTI ANIANI CASTELLUM. — Saint-Aignan-sur-Cher, chef-lieu de canton, arrondissement de Blois (Loir-et-Cher), 133.
SANCTI AREDII MONASTERIUM. — Le monastère de Saint-Yriex-de-la-Perche, à Saint-Yriex, chef-lieu d'arrondissement (Haute-Vienne), 55, 57, 59, 202.
SANCTI BENEDICTI CELLA. — La celle de Saint-Benoît à Tours, 136, 142, 156.
SANCTI CHRISTOPHORI DE SODOBRIA CAPELLA. — L'église de Saint-Christophe de Suèvres, 61.
SANCTI CLEMENTIS CELLA. — L'église de Saint-Clément à Tours, 55, 57, 105, 106, 107.
SANCTÆ COLUMBÆ CELLA. — La celle de Sainte-Colombe à Tours, 54, 55, 125.

SANCTI COSMÆ MONASTERIOLUM. — Le monastère de Saint-Cosme, dans l'île de ce nom, près Tours (Indre-et-Loire, 166, 204.

SANCTÆ CRUCIS CELLA. — L'église de Sainte-Croix, près celle de Saint-Martin à Tours, 55, 57.

SANCTI DIONISII ECCLESIA. — L'église de St-Denis à Tours, 55, 57.

SANCTI DIONISII ECCLESIA. — Saint-Denis-sur-Loire, commune et arrondissement de Blois (Loir-et-Cher). Vide VOCINANTUS, 99, 109, 114, 125.

SANCTI FARELDIS ECCLESIA, 120.

SANCTI FARONIS ABBATIA. — L'abbaye de Saint-Faron à Meaux (Seine-et-Marne), 216.

SANCTI GEORGII CELLA vel ORATORIUM. — L'église de Saint-Georges à Tours, 150.

SANTI GERMANI AUTISSIODORENSIS MONASTERIUM. — L'abbaye de Saint-Germain d'Auxerre (Yonne), 66.

SANCTI HILARII ORATORIUM. — L'église de Saint-Hilaire d'Exideuil, canton d'Exideuil, arrondissement d'Angoulême (Dordogne), 5.

SANCTI HILARII CAPELLA. — La chapelle de Saint-Hilaire-de-Vienne, canton de Monts-sur-Guesnes, arrondissement de Loudun (Vienne), 145.

SANCTI HISPANI, vel SANCTI SPANI ECCLESIA. — Saint-Epain, canton de Sainte-Maure, arrondissement de Chinon (Indre-et-Loire), 56, 136, 168, 170, 171.

SANCTI JOHANNIS CELLA, ABBATIOLA. — L'église de Saint-Jean, ancien Baptistère de Saint-Martin à Tours, 55, 57, 125, 146.

SANCTI JULIANI MONASTERIUM. — Le monastère de Saint-Julien à Tours (Indre-et-Loire), 143.

SANCTI JULIANI AUTISSIODORENSIS MONASTERIUM. — Le monastère de Saint-Julien d'Auxerre, 69, 70.

SANCTI JULIANI BRIVATENSIS MONASTERIUM. — Le monastère de Saint-Julien de Brioude (Haute-Loire), 84.

SANCTI LEOBINI ECCLESIA. — L'église de Saint-Lubin de Suèvres. — Vide SODOBRIA, 99, 109, 114, 125.

SANCTI LEOBINI DE GABRIO ECCLESIA. — Saint-Lubin en Vergonnois, arrondissement et canton de Blois (Loir-et-Cher), 65.

SANCTI LUPI DE CAPLEIA CELLA. — Le monastère de Saint-Loup de Chablis (Yonne), 66.

SANCTÆ MARIÆ ORATORIUM, 27.

SANCTÆ MARIÆ BASILICA. — L'église de Notre-Dame-de-l'Ecrignole à Tours, 50, 55, 57.

SANCTÆ MARIÆ XENODOCHIUM IN WAHAM. — L'église de Notre-Dame, près Pavie, en Italie, 17.

SANCTÆ MARIÆ AD SCRINIOLUM CELLA. — L'église Notre-Dame-de-l'Ecrignole à Tours, 125.

SANCTÆ MARIÆ PAUPERCULÆ ECCLESIA. — L'église Notre-Dame-la-Pauvre, dans le faubourg de Château-neuf à Tours, 126.

SANCTI MARTIALIS LEMOVICENSIS MONASTERIUM. — Le monastère de Saint-Martial de Limoges (Haute-Vienne), 5.

SANCTI MARTIALIS SICHINIACI CELLA, 125.

SANCTI MARTINI MONASTERIUM. — L'abbaye de Saint-Martin à Tours, 5, 25, 28, 29, 30, 31, 32, 40, 43, 44, 45, 46, 48, 50, 52, 54, 57, 59, 60, 62, 63, 64, 66, 74, 75, 83, 84, 85, 87, 101, 109, 123, 127, 136, 142, 156, 162.

SANCTI MARTINI BASILICA. — L'église de Saint-Martin à Tours, 5, 12, 16, 19, 22, 23, 31, 55, 60, 69, 70, 74, 79, 103, 104, 109, 111, 116, 125, 137.

SANCTI MARTINI SEPULCRUM, 41.

SANCTI MARTINI ÆDUENSIS MONASTERIUM. — Le monastère de Saint-Martin d'Autun, 69.

SANCTI MARTINI DE BRUGOCALO CAPELLA. — La chapelle de Saint-Martin-de-Brigueil, près Saint-Epain (Indre-et-Loire), aujourd'hui détruite, 64.

SANCTI MARTINI DE PATRICIACO CAPELLA. — L'église de Saint-Martin de Parcé (Sarthe(, 64.

SANCTI MARTINI CAPELLA DE SODOBRIA. — L'église de Saint-Martin de Suèvres, 64.

SANCTI MAURICII TURONENSIS CAPITULUM. — Le chapitre métropolitain de Tours, 73, 118, 126.

SANCTI MEDARDI CELLA, quæ vulgo dicitur Exidolium. — Saint-Médard d'Excideuil, canton d'Excideuil, arrondissement d'Angoulême (Dordogne), 5.

SANCTI PAULI CORMARICENSIS CELLA. — La celle ou abbaye de Saint-Paul de Cormery (Indre-et-Loire), 24, 25, 37, 55, 57, 118, 125.

SANCTI PERPETUI DE SOLARIO ECCLESIA. — Vide SOLARIUM, 126.

SANCTI PETRI CELLA OU SANCTI PETRI AD CIMITERIUM ABBATIOLA. — L'église de Saint-Pierre-du-Chardonnet à Tours, 55, 57, 136, 142, 156.

SANCTI PETRI PUELLARUM MONASTERIUM. — Le monastère de Saint-Pierre-Puellier à Tours, 24, 36, 200.

SANCTI PETRI BURGUM. — Le bourg Saint-Pierre-Puellier à Tours, 213, 214, 223.

SANCTI PETRI ECCLESIA JUXTA SANCTUM VENANTIUM. — L'église de Saint-Pierre-du-Chardonnet à Tours, 36.

SANCTI PETRI ECCLESIA PROPE ALERACUM. — Saint-Pierre d'Exideuil, canton et arrondissement de Civray (Vienne), 90, 91, 92.

SANCTI PETRI DE PATRICIAGO CAPELLA. — L'église de Saint-Pierre de Parcé (Sarthe), 64.

SANCTI SALVATORIS SERMIONENSE MONASTERIOLUM. — Vide Sermionense monasterium.

SANCTI SALVI ECCLESIA, 120.

SANCTI STEPHANI CELLA. — La celle ou église de Saint-Etienne de Tours, 55, 57, 150.

SANCTI STEPHANI AUTISSIODORENSIS ECCLESIA. — L'église de Saint-Etienne d'Auxerre (Yonne), 148.

SANCTI SUPPLICII CELLA. — L'église de Saint-Simple à Tours, 55, 57.

Sancti Venantii monasterium, vel cella. — L'église de Saint-Venant à Tours, 36, 115, 136, 142, 156.

Sancti Yspani capella. — Vide Sanctus Hispanus, 61.

Sarcellus. — Sarcé, canton de Mayet, arrondissemennt de La Flèche (Sarthe), 156.

Sartha. — La Sarthe, rivière 32, 108.

Sauciacus. — Saint-Brisson ou Saint-Martin-sur-Ocre, canton et arrondissement de Gien ou Saint-Firmin-sur-Loire, canton de Châtillon-sur-Loire, arrondissement de Gien, (Loiret, (137.

Saviniacensis vicaria. — La viguerie de Savigné, arrondissement et canton de Civray (Vienne), 90, 91, 92.

Scaldus ou Scaltus, fluv. — L'Escault, 120.

Scauriniacus ou Cauriniacus domus, 5.

Screbonas, 18.

Seblenia. — Sublaines, canton de Bléré, arrondissement de Tours (Indre-et-Loire), 200, 212, 209.

Secana flumen, Sequana. — La Seine, fleuve qui tombe dans la Manche, 22, 27, 64.

Sedrena fluv. — Le Serain, rivière, 66.

Sedriacus. — Civry, canton de l'Isle-sur-Serein, arrondissement d'Avallon (Yonne), 69.

Segunciacensis vicaria. — La viguerie de Sonzay, canton de Neuillé-Pont-Pierre, arrondissement de Tours (Indre-et-Loire), 63.

Senbenna, villa. — Sanbonne, hameau, commune de Saint-Jean-Saint-Germain (Indre-et-Loire), 72.

Senonensium provincia. — La province ecclésiastique de Sens, 59, 60.

Sermionense castellum, monasterium, sermionensis insula. — Sermione, ville d'Italie, dans le territoire de Verone, sur une petite presqu'île qui s'avance dans le lac de Garde, 17, 162.

Sezana. — Sezanne, chef-lieu de canton, arrondissement d'Epernay (Marne), 139, 140.

Siluci, 85.

Silvanectensis pagus. — Le Senlissois ou pays de Senlis (Oise), 50.

Siscia, fluvius. — La Cisse, rivière du département d'Indre-et-Loire, 65.

Sisciacus, alias Fisciacus, Domus Sisciacensis — *Oratorium Sisciacense*, 5.

Sociacus, colonia. — Sausay (le grand et le petit), commune de Vallières, canton de Montrichard (Loir-et-Cher), 64.

Sodobria, Sadobrinsis vicaria. — Suèvres, canton de Mer, arrondissement de Blois (Loir-et-Cher), 18, 64, 99, 101, 109, 141, 125, 136, 142.

Solarium. — Solari, ville de Lombardie, 17, 83, 87, 88, 162, 165, 204.

Solustriacus. — Soulitré? canton de Montfort, arrondissement du Mans (Sarthe), 18.

Spicariæ. — Localité aujourd'hui absorbée par la ville de Tours et située entre la ville et l'abbaye de Beaumont-les-Tours, 18, 61.

Spinosa. — Épineuse, canton et arrondissement de Clermont (Oise), 77, 139.
Spinosa villa. — Peronville, canton d'Orgères (Eure-et-Loire), 100.
Stainagoystat, 23.
Stampensis pagus. — L'Estampois ou le pays d'Etampes, chef-lieu d'arrondissement (Seine-et-Oise), 22.

Talsiniacus. — Tauxigny, canton et arrondissement de Loches (Indre-et-Loire), 18, 37.
Tauriacus. — Le grand et le petit Thuré, fermes, commune de Saint-Paterne (Indre-et-Loire), 18, 61, 63, 101, 109, 111, 125, 136, 142, 147, 156.
Tauriniacus villa. — Thorigné, canton de Celles, arrondissement de Melle (Deux-Sèvres), 132.
Theodonis villa, palatium publicum. — Thionville (Moselle), 18, 40.
Thonale. — Thonale, village de la Lombardie, 17.
Ticinus, fluv. — Le Tessin, fleuve d'Italie, 17, 162.
Tirniacus. — Ternay, canton des Trois-Moutiers, arrondissement de Loudun (Vienne), 169.
Toarcensis pagus. — Le pays de Thouars, chef-lieu de canton (Deux-Sèvres), 132, 169.
Todrias colonia, 61.
Tolornensis pagus. — Le pays de Turluron, Château-Ruiné, près de Billom, 38, 84.
Tornacensis pagus ou Comitatus. — Le pays de Tournay, 120.

Tornadrinsis, Tornodrinsis, Tornatrinsis pagus. — Le pays de Tonnerre (Yonne), 60, 69, 70, 109, 111, 125.
Tornadrinse castrum. — Tonnerre (Yonne), 69.
Tornodro vicaria. — La viguerie de Tonnerre, 69, 70.
Tornaica vicaria. — La viguerie de Tournai, 120.
Trecas civitas. — Troyes (Aube), 76.
Trecassinus comitatus. — Le comté de Troyes, 153.
Trentina finis. — Le Trentin en Italie, 17.
Trembleium, villa. — Le Tremblay, hameau de la commune de Suèvre (Loir-et-Cher), 95.
Trevirorum provincia. — La province ecclésiastique de Trèves, 59, 60.
Tribraici colonia, 61.
Trumcobius, Truncobrus, Crimcobus, 18.
Trusnedo villa, 22.
Tullensis parochia. — Le diocèse de Toul, 59, 60.
Turbiliacus, colonia. — Turbilly, hameau, commune de Volandry, canton et arrondissement de Baugé (Maine-et-Loire), 61.
Turonensium provincia. — La province ecclésiastique de Tours, 59, 60.
Turonis. — Tours, 25, 29, 41, 43, 44, 45, 54, 55, 56, 57, 61, 74, 75, 78, 83, 94, 95, 98, 100, 105, 106, 108, 114, 118, 123, 126, 127, 136, 137, 138, 145, 148, 150, 198.
Turonus. — Tours, 55, 131.
Turonica civitas. — Tours (Indre-et-Loire), 16, 17, 18, 73, 75, 76, 88, 101, 121, 136.

Turonica urbs. — La ville de Tours, 24, 40, 75, 109, 119.

Turonis, urbs metropolis. — Tours, 62.

Turonicus pagus. — La Touraine, 20, 24, 36, 39, 42, 48, 60, 63, 72, 96, 98, 108, 109, 110, 111, 113, 118, 123, 125, 131, 136, 137, 142, 147, 151, 156, 171.

Turonorum regio, comitatus. — Le comté de Touraine, 119, 124.

Tusciacus, villa. — Tusey, écart et mère-église de Vaucouleurs (Meuse), 59, 60.

Ulmum. — Les Ormes, près Saint-Florent-le-Vieil (Maine-et-Loire)? 24.

Ultisiacus, Urtisiacus, villa. — Thizy, canton de Guillon, arrondissement d'Avallon (Yonne), 66, 122, 123.

Uxedus, Axedus, 18.

Valentiniana villa. — Valentinay, ferme, commune de Neuvy-le-Roi (Indre-et-Loire), 98.

Vallis, colonia. — La Vallée, maison isolée, commune de Lavernat, canton de Mayet (Sarthe), 64.

Vantronensis ou Vantionensis centena, mauvaise lecture pour Nantronensis centena. Vide Nantonensis centena, 127.

Vareziacensis vicaria. — La viguerie de Varize, canton d'Orgères, arrondissement de Châteaudun (Eure-et-Loir). 100.

Velcina villa. — Vulaines-sur-Seine (Seine-et-Marne), 22.

Venciacus. — Vencé, aujourd'hui Saint-Avertin, canton et arrondissement de Tours (Indre-et-Loire), 112, 124, 149, 156, 200, 209, 212.

Verrariæ, colonia. — La Verrie, écart de la commune de Saint-Leger-de-Montbrun, canton de Thouars, arrondissement de Bressuire (Deux-Sèvres), 64.

Vertudinsis pagus. — Le pays de Vertus, chef-lieu de canton, arrondissement de Châlons-sur-Marne, (Marne), 29.

Verruca. — Verrue, canton de Monts-sur-Guesnes, arrondissement de Loudun (Vienne), 136, 142, 145, 156.

Vesa cum oratorio. — Vezin, château, ferme et moulin, commune de Mayet (Sarthe), 156.

Vesontionensium provincia. — La province ecclésiastique de Besançon, 59, 60.

Vicinæ, colonia. — Vezins, écart au N.-E. de Mayet (Sarthe), 64.

Viennensium provincia. — La province ecclésiastique de Vienne, 59, 60.

Vigera fluv. — La Vière, rivière qui passe à Changy (Marne), 74.

Viis superior, 72.

Villa Mergelli, 153.

Villæ Faniacinsæ vicaria. — La viguerie de Ville-Fagnan, chef-lieu de canton, arrondissement de Ruffec (Charente), 92.

Villagonis. — Villejoint, canton de Blois (Loir-et-Cher), 99.

Villa Judeis. — Les Juifs, commune de Prasville (Eure-et-Loir), 86.

VILLA MARTINI, 48.
VILLA MAURO. — Villemaure-sur-le-Loir, arrondissement de Châteaudun (Eure-et-Loir), 49.
VILLA PENNAS, 95.
VILLARE, 27.
VILLARE BERULFI, 77, 139.
VILLA RESSIANA. — Villerussien, hameau, au N. de Suèvres (Loir-et-Cher), 95.
VILLARIS. — Villers, hameau commune de la Chapelle-St-Martin (Loir-et-Cher), 95.
VILNACUS, 145.
VINCENNA. — La Vienne, rivière qui tombe dans la Loire, 32.
VITLENA ou VILLENA. — Villaine. habit., commune d'Esvres (Indre-et-Loire), 123.
VITLENA VILLA, 52.
VITLENA, COLONIA. — Ville ou le moulin de Ville, commune de Ligueil (Indre-et-Loire), 61.
VOBRIDIUS SUPER LIDUM. — Vouvray-sur-le-Loir, canton de Château-du-Loir, arrondissement de Saint-Calais (Sarthe), 61, 101, 109, 111, 125, 136, 142, 156.
VOBRIDIUS SUPER LIGERIM. — Vouvray, chef-lieu de canton, arrondissement de Tours (Indre-et-Loire), 18, 61, 109, 111, 125, 136, 142, 156.
VOGINANTUS, VILLA. — Ancien nom de Saint-Denis-sur-Loire (Loir-et-Cher), 99.
VOSDA, VORDA riv. — La Veude, rivière qui tombe dans la Vienne et passe à Richelieu, 136, 142, 156.
VOTNUS. — Vontes, hameau de la commune d'Esvres (Indre-et-Loire), 96, 108.
VULTOSNUM. — Vulton localité absorbée par la ville de Saint-Aignan, 133, 136, 142, 156.
WAHAM. — Vide SANCTÆ MARIÆ XENODIUM, 17, 162.
WASCONIA. — Oyes, canton de Sezanne, arrondissement d'Epernay (Marne)? 29.

Par suite d'une erreur typographique, il y a une lacune dans la pagination entre les pages 160 et 177.

ERRATA

INTRODUCTION.

Paragraphe IV, à l'avant-dernière ligne de la 1re note, au lieu de « 1556 » *lisez* 1576.

PANCARTE NOIRE.

N° I. Avant-dernière ligne, au lieu de « collect. Duchêne, t. 49, f. 120 », *lisez* f° 119.

N° XI. Ligne 6, au lieu de « Mellaut », *lisez* Merlaut.

N° XII. Au lieu de « Bouhier, t. 26, f° 67 «, *lisez* f° 57.

N° XV. Ligne 3, au lieu de « Marsillat », *lisez* Marsat.

N° XVIII. Au lieu de « 10 mai 774 », *lisez* 775.

N° XLVIII. Suppléez un L entre le X et le V.

N° LXIV « mai 925 », *lisez* 925 ou 926.

N° LXVII. Ligne 13 « anno incarnationis dominicæ DCCCLXXXVI », ainsi dans les copies qui nous restent de ce diplôme, mais évidemment il faut *lire* DCCCLXXXVII.

Après le n° LXXVIII, au lieu du « n° LXXIV », *lisez* LXIX, et au lieu du 10 mai 774 », *lisez* 775.

N° XCIX. Lignes 4 et 6, au lieu de « n° XXVIII », *lisez* n° XXIX.

INDEX CHRONOLOGIQUE.

N° 12. Ligne 3, au lieu de « n° CXXXVII », *lisez* CXXXIII. Après le n° 25, *ajoutez* n° 25 (bis). Vers 800. — Charlemagne à la demande d'Alcuin confirme de nouveau les privilèges et exemptions de Saint-Martin, n° II.

N° 39. Dernière ligne, au lieu de Gallia Christiana, t. XIV, inst. p. 17-18 », *lisez* p. 23-24.

N° 148. Dernière ligne « dom Houss. n°s 179 et 180 » *ajoutez* Arm. de Bal., t. 76, f° 242.

N° 154. Ligne 4 « aux prétentions qu'il devait sur les dits bois », *lisez* qu'il avait sur les dits bois.

N° 163. Au lieu de « l'abbé de Solognac » *lisez* l'abbé de Solignac.

N° 173. Au lieu de Salacon », *lisez* Salicus.

N° 180. Dernière ligne « Arm. de Baluze, t. 76, f° 159 et et 170 », *lisez* f° 159 *et* 160.

N° 191. Au lieu de « Arm. de Bal. t. 76, f° 234 », *lisez* t. 77, f° 234.

N° 210. Au lieu de « anno Verbi incarnati MCXVIII » *lisez* MCXVIIII.

www.ingramcontent.com/pod-product-compliance
Lightning Source LLC
Chambersburg PA
CBHW071908160426
43198CB00011B/1215